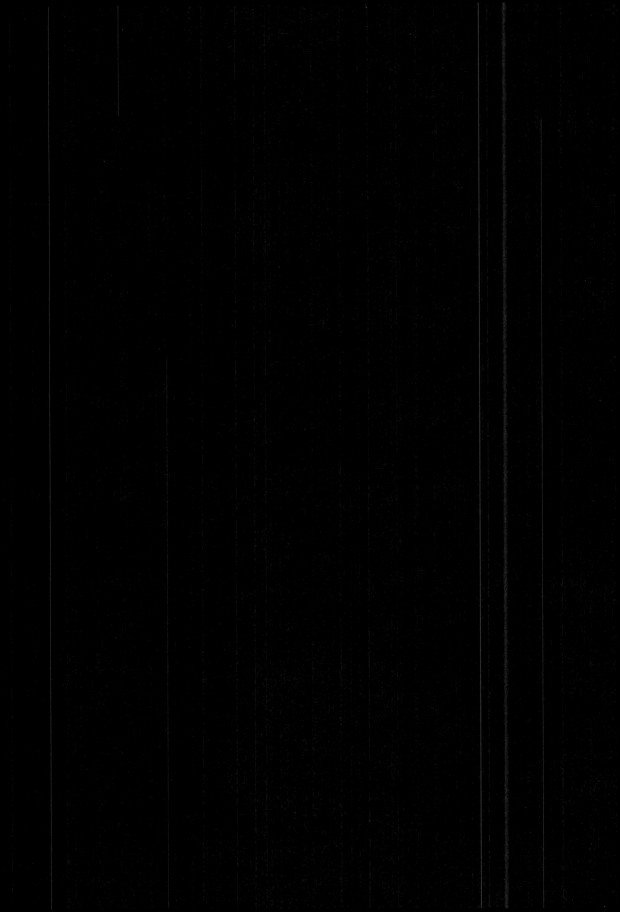

통합의료인문학 강의
- 의료와 사회

통합의료인문학 강의

의료와 사회

**경희대학교 인문학연구원
HK+통합의료인문학연구단** 지음

도서출판 모시는사람들

통합의료인문학 강의 - 의료와 사회

등록 1994.7.1 제1-1071
1쇄 발행 2024년 4월 30일

지은이   경희대학교 인문학연구원 HK+통합의료인문학연구단
펴낸이   박길수
편집장   소경희
편   집   조영준
관   리   위현정
디자인   조영준
펴낸곳   도서출판 모시는사람들
             03147 서울시 종로구 삼일대로 457(경운동 수운회관) 1207호
전   화   02-735-7173 / 팩스 02-730-7173

인   쇄   피오디북(031-955-8100)
배   본   문화유통북스(031-937-6100)
홈페이지   http://www.mosinsaram.com/

값은 뒤표지에 있습니다.
ISBN 979-11-6629-191-3   03000

이 저서는 2019년 대한민국 교육부와 한국연구재단의 지원을 받아 수행된 연구임
(NRF-2019S1A6A3A04058286)

안녕하십니까. 경희대학교 인문학연구원 HK+통합의료인문학연구단은 지난 2022
년 제1권『통합의료인문학 강의: 인간과 질병』편에 이어 이제 제2권『통합의료인문
학 강의: 의료와 사회』편을 출간하게 되었습니다. 2년 만입니다. 약속을 어기지 않
고 지키게 되어 기쁩니다.

본 연구단이『통합의료인문학 강의: 인간과 질병』편을 간행한 목적은 통합의료
인문학이라는 이름으로 강의를 진행할 경우 학생들이 참고하면서 공부할 수 있는
일종의 교과서를 만드는 데 있었습니다. 금번에 발간되는 제2권『통합의료인문학
강의: 의료와 사회』편과 함께 두 권의 책이 각각 7강으로 이루어진 이유, 즉 합쳐서
1학기 분량인 14주의 강의로 이루어진 이유입니다.『통합의료인문학강의: 의료와
사회』의 출간으로 이제 통합의료인문학이라는 새로운 학문에 다가갈 수 있는 일종
의 디딤돌이 만들어진 것 같습니다.

본 연구단은『통합의료인문학강의』를 기획하면서 교과서라는 목적에 걸맞은 내
용과 체계를 갖추고자 노력하였습니다. 내용과 관련하여『통합의료인문학강의: 인
간과 질병』의 경우 인류가 향유한 의료를 고대부터 현대까지 역사적으로 개관하였
고, 의료의 대상이 되는 몸 그리고 코로나19 이후 더 관심이 높아진 감염병을 인문학
이 어떻게 이해할 수 있는지 제시하였으며, 현대에 접어들어 더 큰 문제가 되고 있는
만성질환 그리고 정신병에 대한 고민을 풀어나갔습니다.

여기서 '고민'이라는 단어는 『통합의료인문학 강의』가 성취하고자 하는 다른 목표이기도 합니다. 교과서라고 하면 선생이 학생에게 일방적으로 전수하는 지식의 창고 같은 인상을 줍니다. 하지만 우리는 그런 방식이 교육에 반드시 긍정적이지 않다고 판단하였습니다. 세계와 사회는 변하고 있기 때문입니다. 이전 세대가 집적한 지식은 당시에 유용했을지 몰라도 변화된 새로운 시대에 걸맞다고 단언하기는 어렵습니다. 따라서 공동 저자들은 전달해야 할 지식을 책에 수록하기보다 선생과 학생이 함께 고민하며 문제 해결 능력을 기를 수 있는 소재를 제공하고자 하였습니다. 역사학에서 이야기하는 '자료'입니다. 『통합의료인문학강의』가 다른 교과서와 구분하여 가지고자 한 체계입니다.

지난 『통합의료인문학강의: 인간과 질병』이 인간과 질병이라는 부제에서 알 수 있듯이 질병에 중점을 두었다면, 이번 『통합의료인문학강의: 의료와 사회』는 역시 부제처럼 사회에 중점을 두었습니다. 생로병사라는 인간의 생애주기에 대한 고찰을 기본으로 하면서 환자와 의사 관계, 의료제도와 의료윤리, 한의학 나아가 현재 우리 사회에 화두와 같이 제기되는 4차 산업혁명을 살펴보고 있습니다.

첫 강의의 소재가 환자와 의사이고, 그중 '좋은 의사란 어떤 의사인가'라는 절이 있는 것에서 알 수 있듯이 본 연구단은 좋은 의료를 만드는 데 인문학이 어떻게 공헌할 수 있을지 고민하고 있습니다. 쉽게 짐작할 수 있는 것처럼 좋은 의료가 무엇인지 정확히 규정하기는 어렵습니다. 지금보다 환자가 의료 현장에서 더 주체적인 모습을 보이고, 일상에서 자신의 몸에 맞는 신체적 규범을 만들며, 나아가 치료를 넘어 건강을 추구하는 것이 좋은 의료가 아닐지 짐작해 볼 따름입니다.

하지만 좋은 의료는 선언을 한다고 해서 만들어질 수는 없습니다. 정해진 내용과 형식이 있지도 않을 것입니다. 지상의 모든 것이 그렇듯이 좋은 의료 역시 시간과 장소에 따라 다르게 규정될 것입니다. 그렇다면 역시 고민이 필요합니다. 지금 이 시간과 장소에 걸맞은 좋은 의료는 무엇일지, 더 지속적인 의미를 지닐 좋은 의료는 무엇일지, 그 의료를 만드는 데 나와 우리는 무엇을 할 수 있을지에 대한 고민이 필요합니다. 두 권으로 완간된 『통합의료인문학강의』가 통합의료인문학을 이해하는 학문적 차원을 넘어 좋은 의료를 고민하고 실천하는 현실적 차원에서도 도움이 되기를 바랍니다.

지난번에 간행한 『통합의료인문학강의: 인간과 질병』은 2022년 세종도서 교양부문에 선정되었습니다. 저희의 고민과 노력이 객관적으로 인정받은 것 같아 기쁩니다. 이번 『통합의료인문학강의: 의료와 사회』도 좋은 평가를 받기를 기대합니다. 『통합의료인문학강의: 의료와 사회』의 출간을 위해 저희 연구단은 지난번 못지않은 시간과 노력을 투여하였습니다. HK연구인력이 모두 참여하여 글을 집필하였습니다. 최우석 선생님은 실무적인 진행을 맡아주셨습니다. 〈모시는사람들〉은 이번 책의 출간도 맡아주셨습니다. 모든 분께 감사드립니다. 지난번과 마찬가지로 이번 책에도 관심과 애정을 쏟아주시기를 부탁드립니다. 감사합니다.

박윤재 경희대학교 인문학연구원 HK+통합의료인문학연구단 단장

차 례

통합의료인문학 강의
- 의료와 사회

● 머리말 / 5

제1강

환자와 의사

환자-의사 관계는 의료에서 가장 중요한 관계이다. 환자와 의사가 어떠한 관계를 맺느냐에 따라 치료 효과가 달라진다. 또한 치료의 성패 여부를 떠나 질병으로 취약해진 환자는 의사의 말과 태도에 위로받을 수도 있고, 반대로 상처받을 수도 있다. 환자-의사 관계를 다루는 제1강에서는 먼저 환자와 의사가 역사적으로 어떠한 관계를 맺어왔는지 살펴보고, 오늘날 바람직한 환자-의사 관계는 어떠해야 하는지를 다룬다. 다음으로 환자와 의사가 불통하거나 서로 오해하는 이유에 대해 살펴보고, 불통과 오해를 넘어서 소통과 이해로 나아갈 수 있는 가능성을 가늠해 본다. 마지막으로 더 나은 소통과 이해를 위한 구체적인 노력으로서 공감적 듣기와 서사의학, 의료 커뮤니케이션의 주안점에 대해 살펴보겠다.

I. 환자와 의사의 관계

환자와 의사가 어떠한 관계를 맺고 어떻게 소통하느냐는 치료, 돌봄, 삶의 질에 영향을 미친다. 그렇기에 치료라는 특별한 계기를 통해 만난 환자와 의사의 관계, 그들 사이의 소통, 그리고 의사의 윤리에 대해 고민하고 논의할 필요가 있다.

과거에 의사는 주로 부모나 성직자와 같은 위치에서 환자를 보살피는 권위적인 존재였다. 그러나 비록 연민과 선행에 기반한다 하더라도 일방적으로 돌보아야 하는 아이처럼 환자를 대하는 방식은 환자의 자율성을 침해할 우려가 있다. 시대가 흘러 과학으로서의 의학이 강조되면서 의사는 다른 권위, 즉 과학자나 기술자가 가진 것과 같은 한 분야에 대한 전문성의 권위를 가지고 환자를 대했다. 이것은 마치 자동차 정비공이 자동차 외의 다른 것은 고려하지도 않는 것처럼, 의사도 신체라는 고장난 기계를 고치는 것 외의 다른 가치를 고려하지 않는 것으로 이어졌다. 그러나 인간은 부품을 갈아끼우거나 한 부분을 수리한다고 해서 원상태로 돌아가는 자동차나 기계와 같은 존재가 아니다. 근대 의학의 위기, 의료인문학이 등장하게 된 배경에는 이처럼 의사가 자신을 기계공이나 기술자로, 환자를 기계로 여기고, 사람이 아니라 질병에만 초점을 맞추던 의사-환자 관계 문제가 놓여 있기도 하다.

1970년대 이후 사회 전반에 소비자주의가 득세하면서 환자의 권리와 목소리가 점점 커졌고 환자는 의사에게 고객과 같은 존재가 되었다. 이것은 환자의 자율성을 보장하는 데에는 효과가 있었으나, 의사가 법적 책임이나 계약 조건 이상의 치료와 돌봄에 대해서는 꺼리는 결과를 낳았다. 이러한 상황 속에서 점점 환자의 자율성을 보장하되 의학 지식과 의료기술의 전문적 특수성 및 의사의 권리, 환자의 의무 모두를 고려하는 상호적인 의사-환자 관계에 대한 호응이 높아지고 있으며 당분간 이러한 경향이 이어질 것으로 보인다.

신체적 통증이든 심리적 고통이든 사람은 누구나 얼마간 아픈 존재이다. 유능한 의사도 때로 환자의 역할을 맡게 된다. 의사가 아니더라도 누군가의 마음을 치유할 때 환자도 때로 치유자로서의 역할을 맡을 것이다. 우리는 모두 얼마간 아픈 존재, 혹은 아팠거나 아플 존재라는 사실을 자각할 때 의사가 환자를 어떻게 대해야 하는

지, 환자는 의사를 어떻게 대해야 하는지의 논의는 서로에 대한 공감과 이해에 기반할 수 있을 것이다. 이 장에서는 환자와 의사의 관계가 어떻게 변화해 왔으며 어떠한 관계를 맺어야 하는지, 환자-의사 관계의 역사와 윤리에 대해, 좋은 의사란 어떠한 의사인지에 대해 살펴본다.

1. 환자-의사 관계의 변화

전통 시대에는 환자-의사 관계가 자식을 보살피는 아버지와 같은 온정적 간섭주의(Paternalism) 관계를 취하는 경우가 많았다. 그러나 20세기 중반 과학으로서의 의학이 표방되면서 환자-의사 관계는 기계와 기술자의 관계처럼 되어갔다. 한편으로 의료가 상업화하고, 의료에도 소비자주의가 등장하면서 환자-의사 관계는 의료 서비스 소비자와 제공자의 관계처럼 되었다. 또한 과거나 지금이나 이익 추구에 골몰하는 의사는 늘 있었고, 환자와 보호자는 자신이 만난 의사가 돈만 밝히는 의사는 아닌지 의심하곤 한다.

이러한 환자-의사 관계에는 어떠한 한계가 있을까? 온정적 간섭주의 관계는 환자의 자율성을 침해할 우려가 있으며, 기계와 기술자와 같은 관계에서는 질병이나 신체의 병든 부위에만 집중하면서 전체적인 한 인간으로서의 환자가 소외될 수 있다는 한계가 있다. 또한 서비스 소비자와 제공자와 같은 관계에서 환자와 의사는 대등하거나 오히려 환자에게 더 힘이 실리긴 하지만, 의학 정보와 전문성에 있어서 상대적으로 능력이 떨어지는 환자가 적절한 판단을 내릴 수 있는지, 의사에게는 서비스 제공자 이상의 윤리적 책임이나 의무가 없는지 의문이 제기된다.

아래의 첫 번째 글은 환자-의사 관계의 변화가 온정적 간섭주의 관계에서 기계와 기술자의 관계처럼 변한 것에 대해 서술하고 있다. 두 번째 글은 사회가 복잡해지면서 의료 소비자-생산자의 관계처럼 환자-의사 관계가 달라진 것 등을 설명한다. 세 번째 글은 환자를 기계처럼 다루는 의사들에 대해 비난하며 이름과 삶과 가족이 있는 한 인간으로 환자를 대하라 말하는 의사가 등장하는 드라마의 한 장면을 묘사한다. 네 번째 글은 제대로 진찰도 하지 않고 약을 내놓은 후 약값을 요구하는 의사를 원망하는 내용을 담고 있는 김동인의 「의사원망기」(1932년) 일부이다.

① 우리가 쉽게 떠올릴 수 있는 전통 시대의 의사와 환자의 관계는 온정적 간섭주의(Paternalism) 관계이다. 이 관계는 마치 부모-자녀의 관계와 같은 것으로, 의사는 부모의 역할, 그중에서도 특히 아버지 역할을 맡고 환자는 아픈 아이 역할을 맡는다. 마치 아이가 어른이 하는 일에 서툰 것처럼 환자도 질병으로 인해 그러하다. 그래서 아이가 부모의 도움으로 성장하는 것처럼, 환자도 의사의 도움으로 건강을 회복한다. 온정적 간섭주의는 환자에게 무엇이 최선인지를 의사가 환자보다 더 잘 알고 있다는 생각, 그래서 환자 자신의 가치 기준에는 좋지 않은 것이라 할지라도 의학적으로 좋은 것을 환자에게 행해야 한다는 생각에 입각한 것이다. 따라서 온정적 간섭주의 관계에서 의사와 환자는 비대칭적인 관계, 즉 의료적 결정을 내리는 데 있어서 의사에게 더 힘이 실려 있는 관계이다. 의사는 지시하는 위치에 있고 환자는 수동적으로 따르는 위치에 있다.

그러나 환자의 이익을 위한다는 이유로 의사에게 치료 결정 권한을 더 부여하는 온정적 간섭주의는 환자의 자율성을 침해한다는 문제가 있다. 생명의료윤리 4대 원칙 중 하나가 자율성 존중의 원칙일 정도로 현대 의료에서 환자의 자율성은 소홀히 될 수 없는 요소이다. 환자가 한 인간으로서의 자율성을 갖고 자신의 질병과 치료 과정에 대한 정보를 의료인으로부터 정확히 전달받고, 이를 숙지한 상태에서 치료 방법 등에 대해 스스로 판단하고 결정을 내리는 것은 단순히 질병 치료의 효과 여부를 떠나서 의료에서 점점 중요해지고 있다. 따라서 비록 선의에 의한 것일지라도, 즉 '온정'적인 마음에서 비롯된 것일지라도 부모처럼 환자를 '간섭'하고 환자의 자율성을 침해할 우려가 있는 온정적 간섭주의는 질병을 겪는 주체인 환자가 아니라 의사가 중심이 되는 관계로서 더 이상 이상적인 의사-환자 관계로 옹호될 수 없다.

한편 20세기 중반 의학이 과학, 적어도 응용과학이 되면서 의사와 환자의 관계는 기술자와 기계의 관계처럼 되었다. 기술자로서의 의사는 환자의 신체를 일종의 기계로 보고, 의료의 과학적인 문제 해결 측면을 강조한다. 자동차를 수리하는 자동차 정비공처럼 이 관계에서 의사는 신체라는 기계를 수리하는 기계공 혹은 기술자다. 이러한 관계에서 의사는 환자가 겪는 질환과 고통의 전체적인 경험에는 관심이 없고 신체의 병든 부위에만 관심을 기울인다. 즉 신체라는 기계의 고장난 부분, 그리고 그것의 수리만이 의사의 관심사인 것이다. 그래서 의사는 그 질병과 함께 살아가거나 혹은 죽을 수도 있는 환자의 인격이나 경험까지 보려 하지는 않으며, 환자에게서 의학적 관심사만 재빨리 추출하려 한다. 그리고 과학적으로 정확한 진단을 위해 환자의 가치를 무시하고 과학적 사실에만 근거하려 한다.

- 이은영, 「자리이타의 호혜적 의료인-환자 관계」, 『동아시아불교문화』 55, 2023, 272-273쪽.

(* 원문의 '의료인'을 '의사'로 수정했음)

② 과거에는 의사와 환자 사이가 단순히 계약관계 이상의 긴밀한 신뢰관계에 바탕을 두고 있었다. 그러나 점차 사회가 복잡해지고 조직화·분업화되면서 종래의 신뢰관계에 바탕을 둔 전통적인 의사와 환자의 관계는 의료소비자와 생산자 간의 계약관계로 빠르게 변모하고 있다. 의사가 중요한 치료적 결정을 내리면 환자는 이를 무조건 따르던 가부장적 의사-환자 관계는 그야말로 옛이야기가 되어버렸다. 많은 환자가 자신의 치료에 대해서 더 많은 정보를 듣고 스스로 결정을 내리기 원하며 의사의 역할은 상담자 혹은 조력자로 새롭게 자리매김하고 있다. 이렇게 사회가 복잡해지면서 의사와 환자 사이의 관계도 같이 복잡해졌다. 몇 가지 눈에 띄는 변화는 다음과 같다.

첫째, 전통적 의사-환자 관계는 관리의료의 등장과 함께 정부(혹은 보험회사)-환자-의사의 다면적 관계로 발전하였다. 이제 의사와 환자 양자의 노력만으로는 해결할 수 없는 새로운 문제가 나타나기 시작하였다.

둘째, 소득의 향상과 의료보험 등 사회보장제도가 정착하면서 의료에 대한 수요가 폭발적으로 증가하였다. 과거 병원 문턱이 높던 시절에 비하여 의사를 만나기가 쉬워졌고 예방, 조기진단, 미용 및 강화(enhancement) 의료에 대한 요구는 새로운 의료 시장을 만들고 있다.

셋째, 현대 의학교육은 질병을 보다 객관화하여 과학적인 방법으로 진료하는 것을 강조하고 있는데, 그로 인하여 질병을 인간과 분리된 별도의 객체로 취급하려는 경향이 생겼다. 이렇게 시작한 의료의 비인간화는 의사에게는 병은 치료했으나 환자는 잃는 어처구니없는 경우를 초래하였고 환자의 소외감은 점점 커지게 되었다.

- 정유석, 「환자와 의사의 권리와 의무」, 『의료윤리학』, 정담미디어, 2015, 131-132쪽.

③ 미국의 인기 의학 드라마 〈그레이 아나토미〉 13시즌 8화에서는 교통사고로 심각한 부상을 입은 신원 미상 환자가 병원에 실려 온다. 수술을 맡은 의사들은 수면 부족과 과로로 지친 상태였고 수술 방법을 놓고 의견도 대립한다. 뒤늦게 수술에 합류한 닥터 웨버는 신경전을 벌이는 의사들에게 환자를 기계적으로 대한다고, 장기가 담긴 상자처럼 다룬다고 비난한다. 그러면서 환자가 어떤 사람일지 이름과 직업과 가족을 상상하라고 한다. 피곤한데다가 한시가 바쁜 의사들은 응수하지 않고 레지던트 한 명이 마지못해 이름과 직업을 내뱉어 볼 뿐이다. 환자를 치료하는 데, 환자를 살리는 데 그런 상상이 무슨 도움이 되겠느냐는 다른 의사들에게 닥터 웨버는 수술대 위의 환자를 마음속으로 그려 보고 진심으로 대하라 한다. 목소리를 듣고 무엇이라고 하는지 귀를 기울이라고 한다. 그렇게 해서 기를 쓰고 살리고 싶은 사람으로 그럴듯하게 꾸며 내라고 한다.

그렇게 닥터 웨버의 상상 속에서 수술대 위 신원 미상 환자는 게일이라는 이름의 한 여성으로 나타난다. 게일은 아들 둘에 딸 하나를 둔 46세 여성이다. 어려서부터 첼로를 연주했고, 꿈이 있다면 시카고 교향악단 수석 연주자가 되는 것이다. 시간 나는 대로 첼로를 연습하고 이웃 아이들에게 첼로를 가르쳐 주고 근처 고등학교 교향악단을 도와준다. 남편은 전쟁에 나갔고 과학 캠프에 가고 싶다는 아들을 말릴 수가 없어서 게일은 집 근처 호텔에서 늦게까지 야간 근무를 한다. 하루에 16시간이나 일하며 허리 통증으로 잠도 잘 못 자고 아스피린을 항상 가지고 다닌다. 수술 중 교통사고 뉴스를 보고 달려온 가족의 확인으로 수술대 위의 남자의 신원은 결국 칼 헨리로 밝혀진다. 그렇다면 닥터 웨버의 상상 속 게일은 누구였을까? 요통과 함께 살이 빠지고 피로에 시달리며 황달 증세를 보였던 게일, 허리가 아픈 것이 매트리스 탓인 줄 알고 매트리스를 바꾸어 보았 지만 소용이 없었던 그녀는 바로 닥터 웨버의 어머니였다. 10살의 웨버는 매일 같이 집 안에 퍼지는 어머니의 첼로 연주 소리가 싫었다. 그러나 어느 날 그 소 리가 그쳤고, 어머니는 췌장암으로 6개월이 남은 상태였다. 어린 그가 기를 쓰 고 살리고 싶었을 사람, 살릴 만한 가치가 충분히 있다고 믿겨지는 좋은 사람… 닥터 웨버는 수술대 위의 신원 미상자를 어머니로 상상했던 것이다.

…(중략)…

닥터 웨버는 언제부터 그런 상상을 하게 되었냐는 다른 의사의 질문에 이렇 게 답한다. "옛날에는 안 그랬어. 옛날에는 환자와 심적 거리를 유지하라고 배 웠거든. 조직(tissue)은 조직일 뿐이고, 얼굴은 덮고 바닥은 피로 엉망이 됐었지. 수술에 완전히 집중하며 환자를 마네킹으로 생각하랬어 …(중략)… 하루는 수 술하다가 수술대 위에서 환자를 잃었어. 가족에게 가서 끔찍한 이야기를 전해 야 했지. 그런데 아무렇지 않았어. 눈앞에서 가족이 오열하며 서로 끌어안는데 도 아무런 감정도 느낄 수 없었어. 어머니와 같은 병으로 그 환자가 사망했거 든. 난 로봇이었지. 그러고 나서 내 나름대로 규칙을 만들었어. 덕분에 괜찮은 의사가 되었지."

질문했던 의사는 이에 "어머니를 살리셨네요. 수천 번쯤요."라고 답했다.

- 이은영, 「타인의 삶에 대한 상상」, 『코로나19 데카메론 2』, 모시는사람들, 2021, 149-151쪽.

④ "어디가 아프세요?"

"네. 허리에 신경통이 좀 과해서…"

"네"

이 한 마디의 응답이 있은 뒤에 의사는 벌떡 일어서서 다른 방으로 가 버렸 다. 나는 의사가 소변이나 그렇지 않으면 다른 급한 일이 생각나서 나갔거니 하 고 있었다. 의사와 환자로서의 문답이 아직 끝나지 않았으며 진찰은커녕 환자의 주소 성명도 아직 묻지 않았으니깐…

잠시 혼자서 진찰실에서 기다리노라니 의사가 나왔다. 내 앞에 산약(散藥)과 물약을 갖다 놓았다.

"1원이올시다."

나는 멍하였다. 잠시 의사의 얼굴을 쳐다보았다. 그러나 나는 약병을 집어 주머니에 넣으며 1원을 꺼내주었다. 마음으로는 "도적놈!"하면서…

- 김동인, 「의사원망기」, 『동광』 32호, 1932, 84쪽.

학습활동

가. ③에서 닥터 웨버가 비판하는 환자-의사 관계를 ①에서 서술한 환자-의사 관계와 연결시켜서 논의해 보자. 이러한 관계의 장점과 단점은 무엇인가? 또한 닥터 웨버가 제안하는 환자-의사 관계의 장점과 단점은 무엇인가?

나. ④에서 환자는 왜 의사에게 마음으로 '도적놈!'이라고 하는가? 그가 의사를 '도적놈'으로 생각한 이유와 그것을 입 밖으로 내뱉지는 못하고 마음속으로만 생각한 이유에 대해 토론해 보자.

다. 드라마와 영화, 소설에 등장하는 환자-의사 관계, 혹은 직접 경험한 환자-의사 관계의 유형들을 분류해 보자. 가장 바람직한 환자-의사 관계가 어떠한 유형인지에 대해 이야기를 나누어 보자.

2. 좋은 의사란 어떤 의사인가

환자와 의사는 어떠한 관계를 맺어야 하며, 좋은 의사는 어떠한 의사인지에 대한 고민과 논의는 역사가 오래되었다. 서양의 「히포크라테스 선서」에는 환자에게 선을 행하고 해를 끼치지 말라, 환자의 비밀을 누설하지 말라는 의사의 윤리가 나타나 있다. 동양에서는 손사막이 『천금요방(千金要方)』의 「대의정성(大醫精誠)」에서 좋은 의사란 어떠해야 하는지에 대해 서술한다. 그에게 있어서 좋은 의사는 자애와 측은지심을 갖고 환자의 치료를 위해 온갖 고난을 감수하며 모든 환자를 차별 없이 치료하고 생명을 소중히 여기는 의사이다.

그러나 생명을 지키고 질병을 치료하는 의사들이 생명을 빼앗고 고통을 가하는데 앞장설 수도 있음이 제2차 세계대전 중 나치의 홀로코스트에 가담하고 생체실험을 자행했던 의사들의 존재를 통해 드러났다. 특히 '죽음의 천사'라 불린 요제프 멩겔레(Josef Mengele)는 가스실로 보내 살해할 유대인과 강제 노역을 시킬 유대인들을 선별하는 작업을 했으며, 마취 없이 늑골을 적출하거나 쌍둥이들을 대상으로 잔인한 생체 실험을 했다. 이러한 의사들의 만행을 배경으로 해서, 전쟁이 끝난 후 1948년 세계의사회는 스위스 제네바에서 「히포크라테스 선서」에 있었던 그리스 신들 등에 대한 내용은 삭제하고, 환자의 이익을 최우선으로 하고 해악으로부터 환자를 보호하라는 내용은 유지한 형태로 「제네바 선언」을 발표했다. 현재 「히포크라테스 선서」로 알려지고 의과대학의 졸업식에 사용되는 선서는 바로 이 「제네바 선언」이다. 의사의 윤리적 책임이 강조된 것이다.

우리 사회에서 의사와 환자의 관계가 어떠해야 하는지, 특히 의사의 윤리를 진지하게 고민하게 된 계기는 2000년 의약분업 시행을 앞두고 행해졌던 의사들의 파업이다. 의약분업에 대한 찬반 논란을 떠나서 의사들이 병원을 비우고 진료를 멈추는 파업을 강행한 것은 전 사회적으로 큰 충격을 주었고, 그들은 환자의 생명을 볼모로 자신들의 이익을 위해 파업을 한다는 비난과 분노에 맞부딪혔다. 20년이 흐른 후 2020년 코로나19에 대처하는 의료인들의 헌신에 감사하는 〈덕분에 챌린지〉가 전 사회적으로 펼쳐졌다. 그러나 얼마 안 가 정부의 의대 정원 확대 시도에 맞서며 전공의들이 파업을 했다. 하지만 환자의 건강과 생명을 최우선으로 하는 의사, 그리고 자신들의 요구를 관철시키기 위해 파업을 강행하는 의사는 다른 의사일까? 두 번의 의사파업은 칭송과 비난을 넘어서 의사의 윤리적 의무와 권리에 대해 의사는 물론 우리 사회가 함께 다각도로 고민할 필요가 있음을 알려준다.

아래의 첫 번째 글은 히포크라테스 선서이고, 두 번째 글은 제네바 선언이다. 1948년 세계의사회 총회에서 채택된 「제네바 선언」은 이후 1968년, 1983년, 1994년, 2005년, 2006년 수정되었다. 세 번째 글은 손사막의 『천금요방』에 수록된 「대의정성」이다. 네 번째 이미지는 2020년 코로나19 확산 상황에서 헌신적으로 환자와 국민의 건강을 치료하고 돌본 의료인들에 감사하는 의미를 담은 〈덕분에 챌린지〉 엠블럼이다. 다섯 번째 글은 2000년 의약분업과 의사파업을, 여섯 번째 글은 2020년 전공의 파업을 다룬 글이다.

　　① 나는 의술을 주관하는 아폴론과 아스클레피오스와 히기에이아와 파나케이아를 포함하여 모든 신 앞에서, 내 능력과 판단에 따라 이 선서와 그에 따른 조항을 지키겠다고 맹세한다. 나에게 의술을 가르쳐 주신 분을 나의 부모와 다를 바 없이 소중하게 섬기고, 내가 소유한 모든 물질을 그분과 공유하면서 그분이 궁핍할 때는 그분을 도와주고, 그분의 자손을 나의 형제와 같이 여기고, 그들이 의술을 배우고 싶어 하면 보수나 조건 없이 그들에게 의술을 가르치고, 내 아들과 내 스승의 아들과 의술의 원칙을 따르겠다고 선서한 제자들에게만 교훈과 강의를 포함하여 모든 방식의 교수법으로 의술에 관한 지식을 전달할 따름이고, 그밖의 사람들에게는 전달하지 않겠다.

　　내 능력과 판단에 따라, 나는 환자에게 도움이 된다고 생각한 처방을 따를 뿐 환자에게 해를 끼칠 수 있는 처방은 절대로 따르지 않겠다. 나는 어떤 요청을 받더라도 치명적인 의약품을 아무에게도 투여하지 않을 뿐만 아니라, 그렇게 하도록 권고하지도 않겠다. 또한 마찬가지로 나는 어떤 여성에게도 낙태시킬 수 있는 질 좌약을 주지 않겠다. 나는 내 일생 동안 나의 의술을 순수하고 경건하게 펼쳐 나가겠다. 나는 결석을 앓는 환자에게 절제수술을 하지 않겠지만, 이 분야의 전문의들이 그러한 절제수술을 하는 행위는 인정하겠다.

　　내가 어떤 집을 방문하든지 오로지 환자를 돕는 일에만 힘쓸 따름이고, 고의로 어떤 형태의 비행을 일삼거나 피해를 끼치는 일은 절대로 저지르지 않겠으며, 특히 노예든 자유민이든 신분을 가리지 않을 뿐만 아니라 남자이든 여자이든 성별을 구분하지 않고, 모든 환자의 신체를 능욕하는 일이 없도록 하겠다. 나의 직무 수행과 관련된 일이든 전혀 관련이 없는 일이든 관계없이, 내가 보거나 듣는 바로서 그 사실이 절대로 세상에 알려져서는 안 되는 경우에, 나는 일체의 비밀을 결코 누설하지 않겠다.

　내가 이 선서를 절대로 어기지 않고 계속해서 지켜 나간다면, 나는 내 일생
동안 나의 의술을 베풀면서 모든 사람들로부터 항상 존경을 받게 될 것이다. 하
지만 만일 내가 이 선서를 어기고 약속을 저버린다면, 나의 운명은 그와 반대되
는 방향으로 치닫게 될 것이다.

　　- 한국의료윤리학회 편, 「히포크라테스 선서」, 『의료윤리학』, 정담미디어, 2015년(3판), 354쪽.

　② 이제 의업에 종사할 허락을 받음에

　나의 생애를 인류봉사에 바칠 것을 엄숙히 서약하노라.

　나의 은사에게 대하여 존경과 감사를 드리겠노라.

　나의 양심과 위엄으로써 의술을 베풀겠노라.

　나는 환자의 건강과 생명을 첫째로 생각하겠노라.

　나는 환자가 나에게 알려준 모든 내정의 비밀을 지키겠노라.

　나는 의업의 고귀한 전통과 명예를 유지하겠노라.

　나는 동업자를 형제처럼 여기겠노라.

　나는 인종, 종교, 국가, 정당정파 또는 사회적 지위 여하를 초월하여 오직 환
자에 대한 나의 의무를 지키겠노라.

　나는 인간의 생명을 그 수태된 때로부터 더없이 존중하겠노라.

　나는 비록 위협을 당할지라도 나의 지식을 인도에 어긋나게 쓰지 않겠노라.

　나는 자유의사로 나의 명예를 걸고 이상의 서약을 하노라.

　　- 한국의료윤리학회 편, 「제네바 선언」, 『의료윤리학』, 정담미디어, 2015년(3판), 357쪽.

　③ 세상의 어리석은 사람은 방서(方書)를 3년간 읽고서는 세상에 못 고칠 병
이 없다고 하다가 3년 동안 병을 치료해보고는 이내 세상에 쓸 만한 처방이 없
다고 한다. 그러므로 배우는 이는 반드시 의학의 근원을 널리 보고 깊이 연구하
여 정성스럽고 부지런하고 게으르지 말아야 하니, 지나가는 말이나 듣고서 의
도(醫道)를 이미 알았다고 해서는 안 된다. 자신을 매우 그르치는 일이다.

…(중략)…

훌륭한 의사[大醫]가 병을 치료할 때는 반드시 정신을 평안하게 하고 뜻을 안정시키며 욕심이나 바라는 것이 없이 먼저 큰 자애[大慈]와 측은지심(惻隱之心)을 발하여 널리 중생의 고통을 구제하기를 바라고 맹세[誓願]해야 한다. 만약 아픈 이가 찾아와 구제를 바란다면, 그 귀하고 천하며 가난하고 부유한지를 묻지 말며, 어른과 아이, 아름답고 추함, 사이가 좋지 않은 이와 친척, 좋은 친구, 자기 민족과 다른 민족, 어리석은 이와 지혜로운 이를 가리지 말고 동등하게 도와야 하며, 모두 지극히 친한 이처럼 대해야 한다. 또한 앞뒤를 재어서 스스로의 길흉을 염려하거나 목숨을 아끼지 말며, 상대방의 고뇌를 보고 마치 자신이 그러한 듯 여겨서 마음속 깊이 슬퍼하고 험한 곳, 낮과 밤, 추위와 더위, 배고픔과 목마름, 피로를 피하지 않고 환자를 구제하겠다는 일념으로 자신의 공적을 드러내려는 마음이 없도록 해야 한다. 이렇게 한다면 만백성의 훌륭한 의사가 될 수 있다. 그러나 이렇게 하지 않는다면 중생에게 큰 도적이 될 것이다.

…(중략)…

예로부터 명의는 병을 고칠 때 생명을 사용해서 위급한 이를 구제한 적이 많다. 비록 동물은 천하고 사람은 귀하다 하나, (자기) 생명이 아깝기는 사람이나 동물이나 같다.…… 무릇 생명을 죽여 생명을 구하는 일은 생명에서 멀어지는 일이니, 나는 이러한 이유로 처방에 살아있는 것을 약으로 쓰지 않는다. 등에[虻蟲]나 거머리[水蛭] 같은 것들은 시장에 이미 죽은 것이 있으면 그것을 사서 쓸 것이니, 살아있는 것을 해치는 경우에 해당하지 않는다. 다만 달걀과 같은 생물은 혼돈하여 아직 (병아리로) 분화되지 않은 것이니, 대단히 위급할 때에만 부득이하게 꾹 참고 쓴다. 이조차 쓰지 않을 수 있는 자가 뛰어난 철인이니, 이 또한 쉽게 미치지 못하는 경지이다.

환자에게 부스럼이나 상처가 있고, 설사를 해서 냄새가 심하고 보기 흉해서 사람마다 보기 싫어하는 경우에도 다만 안타깝고 불쌍히 여기며 근심하여 구하고자 할 뿐, 조금이라도 불쾌한 마음이나 꺼려하는 생각이 일어나게 하지 말아야 하니, 이것이 바로 나의 뜻이다. 무릇 훌륭한 의사의 태도는 정신을 맑게

해 안을 들여다보고 바라보면 점잖고 너그럽고 넉넉하여 여유가 있어 보이며, 너무 교만해서도 안 되고 너무 어리숙해 보여도 안 된다. 질병을 진찰할 때 성심을 다하고 증상을 상세히 살펴서 사소한 것이라도 놓쳐서는 안 되며, 침술과 탕약을 결정할 때에는 조금의 어긋남도 있게 해서는 안 된다. 비록 질병은 빨리 고쳐주어야 한다고 말하지만, 모름지기 치료에 있어서 의혹이 있어서는 안 된다. 오직 깊이 살피고 넓게 생각해야 한다.……

또한 환자의 집에 도착했을 때 설령 좋은 비단이 늘어져 있어 눈에 들어와도 눈을 좌우로 두리번거리거나 곁눈질해서는 안 되고, 좋은 음악이 귀에 들려도 즐거워하는 티를 내지 말고, 진수성찬을 받아도 아무런 맛이 나지 않는 것처럼 먹고, 좋은 술이 진열되어 있더라도 없는 듯이 여겨야 한다. 그 이유는 여러 사람이 즐겁게 노는데 한 사람이 한탄하고 있으면, 그 자리에 있는 다른 사람들도 즐겁지 못한 법이기 때문이다. 하물며 질병으로 고초를 겪는 환자가 있는데, 의사가 평안히 즐거워하면서 거만하게 있는 것은 사람이나 신령이 모두 부끄러워할 일이니, 덕이 높은 사람[至人]이라면 하지 않는 일이다. 이것이 의학의 본질이다.

무릇 의사의 예법은 말을 많이 하거나 비웃으면 안 되고, 농담하거나 시끄럽게 떠들어 대어서도 안 되고, 길에서 떠도는 말의 시비를 따져서도 안 되고, 사람의 됨됨이를 따져서도 안 되고, 자신의 이름을 떠벌려서도 안 되고, 다른 의사들을 헐뜯어서 자신의 덕을 자랑하려고 해서도 안 된다. ……

- 손사막, 「대의정성」, 『천금요방』

④

#의료진 덕분에 #감사합니다
#당신을 존경합니다

#의료진 덕분에 #감사합니다
#자부심을 느낍니다

⑤ '진료는 의사에게, 약은 약사에게'라는 구호로 상징되는 의약분업은 병원과 약국을 협업시키는 동시에 상호 견제하게 하는 데 목적이 있었다. 그 견제를 통해 의약품의 오남용 방지라는 목적을 이루고자 하였다. 당시 한국은 항생제 내성률이 높았다. 의약분업을 실시하던 국가를 넘어 미실시 국가 중에서도 높았다. 이 문제를 해결하는 방편의 하나로 국민의 약국 이용을 불편하게 할 필요가 있었다. 약국에서 약을 쉽게 사먹는 문화를 개선할 필요가 있었다는 말이다. 약을 구입하려면 의사의 진료를 먼저 받게 한 것이다. 사실 의약분업은 이용 편이의 측면에서 보면 불편한 제도이다.

그러나 의약분업의 실시를 앞두고 먼저 '불편함'을 호소한 사람은 의사들이었다. 그들도 원론적으로 의약분업에 찬성하고 있었다. 1999년 5월, 의사를 대변하던 대한의사협회는 시민단체의 중재 아래 대한약사회와 함께 의약분업 안에 합의하였다. 이 합의는 이해당사자들 사이에서 이루어졌다는 점이 중요했다. 그동안 의사와 약사는 서로의 이해관계가 충돌함에 따라 합의에 이르지 못하고 있었다. 그 합의를 이룬 것이었다.

그러나 1999년 9월 이후 상황은 바뀌었다. 의사들이 입장을 선회했다. 그들은 대체조제나 임의조제 문제를 선회의 명분으로 내세웠다. 의약분업의 취지에 맞지 않게 약사들의 재량권이 지나치게 넓어진다는 것이었다. 반대로 자신들의 진료권은 침해당한다고 주장했다. 의사들은 자신의 요구를 '의권 쟁취'라는 말로 집약했다. 하지만 실질적인 이유는 실거래가상환제에 있었다. 이 제도는 의약품의 실제 거래 가격과 건강보험제도의 상환 가격을 일치시키자는 취지에서 만들어졌다. 쉽게 말하면 약가 마진을 없애자는 취지였다. 그동안 의사들에게 약가 마진은 의료보험제도 아래서 생존을 유지하는 한 방법이었다. 의료보험 수가가 낮았기 때문이다. 이 상황에서 약가 마진이 사라진다면, 의료기관 전체가 도산에 빠질 수 있었다. 의사들은 처음에는 집회와 항의로, 나아가 파업으로 자신의 처지를 호소하고 주장을 관철시키고자 했다. 2000년 들어 한국은 그 이전에 보지 못했던 모습을 목격했다. 직업군의 최상위에 위치한 의사들이 그동안 힘없는 노동자들이나 한다던 파업에 나선 것이다. 의사들이 집회에 참여하고 거리에서 투쟁을 전개하면서 그들의 일터인 병원은 비워졌다. 국민들은 경악했다. 의사들이 어떻게 병원을 비울 수 있냐고 목소리를 높였다. 환자와 그 가족이 느끼는 불안감은 극도에 달했다. 그들은 '본래 의사들은 적에게도 인술을 베푼다'며, 환자 치료를 거부하는 것은 의료인이기를 포기하는 행위라고 비판했다. 의사들의 파업은 "국민을 상대로 한 집단인질극이자 테러행위"였다. 비판자들에게 의사는 돈 벌 생각만 하는 사람들이었다. 마침내 "의사들을 모두 수입해오자!"는 주장까지 나왔다. 2000년 당시 한국인이 의사들에 대해 가졌던 감정은 불신과 분노였다.

- 박윤재, 「'유느님'을 울린 의료인과 파업에 나섰던 의료인은 다른 사람인가?」,
『코로나19 데카메론』, 모시는사람들, 2020, 210-212쪽.

⑥ 한국 의료제도의 핵심에 건강보험이 있다. 의사들의 불만도 건강보험에 집중되어 있다. 2000년 의사 파업의 근본적인 배경이 저수가, 저부담, 저급여에 있다면, 변화가 필요하다. 적정 수가, 적정 부담, 적정 급여이다. 하지만 세금을 올려 좋아할 국민은 없고, 정치적 지지를 먹고 사는 정부가 섣불리 보험료 인상에 나설 것 같지도 않다. 정부는 코로나 사태로 공공의료에 대한 공감대가 넓어졌다고 판단했고, 의대 정원 확대를 시도했다. 하지만 생각하지 못한 의사 파업이라는 역풍을 맞았다. 정말 정교하고 섬세한 해법이 필요하다.

제도도 제도지만, 의사와 국민 사이의 인식 변화가 필요하다. 이번 전공의 파업은 의사들이 언제든지 자신들의 직업적 이해를 위해 파업에 나설 수 있다는 사실을 다시 한번 확인시켜 주었다. 파업은 언제든 다시 일어날 수 있다. 그 사실을 인정할 필요가 있다. 그 인정 위에서 서로의 생각을 다시 한번 가다듬을 필요가 있다. 의사들은 국민들이 느끼는 불안감을 이해할 필요가 있다. 파업을 지켜보는 국민들은 불안했다. 특히 병원을 찾을 가능성이 높았던 사람들, 예를 들면, 아이를 키우는 어머니, 노인을 봉양하는 자식의 심정은 불안 그 자체였을 것이다. 그들은 구체적인 피해를 입을 가능성이 높았다. 수술 일정이 밀린 환자의 가족은 "지옥 같은 시간을 보내고 있다."라는 표현을 썼다. 전공의들이 응급실과 중환자실의 필수 인력까지 빼겠다고 결정했을 때 환자나 그 가족들이 느끼는 감정은 공포 그 자체였을 것이다.

의료의 본질은 타인의 고통에 대한 공감에 있다. 넓혀 이해하면, 자신이 속한 공동체에 대한 본능적 애정일 것이다. 이 목적이 성취되는 가운데 직업인으로서 의사에 대한 대우가 결정될 것이다. 대우는 중요하다. 기대에 못 미친 대우에 불만을 가지는 것은 당연하다. 그동안 의사들에 대한 대우가 적절하지 못했다는 불만은 정당하다. 하지만 그 대우의 전제에 대한 고민도 필요하다. 같은 공동체 성원들에 대한 공감과 애정이다.

의료인을 대하는 국민들의 시각도 변화될 필요가 있다. 2000년 의사 파업을 거치면서 더 이상 인술이라는 중세적 용어를 쓰는 사람들은 없어졌다. 인술에 대한 기대가 사라졌기 때문이다. 그 대신 의사와 환자 사이를 일종의 계약 관계로 바라보는 시각이 강해지고 있다. 부동산을 사고팔 듯이 돈을 주고 의료를 사고파는 관계가 만들어지고 있는 것이다. 그렇다면 정당한 대가 지불은 중요하다. 거래의 중요한 전제이기 때문이다. 국민들이 의사를 바라보는 시각은 건조해질 필요가 있다.

- 박윤재, 「유느님을 울린 의료인과 파업에 나선 의료인은 다른 사람인가? 2」,
『코로나19 데카메론 2』, 모시는사람들, 2021, 29-31쪽.

학습활동

가. 제시문 ①과 ③에 나타난 의사 윤리의 비슷한 점과 다른 점에 대해 이야기를 나누어 보자.

나. 어떤 의사가 좋은 의사인가? 역사적으로 실존했던 의사나 허구의 인물들 중에서 가장 이상적인 의사가 누구인지를 생각해 보고, 이상적인 의사로 생각한 이유에 대해 토론해 보자.

다. 제시문 ⑤와 ⑥에서 다룬 2000년, 2020년 의사 파업의 이유, 당시와 현재의 의료계와 사회의 평가나 여론에 대해 조사해 보자. 의사는 어떠한 경우에도 파업해서는 안 되는지 등에 대해 토론해 보자.

II. 환자-의사의 소통과 서사

환자와 의사 사이의 소통이 지닌 중요성을 원론적인 측면에서 이해하기란 어렵지 않을 것이다. 의사는 환자의 말을 끝까지 경청하면서 의료에 필요한 정보는 물론 환자의 입장과 고통을 이해할 수 있어야 하고, 환자는 의사의 말을 잘 들으면서 최대한 효율적인 의료가 이루어질 수 있도록 적극적으로 협력해야 한다. 이와 같은 원론에 대해 반대하는 사람은 그리 많지 않다.

하지만 실제 의료 현장을 겪어본 우리는 이러한 원론이 손쉽게 현장에도 적용될 수 있는 법칙이 아니라는 걸 이미 잘 알고 있다. 의사와 환자, 나아가서는 의료인과 환자 및 그 주변인들 사이의 소통 문제는 다양한 이해관계와 현실적인 한계를 바탕으로 구성되게 마련이며, 각각의 사안에 대한 이해가 없다면 이 문제를 어디서부터 풀어나가야 할지조차 파악하기 어려워진다. 환자-의사의 원활한 소통을 추구하되, 현장에서 벌어지는 다양한 사례들을 하나씩 들여다봐야 하는 이유란 이런 것이다.

그러나 이 모든 사례를 교재의 일부분을 통해서 포괄한다는 것도 불가능하기는 마찬가지라고 하겠다. 그보다는 환자-의사의 소통 문제 가운데에서 가장 두드러지는, 혹은 가장 상징적이라고 할 만한 사례들을 중심으로 현재의 다양한 사례들과 견주어가며 고민해보는 것이 가장 효과적인 접근 방식이 될 것이다.

이 장에서 몇 편의 문학 작품을 통해서 환자-의사의 소통 문제를 다루고자 한 것은 이와 같은 문제의식에서 기인한 바다. 특히 최근의 문학보다는 근대 의료의 초창기와 맞물려 있는 시대의 문학 작품을 중점적으로 살펴봄으로써 한 세기를 넘어 오늘날까지도 여전히 문제를 유발하는 주요 사안들에 대해 다루어보고자 하였다. 이에 더하여 의료인문학적 관점에서 수행된 최근의 다양한 연구성과들을 함께 수록함으로써 상기 요소들이 현재적 관점에서 어떤 의미를 지니는지도 생각해 볼 수 있게끔 구성하였다. 이렇게 구성된 읽기자료를 바탕으로 현재의 문제를 바라보는 학습활동을 거침으로써 환자-의사의 소통에 대한 인문학적 접근을 시도해보고자 한다.

1. 불통과 오해를 넘어서기 위하여

환자와 의사 사이의 소통에서 문제가 발생하는 이유는 무엇일까. 환자는 자신의 건강을 되찾고 싶어하고, 의사는 환자의 아픔을 적극적으로 고치고자 한다. 이런 점만 두고 본다면 의사와 환자 사이의 관계는 서로 질병의 치료를 원한다는 측면에서 관심사가 일치한다고도 하겠다. 그럼에도 양자 간에는 끊임없는 오해와 잡음이 발생한다.

이번 절에서는 환자와 의사 사이에 벌어지는 다양한 단절의 사례를 여러 종류의 텍스트에 나타난 장면들을 중심으로 살펴본다. 이러한 텍스트들을 선정한 이유는 상황별 매트릭스에 근거한 문제 해결 중심의 접근법과는 어느 정도 거리를 둔 채, 의료 현장에 놓인 '사람' 개개인의 면면에 보다 집중하기 위함이다. 이 절, 나아가서는 이 교재에서 목적하는 바는 실제 의료 현장에서 겪을 수 있는 소통 단절 현상들을 점검하고 해결하기 위함이 아니라, 그 이전에 환자와 의사 사이에 발생하는 소통 오류의 원인을 살펴보고 각각의 입장을 이해함으로써 양자간의 소통을 위한 근본적인 접점을 마련하기 위함이다. 그러한 관점에서 볼 때 문학 작품은 각각의 언행뿐만 아니라 내면의 생각이나 감정까지 정밀하게 들여다볼 수 있는 기회를 제공한다는 측면에서 오히려 더욱 효과적인 텍스트가 될 것이다.

각각의 사례에 대해 단편적으로 환자 혹은 의사의 잘잘못을 판단하거나 이들의 언행에 대한 실천적 차원에서의 수정을 촉구하는 방식보다는 이들이 '왜' 이러한 언행을 보이게 되었으며, 각자의 생각과 이해가 충돌하는 지점에서 '왜' 양자는 소통의 어긋남을 경험하게 되는지에 주목하기를 바란다. 이 절의 목적이 특정 대상에 대한 비난이나 심판, 혹은 교도(教導)를 목적으로 하는 것이 아님을 다시금 밝힌다.

아래의 첫번째 글은 이광수의 소설 『사랑』에서 부부이자 의사-환자 관계인 두 사람의 대화다. 두번째 글은 이광수의 소설 「그 여자의 일생」에서 며느리의 해산을 앞두고 어떠한 의료적 대처를 할지에 대한 집안 내부의 갈등을 다루었으며, 세번째 글은 김동인의 소설 「약한 자의 슬픔」에서 산부인과를 찾은 미혼여성 환자와 의사 사이의 대화를 다룬다. 네번째 글은 이광수의 소설 「혁명가의 아내」에서 돈이나 법률을 이유로 진료를 거부하는 의사의 모습을 묘사했으며, 다섯번째 글에서는 김동인의 소설 「발가락이 닮았다」 중 매독을 앓은 친구에게 의사로서 어떤 소견을 밝혀야 하는지에 대한 고민을 담고 있다.

①"지구를 약탕관에 넣고 달여 내인 물이 바닷물이란 말야. 그러니까 약으로 말하면 없는 약이 없을 거 아니오?"

"그래서 해수욕이 좋다는 건가요?"

"그야, 약만을 위한 것이야 아니지. 약으로 말해두 없는 것이 없어서 그것이 해수욕을 하는 중에 우리 피부를 통해서 흡수가 되지마는, 그것 외에도 우선 오존 ― 즉 산소인데, 보통 산소는 오우투(O_2)가 아니오? 오우투 알지?"

"그럼, 그것이야 모를라구요."

"그런데 오우쓰리(O_3)란 말야. 이놈이 호흡기에 썩 좋은 것이거든. 자 맡아 보아요. 이 좀 새큼한 듯한 냄새가 오존 냄새야. 그리구 또 일광 그 중에두 자외선 말야. 이것이 바닷가에는 강하거든. 그리구 또 물의 온도의 자극 또 물의 압력의 자극, 또 물결이 이렇게 출렁출렁 몸을 치는 것두 이를테면 다리를 밟거나 주무르는 심이거든. 이런 것이 다 좋은 것이구, 그리구 또 말야, 바다에 이렇게 척 들어와 있으면 마음이 아주 넓어지지 않소. 근심 걱정이 다 없어지구, 내 마음이 이 바다와 같이 훤칠하게 무연하게 되지 않어?"

"참 그래요!"

"그게 다 약이야."

- 이광수, 『사랑』, 박문서관, 1938.

②의사도 매우 염려가 된다는 말을 비치어서 입원하기를 권하고, 광진도 입원설을 주장하였지마는 어디서 들은 말인지 모르나 병원에서 해산을 하면 어린애가 비꼬이는 일이 있다는둥, 쥐한테 자지를 뜯겨서 죽는 일이 있다는둥, 미역국밥을 못먹어서 젖이 아니 난다는둥 하고 정경부인이 듣지를 아니하여 집에서 해산을 하기로 작정이 된 것이었다. 이렇게 작정이 되고는 광진이가 삼청

동에 들려서 금봉에게 어린애를 가회동에 보내라는 말을 이르고 은행으로 간 것이었다.

정경부인은 일변 사람을 할미당과 절로 보내어서 삼신님과 부처님께 빌게 하고, 일변 방과 마당을 깨끗이 쓸게 하고, 일변 사당을 깨끗이 소제하여 조상님의 돌아보심을 축원하고, 일변 정경부인 자신이 하나님도 불러 보고 삼신님도 불러 보고 부처님, 보살님네며 이름 아는 신장님네도 불러 보고, 일변 부엌에 신칙하여 비린 것을 들이지 말라 하고, 또 일변 녹용을 달여서 산모를 먹이게 하고, 또 일변 의사와 산파를 부르고, 또 일변 애기 받이 잘한다는 일갓집 마누라를 부르고 — 이 모양으로 좋다는 것은 다 하면서 며느리 방에 들락날락, 이제나 저제나 하고 오래 기다리던 손주새끼가 으아 하고 나오기를 기다리고 있었다.

- 이광수, 「그 여자의 일생」, 『조선일보』, 1934.

③ '어찌하나.'

그는 속으로 중얼거리면서 무의식중에 사환아이를 따라 진찰실로 들어갔다. 남작도 그 뒤를 따랐다.

석탄산과 알콜 냄새에 낯을 찡그리고 엘리자벹은 교자에 걸터앉았다.

의사는 무슨 약병을 장난하면서 머리를 숙인 채로 물었다.

"어디가 아프시오?"

엘리자벹은 대답을 못하였다 — 제일 어찌 대답할지를 몰랐고, 설혹 대답할 말을 알았어도 대답할 용기가 없었고, 용기가 있다 하더라도 부끄러움이 '대답'을 허락지 않을 터이다.

"그런 것이 아니라-."

남작이 엘리자벹의 대신으로 대답하려다가 이 말만 하고 뚝 그쳤다.

의사는 대답을 요구치 않는 듯이 약병을 놓고 청진기를 들었다. 엘리자벹은 갑자기 부끄러움도 의식치를 못하리만큼 머리가 어지러워지기 시작하였다. 그의 눈은 보지를 못하였다. 그의 귀는 듣지를 못하였다 — 그의 설렁거리는 마음은 다만 '어찌할꼬 어찌할꼬'하는 엘리자벹 자기도 똑똑히 의미를 알지 못할 구절만 번갈아 하고 있었다.

　의사는 엘리자벧에게로 와서 저고리 자락을 열고 청진기를 거기에 대었다. 의사의 손이 와 닿을 때에, 엘리자벧은 무슨 벌레를 모르고 쥐었다가 갑자기 그것을 안 때와 같이 몸을 움쭉 하였다. 그러면서도 엘리자벧은 의사의 손에서 얼마의 온기를 깨달았다 ― 이성의 손이 살에 와 닿는 것은 엘리자벧과 같은 여성에게 대하여서는 한 쾌락에 다름없었다. 엘리자벧이 이 쾌미를 재미있게 누리고 있을 때에 의사는 진찰을 끝내고 의미 있는 듯이 머리를 끄덕거리며 남작에게로 향하였다. 남작은 의사에게 눈짓을 하였다.

- 김동인, 「약한 자의 슬픔」, 『창조』 2호, 1919.

　④ "환자의 주소, 씨명, 연령도 병 고치는 데 필요하오? 돈 받는 데 필요하오?"
하고 여가 들이댄다.
"아니요. 의사법에… 법률에 말야."
하고 강 의사도 좀 불쾌한 빛을 보인다.
"법률?"
하고 여는 눈을 부릅뜬다.
"그래 의사가 환자의 주소, 씨명 적으라는 법률은 있고 환자 병 고치라는 법률은 없단 말요? 나 별놈의 의사 다 보겠읍네. 오, 오늘 왕진료 못 받을까봐서? 옛다 더럽다. 가지고 가거라!"
하고 여는 아까 그 지갑에서 일원 짜리 지전 석 장을 내어서 의사의 수첩에 내어 던진다.

- 이광수, 「혁명가의 아내」, 『동아일보』, 1930.

　⑤ "남자가 매독을 앓으면 생식을 못 하나?"
"괜찮겠지."
"임질은?"
"글쎄, 고환을 오까사레루하지(침범당하지: 편집자) 않으면 괜찮아."

"고환은 — 내 친구 가운데 고환염을 앓은 사람이 있는데, 인제는 생식을 못 하겠다고 비관이 여간이 아니야. 고환을 오까사레루하면 절대 불가능인가? 양쪽 다 앓았다는데……"

"그것도 경하게(가볍게: 편집자) 앓았으면 영향 없겠지."

"가령 그 경하다치면 — 내가 앓은 게 그게 경한 편일까? 중한 편일까?"

나는 뜻하지 않고 그의 얼굴을 보았습니다. 중하기도 그만치 중하게 앓은 뒤에, 지금 그게 경한 거냐 중한 거냐 묻는 것이 농담으로밖에는 들리지 않았으므로…… M의 얼굴은 역시 무겁고 어두웠습니다. 무슨 중대한 선고를 기다리는 사람과 같이, 눈을 푹 내려뜨고 나의 대답을 기다리고 있었습니다. 잠시 그의 얼굴을 바라본 뒤에 나는 어이가 없어서,

"아주 경한 편이지."

이렇게 대답하여 버렸습니다.

"경한 편?"

"그럼."

이리하여 작별을 하였는데, 지금에 이르러 생각하면 그 저녁의 문답이 오늘날의 그의 혼약을 이루게 하지 않았는가 합니다.

…(중략)…

나도 사실 어찌하여야 할지 똑똑히 마음을 작정치 못했던 것이외다. 검사한 뒤에 당연히 사멸해 있을 생식 능력을 살아있다고 하자니, 그것은 나의 과학적 양심이 허락지 않는 바외다. 그러나 또한 사멸하였다고 하자니, 그것은 한 사람의 일생을 망쳐 버리는 무서운 선고에 다름없습니다. M이라 하는 정당한 남편을 두고도 불의의 쾌락을 취하는 M의 아내는 분명히 책받을 여인이겠지요. 그러나 또한 다른 편으로 이 사건을 관찰할 때에 내가 눈을 꾹 감고 그릇된 검안(검사 결과)을 내린다면, 그로 인하여 절대 불가능하던 M이 슬하에 사랑스런 자식(?)을 두고 거기서 노후의 위안도 얻을 수 있을 것이요, 만사가 원만히 해결될 것이외다.

- 김동인, 「발가락이 닮았다」, 『동광』 29호, 1932.

가. ①은 폐병을 앓는 부인과 의사인 남편 사이의 대화이다. 의사인 남편은 환자인 부인에게 산소의 효능을 설명하면서 그보다 더 좋은 '오존'을 권하지만, 현대의학에서는 오존은 인간의 기관지에 악영향을 끼치는 것으로 설명된다. 의료에 대한 의도와 의료를 뒷받침하는 의학 지식 사이의 모순이 의사-환자 사이의 소통과 의료의 실천에 저해를 끼치는 경우의 대표격이라고 하겠다. 이와 유사한 사례들을 찾아보자.

나. 환자와 의사 사이의 소통 장애는 의사나 환자 각자의 의지 부족이나 불성실한 태도 등에서 기인하는 것일까? 혹은 다른 외부적인 요소로 인하여 양자 간의 원활한 소통이 이루어지기 어렵게 만드는 것일까? ③과 ④에서 환자-의사의 소통이 가로막힌 원인이 무엇인지를 찾아보고, 오늘날의 의료 환경에서도 이와 유사한 사례들이 발생하지 않는지 조사해서 이야기해 보자.

다. 환자가 원하는 의료와 의사가 권하는 의료 사이의 차이 역시 환자-의사 사이의 소통을 가로막는 원인 중 하나다. ②와 ⑤에서 의사는 왜 환자와 의료에 대한 합의에 도달하지 못하는지 환자의 의향을 중심으로 설명해 보자. 그리고 위 사례에서 의사가 취해야 하는 적절한 태도는 무엇인지 그 대안을 고민해 보자.

라. 주어진 읽기자료들을 중심으로 환자-의사 소통에서 벌어질 수 있는 장해 요인들을 유형별로 나누어보고 이에 적용 가능한 오늘날의 사례들을 찾아서 적어보자. 그리고 이러한 장해를 극복하기 위해 필요한 대안들은 무엇이 있을지를 논의해 보자.

2. 환자에 대한 전인적 이해의 가능성

의료인문학의 주된 과제 중 하나인 '좋은 의사 만들기'에서 자주 언급하는 사항 중 하나는 인간으로서의 환자에 대한 이해이다. 치료의 대상이 되는 질병의 연장선상에서 환자를 바라보고 대하는 것이 아니라, 질병 이전에 인간으로서의 환자 그 자체를 직시하고 이해함으로써 환자와 의사 사이의 소통과 신뢰 구축에 힘써야 한다는 관점이 그것이다.

물론 이는 어느 한쪽의 노력만으로는 구현되기 힘든 일이다. 의사도 환자를 치료 대상 이전에 한 명의 온전한 인간으로 바라보고 전인적인 관점에서 환자를 이해하면서 의료에 임할 수 있도록 힘써야 하지만, 환자 역시 의사의 의도를 잘 파악하고 의료에 대한 이해와 더불어 효과적인 의료 행위가 이루어질 수 있도록 적극적으로 협력해야 한다. 환자-의사의 소통은 일방적인 행위가 아니라 쌍방적인 것이며, 가장 이상적인 의료는 환자와 의사의 소통 하에 상호 협력을 바탕으로 이루어질 때 가능할 것이다.

이 절에서는 환자-의사 소통의 가능성을 모색하고 그 과정에서 겪을 수 있는 어려움이나 오해를 극복하고자 하는 사례들을 다루어본다. 앞 절에서 의료인과 환자 상호간의 이해 충돌이나 지식 격차, 문화적 차이, 제도적 한계 등으로 인하여 환자-의사 소통이 원활하게 이루어지지 못하고 좌절된 사례들을 다루었다면, 여기에서는 그러한 좌절을 넘어서서 양자간의 소통과 신뢰 관계를 구축하려는 노력들을 살펴본다. 여기서 제시된 사례들이 현재 우리가 직면한 다양한 소통의 문제들에 대한 궁극적인 해결책이라고 볼 수는 없겠지만, 우리에게 주어진 문제들을 고찰하고 그 돌파구를 마련하기 위한 다양한 참조점을 제공할 수 있으리라고 본다.

아래의 첫번째 글은 이광수의 소설 「사랑」에서 병을 치료하는 데 가장 중요한 요소가 무엇인지에 대한 내용을 다루고 있으며, 두번째 글은 『청춘』이라는 잡지에 실린 의사의 고충과 관련된 에세이이다. 세번째 글은 코로나19 팬데믹 와중에 중환자를 간병해야 했던 환자 가족의 경험을 담은 글이며, 네번째 글은 불교적 관점에서 간병인의 모범이 어떤 것인지를 설명한다. 다섯번째 글은 이광수의 소설 「그의 자서전」에서 자신의 병약했던 어린 시절을 돌보아주었던 아버지에 대한 기억을 담고 있다.

　　　①"그럼 낫지 않구. 폐병이 못 고치는 병이라고 한 것은 옛날 말이야. 지금은 Helibar라고 아주 정해 놓은 병이오. 잘 안정만 하면 나아."

　　　"글쎄요……"

　　　"석가여래 말씀에 이런 말씀이 있어. 병을 고치는 데 세 가지 요긴한 것이 있다고. 첫째가 마음 가지기, 둘째는 병구완, 그리구 셋째가 의약이라고. 과연 옳은 말씀이야 ― 1은 섭심(一攝心), 2는 간병(二看病), 3은 의약(三醫藥)이라구."

　　　"그래요. 제 마음이 첫째지."

　　　"첫째는 앓는 사람이 마음을 고요히 가지는 것이지마는 또 곁에서 잘 간호해

주는 이가 있어야 해. 병원에서도 의사보다 간호부가 병인의 병을 낫게 하는 힘이 커. 그러니깐 좋은 간호부 있는 병원이 좋은 병원이야."

"간호부는 첫째 친절해야지요."

"친절이란 그렇게 중요한 것이 아니야. 겉으로 친절하지 않은 간호부 어디 있나? 속으로 병자를 사랑해야 돼요. 속으로 진정으로 말이야. 그렇게 사랑하는 마음이 아니 생기고야 정말 친절이 나오나, 정성은 나오고? 병자란 의사와 간호부에 대해서는 대단히 예민하단 말이야. 저 의사가 내게 정성이 있나 없나, 저 간호부가 정말 나를 위해 주나 아니하나, 그것만 생각하거든. 그래서 의사나 간호부가 지성으로 하는 것인지 건성으로 하는 것인지 병자들은 뻔히 알고 있어요. 왜 어린애들이 그렇지 않은가? 아무 말 아니하더라도 어른이 저를 예뻐하는지 미워하는지 다 알지 않소?"

"참 그래요."

"병자도 마찬가지야. 저 의사가 나를 위하는지, 저 간호부가 건성 예로 저러는지 다 알아가지고는 만일 저를 위하지 않는 줄만 알면 마음이 괴로워지거든, 하루종일. 이것이 병에 큰 해란 말이야. 불쾌하고, 괴롭고 한 것이. 그러면 신경이 흥분하고, 잠이 안 오고, 입맛이 없고, 소화도 잘 안 되고. 그런데 병자가 마음이 편안하고 기쁜 날은 밥도 잘 먹고, 또 내리기도 잘 하고 그렇거든. 그래 회진을 해 보면 병자들이 어떠한 마음으로 있는지 대개 알아."

- 이광수, 『사랑』, 박문서관, 1938.

② 이러한 전염병(법정 전염병: 편집자 주)에 대해서는 당연히 의사된 사람으로서 환자를 발견하면 발생 보고를 하는 것이 자신의 의무일뿐더러 한편으로는 국가와 공중을 위함이다. 그런데 요즘 돌아가는 상황을 보면 사람마다 말하길 '전염병은 한약이 아니면 고치기 어렵다' 하면서 몰래 한약만 복용하다가 (병이) 말기가 되어 부득이한 지경에 이르면 의사를 찾아온다. 다행히 치료가 되면 모르겠거니와, 만일 불행하게도 치료가 되지 않으면 또 말하길 '양약은 효과가 없다'고 하니, 대처 시기가 이미 지나버린 질병은 비록 편작이라 해도 고치기 힘들다

는 건 누구나 아는 바다. 그뿐 아니라 만일 의사에게 전염병이라고 진단을 받고 나서 발생 보고를 하면 사람들이 가장 두려워하는 것은 집안을 소독하고 환자를 격리하는 일이다. 만일 의사가 보고를 하면 그 의사를 대하기를 원수와 같이 하고, 마주치기만 하면 욕을 하니 개인의 입장에서는 영업 방해만 될 뿐이다. 이러한 악습을 좇느라 문화의 발전을 저해하니 이는 무슨 영문인가. 그러니 소위 의사라는 이들조차도 혹 전염병 환자를 발견하더라도 보고를 하자니 자기 영업에 (나쁜) 영향을 주고, 보고하지 않으면 자신의 직무를 다하지 못할 뿐더러 법률을 어기는 셈이 되어 이러지도 저러지도 못하게 되니 그야말로 한탄스러운 일이다.

- 김용채, 「전염병에 대한 주의」, 『청춘』 14호, 1918.

③ 병원에서 병마와 싸우고 있는 환자의 의지를 어떻게 북돋워줄 수 있을까. 원수가 아닌 다음에야 가족이 가장 큰 힘일 것이다. 더구나 상태가 위중해서 들어가게 된 중환자실이다. 그 어떤 환자보다 마음이 약해지기 쉬운 상태이다. 그런 환자를 낯선 공간에서 낯선 사람들과만 접촉하게 하는 게 맞는 일일까. 더구나 코로나로 인해 환자는 자신을 돌봐주는 의사나 간호사의 얼굴도 마스크를 쓴 얼굴로만 만나고 있는 상황이다. 마스크를 쓴 얼굴은 '개인'이 아닌 '의사', '간호사 1', '간호사 2'일 뿐이다.

…(중략)…

그렇지 않아도 힘든 환자와 보호자에게 불필요한 짐을 지우는 이 의료 시스템. 중환자실의 환자들은 모두 중환자들이다. 각종 모니터를 달고 있는 환자들. 의료진들은 환자들에게 집중해야 하는 법. 매일 전화해 보고 싶은 마음이 굴뚝같아도 그곳에서 일하고 있는 의료진들의 수고를 알기에 꾹꾹 눌러 참는다. 전화 응대로 의료진들의 주의를 흩뜨리고 싶지 않기 때문이다. 내 가족만이 아니라 중환자실에 있는 모든 환자를 위해서 참고 있다. 그저 참고 기다리는 것. 현재의 대학병원이, 메이저 병원이 환자와 보호자에게 가르쳐주는 덕목이다.

- 이은영, 「보호자 일기를 쓰다 - 환자 보호자의 이야기」, 『호모 팬데미쿠스』, 모시는사람들, 2023, 100-101쪽.

④ 붓다는 좋은 간병인의 요건 다섯 가지를 말했다. 첫째, 좋은 간병인은 약을 만드는 데 능숙해야 한다. 둘째, 환자에게 무엇이 도움이 되며 도움이 되지 않는지를 알아 전자를 주고 후자를 제거해야 한다. 셋째, 자애로운 마음으로 환자를 돌보아야 하지, 탐욕 때문에 돌보아서는 안 된다. 넷째, 환자의 대소변이나 가래, 구토물을 싫어하지 않아야 한다. 다섯째, 때때로 환자에게 불교의 가르침을 들려주어 교화하고, 환자를 격려하고 환자의 기운을 북돋아 기쁘게 해주는 능력이 있어야 한다.

고따마 붓다 스스로 간병의 모범을 보인 후 환자를 자애롭게 대하고 그들의 심신 모두를 살피며 정성껏 간병하는 것은 붓다를 따르고 공경하는 이들이라면 해야 할 일, 불교의 승려거나 불교도라면 외면하지 말아야 할 일이 되었다. 대승불교에서는 자비가 더욱 강조되면서 출가 승려와 재가 신도를 막론하고 간병의 중요성이 부각되었다.

…(중략)…

불교의 문헌들에 나타나는 간병의 지침은 환자의 배설물과 구토물 등의 오물을 단지 치우는 정도가 아니라 그것이 더럽다거나 싫다는 마음조차도 내지 말라는 것이다. 환자가 비방하고 욕한다 하더라도 참아야 하며, 간병으로 심신이 고달프다 해도 견디어내라고 한다.

- 이은영, 「환자는 나의 스승이다」, 『환자란 무엇인가』, 모시는사람들, 2023, 19-20쪽.

⑤ 내가 몸이 약해서 나면서부터 앓는 날이 많았다는 것은 위에 말했거니와, 무슨 병인지 나는 가끔 몸이 짤짤 끓고는 앓았다. 나는 열에 부대껴서 잠이 들었다가 빤히 눈을 뜨면 어머니가 나를 안고 앉았고, 아버지는 숟가락에다가 향을 풀어 가지고 내가 잠 깨기를 기다리던 것과, 그 향을 마시면 속이 시원하던 것을 기억한다. 이 향은 조부의 집에 호인이 와서 여러 날을 묵으며 지은 썩 좋은 참향이라는 것으로 그 커다랗던 것이 내 병에 거의 다 깎여 버리고 말아서 얼마 안 남은 덩치가 아버지의 뼈만 남은 손에 들려 있던 것을 기억한다.

내 병이 여러 날 되도록 낫지 아니하면 외조모가 와서 무꾸리를 다니고 무당을 불러 오고, 어떤 때에는 몸소 나를 못 견디게 구는 귀신들을 대접하여 물리쳤다. 나를 못 견디게 구는 귀신은 혹은 여귀, 혹은 남귀, 혹은 목신, 혹은 조상 동티 등등이었다.

…(중략)…

이러한 일이 있는 동안 아버지는 흔히 사랑에서 담배를 피우고 누워 있었다. 내가 앓을 때에 한해서 아버지는 외조모의 하는 일에 반대를 아니했다. 모르는 체하는 태도를 취했다.

…(중략)…

내가 병을 많이 앓는 것을 보고, 어떤 중이 그것은 전생에 살생을 많이 한 업보라고 했거니와, 아마 그런지 모른다. 다섯 살 먹은 놈이 살인을 하려 들었으니, 결코 선업을 닦은 내가 아닌 줄을 알 수 있고, 또 내가 태어나자 내 부모가 다 가난하게 되고 또 얼마 아니하여 구몰한 것을 보더라도 내가 어떻게 박덕 박복한 아이인 줄을 알 것이다. 그것을 생각하면 지금 이 글을 쓰도록 죽지 않고 살아있는 것만 해도 실로 분외의 행복이다.

- 이광수, 「그의 자서전」, 『조선일보』, 1936-1937.

학습활동

가. ①에서는 환자를 치료하기 위해 중요한 것은 환자에 대한 '마음'임을 강조한다. 하지만 환자 가족의 경험을 다룬 ③에서는 의료인들은 단지 마스크를 쓴 의사1, 간호사2로만 인식될 뿐 실제 환자의 마음을 다스릴 수 있는 것은 환자의 가족이라고 이야기한다. 의료인과 환자의 관계에 있어서 '마음'이라는 요소는 어느 정도의 비중을 차지할까? 그리고 왜 현재의 의료 환경은 ③과 같은 상황에 놓이게 되었을까? 자신의 생각을 정리해서 이야기해 보자.

나. 의사가 환자를 고치고자 하는 마음을 가지고 환자에게 도달하고자 하여도 이를 효과적으로 전달하는 데에는 일정한 장해가 존재하게 마련이다. ②와 ③의 사례를 바탕으로 이와 같은 소통의 단절이 발생할 수밖에 없는 이유를 생각해 보고, 이러한 소통 단절을 극복하기 위한 방안으로는 무엇이 있을지를 함께 토의해 보자.

다. 간병의 목적은 병을 고치는 것이 먼저일까, 아니면 환자를 보살피는 것이 먼저일까? 양자가 상충되는 상황에서는 어느 쪽을 우선시해야 할까? 제시문 ③, ④, ⑤를 읽고 간병인에게 가장 우선시되는 역할은 어떤 것일지를 이야기해 보자.

III. 의료 커뮤니케이션의 방법

의사소통에서 '소통(疏通)'은 '흐르고 통한다'라는 의미를 담고 있다. 둘 이상의 사람이 서로 관계를 맺으면서 언어적 상호 행위를 함께 나누는 것을 이른다. 상호성이라는 개념에는 수평적 태도, 존중과 배려의 개념이 전제된다. 상대방의 의도를 파악하여 적절하게 대응할 수 있는 화용적 능력 역시 존중의 태도로부터 나온다. 화용적 능력은 사회관계를 성공적으로 이끌 수 있는 주요 역량이다.

최근 바람직한 의료 커뮤니케이션 유형으로 환자 중심형 스타일(patient-centered style)이 중시되고 있는 이유도 이와 관련된다. 환자 중심형 스타일은 환자가 의사결정에 적극적으로 참여함으로써(two-way) 상담을 통한 정보제공과 수집의 용이성을 높이는 관심 지향적 커뮤니케이션 행위이다. 환자가 치료와 관련된 의사결정에 참여하는 것은 상호성을 실현하는 방법이다. 의사에게는 환자의 감정과 상황을 이해하고 환자가 말하는 표현적 의도를 파악할 수 있는 화용적 능력이 중요하게 된다.

상호참여형(two-way) 의료상담을 어렵게 한 요인은 의료 전문성만을 중시하는 기능 중심의 일방적 지시 유형 스타일, 그리고 의사와 환자 간에 작용하는 '권력' 때문이다. 의료적 지식의 편향은 의료인과 환자의 권력적 불균형을 만들고 진료 현장에서 '지배-복종' 관계로 변형되어 나타나기도 한다. 의사의 권위적 행위로 인해 환자가 무시받는 느낌이 들 때, 환자는 불만과 거부감을 갖게 되어 협력적인 의사소통이 어렵게 되기 때문이다.

이와 반대로 환자의 사회심리학적 배경을 이해하고 환자의 결정권을 존중하는 환자 중심형 스타일은 환자의 자발적이고 협력적인 태도를 이끌어낼 수 있다. 환자의 적극적인 의견 제시를 통해 병력을 정확하게 청취할 수 있고, 환자에게 적절한 치료방법을 선택할 수 있게 된다. 환자 맞춤 치료는 긍정적인 치료성과로 이어져 진료 만족도를 높이고 의료의 질이 향상되는 결과를 낳게 된다. 의료진 스스로도 직업적 보람과 자긍심을 느낄 수 있다.

그렇다면 환자 중심형 상담을 위한 주요 방법론은 무엇일까? 첫 번째는 공감적 듣기이다. 공감적 듣기는 '경청'의 자세에서 비롯된다. 경청은 수용적 태도로 '상대방의 관점'에 따라 '주의 깊게' 듣고, '이해'하며 듣는 것이다. 의사는 환자의 감정과 논리, 서사적 복잡성을 이해하기 위한 체계적인 훈련과 연습을 통해 현재 환자가 처한 상황과 환자가 겪고 있는 고통을 상상할 수 있게 된다. 이를 위한 구체적인 훈련 방법은 무엇인지 알아볼 것이다.

두 번째로는 말하기 유형에 따른 '적절한 표현'이다. 환자 중심형 상담을 위해서는 환자에 대한 의사의 '친절함'과 '존중', '공감적 소통', 의사에 대한 환자의 '신뢰'가 중요하다고 보았다. 이와 같은 인상적 특성이 표현될 때 언어적 요소와 비언어적 요소의 어떤 측면에 더 주안점을 두어야 할까. 의료상담에서 의사의 적절한 말하기 방법은 어떠해야 하는지 알아본다.

1. 공감적 듣기와 서사의학

'경청'은 상대방을 이해하기 위한 주요 과정이다. 의료상담에서도 환자의 말을 주의 깊게 듣고 환자의 표현을 이해하려 애쓰는 행위는 병증을 파악하고 적절한 치료 계획을 세우기 위한 첫 단계라 할 수 있다. 환자의 말은 정제되어 있지 않고 전문적인 용어로 정의되지 않는다. 반복되고 개인화되어 있으며 조급하거나, 때로는 무거운 침묵을 지키기도 한다.

이때, 의사가 적절한 의료상담 전략을 구사할 수 없다면 검사 결과에만 지나치게 의존할 수밖에 없게 된다. 의사가 상호 협력적 의료상담의 필요성을 인식하지 못하거나 그 효과의 호혜성을 경험하지 못한 경우는 더욱 그럴 것이다. 의료 기술이 발달할수록 인간소외 현상이 가중되는 이유가 여기에 있다. 검사 종류와 비용은 증가하고 환자의 의견은 경시되기 쉽다.

그러나 과학 기술은 꾸준히 진보한다. 즉, 수치로 나타나는 검사 결과는 완전하거나 영원한 것도 아니며, 절대적인 것도 아니다. 절대성을 갖는다고 하여도 그 처방이 누구에게나 균등하게 적용될 수는 없다. 개개인의 삶의 가치와 양태가 다르고 질병과 죽음을 바라보는 관점이 다를 수 있기 때문이다. 환자 개개인의 사회심리학적인 배경을 이해하고 의사와 환자가 협력자로서 질병을 다스려 나가는 길을 함께 모색하여야 한다.

이에 따라 의사에게는 다른 사람이 하는 말의 구조를 이해하고 그 배경을 추론할 수 있는 연습과 훈련 과정이 필수적으로 요구된다. 일방적인 전달 방식, 차트 쓰기에 익숙해진 의료인의 교육 과정을 고려하면 그 중요성은 더욱 커진다. 이를 위한 해법으로 '서사의학'의 방법론이 대두되고 있다.

'서사의학'은 자세히 읽기를 통해 타인이 자신을 설명하는 내용을 능숙하게 수용하는 능력을 길러 보건의료를 강화하는 지적, 임상적 분야이다. 퍼실리테이터가 주도하는 워크숍에서는 문학작품을 자세히 읽기, 지시문에 따라 글쓰기, 자신의 생각을 발표하고 토론하는 과정을 통해 주제에 대한 서사 공동체를 형성한다. 글 속에 감추어진 많은 것들을 찾아내고, 임상에서 환자의 말을 더 잘 들을 수 있는 연습을 하게 된다.

아래의 첫 번째 글은 의사가 환자의 말을 경청하는 일이 왜 중요한지를 언급한 내용이다. 두 번째 글은 환자 중심적 의료상담과 의사 중심적 의료상담의 차이점을 정리한 글이다. 세 번째와 네 번째 글은 소설 읽기 혹은 자세히 읽기가 왜 환자 중심 의료상담에 도움이 되는지 설명한 글이다.

① 경청 기술(listening skill)의 연마와 실천

한의학에서 전해 내려오는 명의(名醫)의 등급을 보면, 처방약을 잘 지어 치료하는 약의(藥醫)를 아주 훌륭한 의사로 보았으며, 환자의 맥을 잘 짚어 치료하는 맥의(脈醫)를 이보다 한 단계 높은 의사로 보았고, 환자의 말을 잘 듣고 치료하는 문의(聞醫)를 최고 단계의 의사로 보았다. 그만큼, 환자의 말을 경청하는 일이 얼마나 중요한가를 알려주는 사례이다. 적어도 문진(問診) 과정에서 진료의 가장 기본은 환자의 증상과 불편함을 귀담아듣는 데서 출발한다. 환자와 좋은 관계를 맺는 첫 단계 역시 환자의 말을 잘 듣는 것이다. '경청'은 연습을 필요로 하는 커뮤니케이션 기술(skill)임을 재고해야 한다. 특히, 의사-환자 간 '경청'이 중요한 것은 오진(誤診)과 의료사고를 미리 방지할 수 있는 최고의 '장치(apparatus)'이기 때문이다.

- 이두원, 「의사-환자간 커뮤니케이션 행위에 대한 대화분석 연구」, 『한국언론학보』 45-1,
한국언론학회, 2000, 253-254쪽.

② 환자 중심적 커뮤니케이션은 환자의 질병 경험과 돌봄을 중시하고 환자의 사회적·심리적 요소에 관심을 가지는 것으로, 질병과 치료에 초점을 두는 의사 중심적인 면담과는 다르다고 할 수 있다. 의사 중심적 면담은 의사가 진료에 대해 전적인 책임을 지고, 환자를 조정하는 위치에 있던 의사 중심의 관계에서 이루어지는 커뮤니케이션 행위이다. 결국, 환자 중심적 커뮤니케이션은 환자의 가치, 욕구, 선호와 일치되는 진료를 의사들이 제공할 수 있도록 돕는 것이며, 동시에 환자들로 하여금 그들의 건강 및 건강관리와 관련된 결정에 정보를 제공하고 능동적으로 참여할 수 있게끔 하는 것이다.

- 김민정, 「의사의 커뮤니케이션 스타일에 영향을 미치는 요인 연구: 개인적 특성과 환자 중심적
성향을 중심으로」, 『한국언론학보』 53-3, 한국언론학회, 2009, 146-172쪽.

③ 의사의 입장에서 '환자의 말'은 질병의 원인과 상태에 관한 중요한 정보를 담고 있는 일종의 텍스트이다. 일반적으로 텍스트는 어떤 체계를 가지고 있는 것이 보통이다. 그리고 일정한 통일성도 텍스트의 본질적인 구성 원리 중 하나다. 그러나 환자의 말은 다른 텍스트와는 달리 모호성(ambiguity)이라는 특징을 지니고 있다. 대부분 환자의 말은 분명하지 않고, 명쾌하지도 않으며, 두서가 없고 비논리적이다. 다시 말하자면 의사가 원하는 중요한 정보들이 모호한 텍스트 속에 숨어 있는 셈이다.

…(중략)…

문학작품은 말의 거대한 도서관이며, 의사소통의 미묘함과 기술을 익힐 수 있는 살아있는 현장이다. 그중에서 특히 의료문학은 이런 요소들이 특화된 형태라고 할 수 있다.

- 이병훈, 「의료문학의 개념 정립을 위하여」, 『의료문학의 현황과 과제』, 모시는사람들, 2020,
31-32쪽.

④ 우리가 생각해볼 것은 '소설 읽기라는 것이 정말로 의학을 변화시킬 수 있을까?'라는 점입니다. 저는 이 말씀을 드릴 때 이런 비유를 들어요. 훌륭한 독자라고 하는 걸 생각해 볼 수 있겠죠. 또는 뛰어난 독자, 책을 잘 읽는 독자, 이러한 사람들은 어떠한 사람일까요? 텍스트를 잘 파악하는 사람입니다. 글에 있는 미세한 결을 이해하고 파악하는 사람이고, 적절한 또는 독창적인 해석과 비평을 제시할 수 있는 사람이죠. 그런 사람들은 어떨까요? 자꾸 책을 읽어나가는 과정에서 더 좋은 독자가 될 겁니다. 이런 책을 잘 이해하는 사람에 저는 의사를 비춰봅니다. 즉, 환자를 더 잘 이해하는 의사는 무엇일까? 라고 한다면 환자의 말을, 그 안에 들어 있는 미세한 구조를, 생각을, 흐름을 잘 이해하고 파악하는 사람일텐데요, 그리고 그런 이해에다가 적절한, 심지어는 창의적인 해석과 판단을 붙여낼 수 있는 의사가 정말 환자를 잘 이해하는 의사라고 말할 수 있겠죠. 이런 의사는 환자의 이야기를 들으면 들을수록 더 좋은 의사가 될 겁니다.

이 두 가지의 구조가 똑같다는 것이죠. 좋은 독자와 좋은 의사의 구조는 똑같다. 점점 더 책을 읽어나가면서 발전하는 훌륭한 독자, 점점 더 환자의 말을 들어가면서 발전하는 훌륭한 의사가 똑같다고 한다면, 그리고 그 둘 다가 결국 어떤 텍스트, 독자는 책, 의사는 환자의 말이라고 하는 것을 이해하는 과정을 통해서 자신을 발전해 나간다면 우리가 어찌 보면 조금 더 접근하기 쉬운 이 책 읽기의 기술을 배움을 통해서 어찌 보면 조금은 막연하고 훈련하기 어려운 환자의 말을 듣는 방식 또한 훈련할 수 있지 않을까?라는 것입니다. 이것이 그럴 듯한 비유라는 생각이 드신다면 제가 말한 '서사의학이 충분히 의학을 바꿀 수 있을 것입니다'라는 말에 어느 정도 동의가 되시지 않을까 생각됩니다.

- [제16회 인문주간] 북토크 콘서트: 서사의학, 공감과 연대의 이야기 2편, 김준혁(연세대학교 치과대학 교수), 경희대 HK+통합의료인문학 https://www.youtube.com/watch?v=Hr3TbemQjK0

가. ①에서 문의(聞醫)를 최고 단계의 명의(名醫)로 본 이유를 ②의 지문을 읽고 설명해 보자.

나. 환자의 말은 왜 ③과 같이 "다른 텍스트와는 달리 모호성(ambiguity)이라는 특징을 지니고 있다. 대부분 환자의 말은 분명하지 않고, 명쾌하지도 않으며, 두서가 없고 비논리적"인 특징을 보이는지 설명하고, 이에 대한 의료인의 대응은 어떠해야 하는지 토론해 보자.

다. ④를 읽고 '서사의학'은 무엇이며, 어떤 예술작품들이 서사의학에 활용될 수 있는지 이야기해 보자.

2. 의료상담에서의 주안점

의료서비스에서 의료 커뮤니케이션의 중요성은 점차 커지고 있다. 특히 환자와 의사의 협력적 의료상담의 긍정적 효과는 지대하다. 1절에서는 환자 중심 의료상담을 위한 공감적 듣기의 훈련 방법에 대해 알아보았다. 그렇다면 다음은 표현의 단계이다. 여기에서는 의료상담에서 특히 주안점을 두어야 할 사항에 집중하기로 한다. 먼저 대화의 두 주체인 의사와 환자의 관계를 생각해 보자. 의사는 상호참여적인 상담을 위해 노력하여야 하고, 환자는 의사에게 자신이 경험하고 있는 질병에 대한 정보를 솔직하고 충실하게 제공하여야 한다. 이를 통해 정확한 정보를 토대로 성공적인 치료에 이를 수 있다.

그러나 이때 고려해야 할 사항은 의사와 환자가 동등한 배경을 갖고 있지 않다는 점이다. 의사는 환자보다 의료적 지식과 임상 경험이 많고, 병원 시스템과 의료 기술에 대한 이해도가 높다. 이에 비해 환자는 육체적, 혹은 정신적으로 불안정한 상태로 병원을 방문하게 된다. 낯선 환경과 어려운 전문용어를 접하면서 위축되기도 한다. 의료상담 현장에서는 정보와 권력의 우위를 점하고 있는 의사가 환자를 어떻게 대하느냐에 따라 환자의 말과 행동이 달라질 수 있다.

구어적 의사소통 능력과 관련된 영역은 언어적(verbal) 요소와 비언어적(non-verbal)

요소로 나누어진다. 언어적 요소는 모음, 자음, 단어 등 철자로 표현될 수 있는 내용적 측면이다. 비언어적 요소는 억양, 어조, 음질, 목소리 크기, 음높이 범위 등과 같이 청각적으로 탐지될 수 있는 음성적 측면과 몸짓, 자세, 표정, 시선, 움직임 등과 같이 시각적으로 탐지될 수 있는 행동적 측면이다. 우리의 의사소통은 언어적 측면과 비언어적 측면이 상호작용하여 화자의 의도를 드러내는데, 두 요소가 일치하지 않을 때, 인간은 비언어적 요소를 더 신뢰한다.

의사소통 이론에서 유명한 '메라비언의 법칙' 역시 비언어적 요소의 중요성을 강조한다. 정서에 영향을 미치는 것은 말의 내용보다는 어떻게 말하느냐, 즉 비언어적 요소가 더 중요하다는 이론이다. 의료 분쟁의 주요 원인이 부정확한 내용보다는 의료진의 퉁명한 말투, 기계적인 응대, 환자를 존중하지 않는 시선과 태도 때문이라는 사실을 통해서도 이러한 이론이 입증된다. 그동안 논리 혹은 내용 중심의 소통 전략에 주안점을 두었다면, 이 절에서는 실제 의료상담 대화의 비언어 요소도 함께 고려하며 분석해 보자.

첫 번째 글은 의사의 상담 능력이 질병 치료에 미치는 효과에 관해 설명한 글이다. 두 번째 글은 전체 의료서비스 평가에서 의료 커뮤니케이션이 왜 대표성을 갖게 되는지를 알 수 있는 지문이다. 세 번째 지문은 임상적 만남에서 환자가 의사의 비언어적 특성을 주의 깊게 관찰하는 모습을 묘사하고 있다. 네 번째와 다섯 번째는 실제 의료상담 대화의 일부를 발췌하여 보인 것이다.

① 양질의 의료서비스는 환자의 관심과 참여 없이는 기대할 수 없다. 이런 점에서 의사는 진료 과정에 환자를 적극적으로 참여시킬 수 있는 능력을 갖춘 의학면담(medical interiew) 전문가가 되어야 한다. 실제로 당뇨, 고혈압, 우울증 환자의 경우 의사와 환자가 서로 협력하지 않으면 치료 효과가 크게 떨어진다는 조사 결과가 나와 있다. 의사가 질병의 특성과 그 위험성, 예상되는 치료 효과, 약물의 구체적인 복용 방법 등을 환자에게 적절하게 전달한다면 더 나은 치료 결과를 기대할 수 있을 것이다.

…(중략)…

의사들은 다양한 임상경험을 통해 환자와의 의사소통이 얼마나 중요한지 알고 있다. 질병을 치유하는 과정에서 의사의 말 한마디는 약이 되기도 하고 독이 되기도 한다. 이런 점에서 버나드 라운(Bernard Lown)의 다음과 같은 지적은 시사하는 바가 크다. "의사의 말 한마디가 환자에게 상처를 줄 수도 있지만, 반대로 환자의 치유를 크게 촉진시킬 수도 있다. 치유의 과정은 과학만으로 되는 것이 아니며, 환자의 긍정적 기대감과 의사에 대한 신뢰감도 뒷받침되어야 한다. 신중하게 선택된 말은 의사가 환자를 위하여 할 수 있는 가장 훌륭한 치료이기도 하다. 사실, 말은 가장 뛰어난 치료 수단임에도 불구하고 별로 중요시되지 않고 있다.

- 이병훈, 「의료문학의 개념 정립을 위하여」, 『의료문학의 현황과 과제』, 모시는사람들, 2020, 29-31쪽.

② 의료서비스는 일반 서비스와는 달리 고객과 서비스 제공자 간의 상호작용이 상대적으로 많고, 고객의 지각된 위험이 높기 때문에 서비스를 제공받는 동안 고객의 심리상태는 상대적으로 불안하다고 할 수 있다. 따라서 고객은 의료서비스 접점에 있는 서비스 제공자의 비언어적인 커뮤니케이션이 어떠한가에 의해 서비스에 대한 전반적인 평가를 할 가능성이 높다. 이러한 측면에서 의료서비스는 서비스 제공자와 고객 간의 상호 대인적인 측면이 다른 요인보다 훨씬 중요하게 작용한다고 할 수 있다. 따라서 의료서비스 제공자의 비언어적인 행동이 고객으로 하여금 전반적인 서비스를 평가하는데, 결정적인 역할을 할 것이다. 의료서비스 고객은 자신의 건강에 대한 높은 관심과 서비스에 대한 불안과 불확실성으로 인해 감정이 고조되어 있으며, 의학적인 전문지식이 부족하기 때문에 의료서비스 제공자가 행하는 서비스의 효율성이나 효과성을 평가하기 어렵다. 또한 의료서비스 결과가 즉각적으로 나타나는 경우가 드물기 때문에 고객은 의료서비스의 비기술적인 측면, 즉, 비언어적인 커뮤니케이션과 같은 주변 단서에 의존하게 된다. 기존 연구에서도 고객의 심리적 상태는 의료서비스에 대한 불안감과 의료서비스 만족에 영향을 미치는 것으로 나타났다.

이와 같이 의료서비스는 기업이 제공하는 일반서비스와는 달리 순수서비스에 보다 가깝고, 고객이 지각하는 구매 위험이 크기 때문에 더욱더 서비스의 생산, 소비, 전달에 참여하는 사람들 간의 상호작용이 중요하다고 할 수 있다.

- 김유경·서문식 「의료서비스 제공자의 비언어적 커뮤니케이션이 고객만족과 고객행동의도에
미치는 영향」, 『소비문화연구』 9-3, 한국소비문화학회, 2006, 156-158쪽.

③ 임상적 만남에서는 그런 주의력이 중요하다. 자세, 표정, 신체 언어는 의미심장한 방식으로 신호를 보낸다. 예를 들어 처음에 환자는 앉아서 자신의 이야기를 듣는 의료인의 자세를 정확히 기억한다. 그들은 매우 생생하게 장면을 서술할 수 있다. 반면 의사 또한 환자와의 관계를 형성하고 이야기를 더 잘 이해하기 위해 환자의 표정과 자세를 해석하려고 노력할 수 있다. 작가 아나톨 브로야드(Anatole Broyard)는 주치의의 용모와 행동에 대해 자신이 해석한 바를 기술하면서, 환자로서의 경험에 자신의 문학비평적 감각을 적용한다. 비뇨기과 의사가 그의 수술 모자를 세련되지 못하게 걸친 것을 보고 브로야드는 다음과 같이 쓴다. "그는 프랑스에 온 미국인처럼 입고 있었다. 어떻게 모양을 잡을지, 멋부려 쓸지 이해하지 못한 채로 베레모를 쓰고 있는 것 같은 모습. 내 눈에 이 의사는 모자를 극복하거나 동화시킬 수 있는 매력을 지니지 못한 것으로 보였고, 그 때문에 정이 뚝 떨어졌다." 자신의 편견을 시인하는 브로야드는 특정한 관계의 맥락에서 단어와 자세의 결정적인 중요성을 그 풍성한 단독성 속에서 드러내 보인다.

- 리타 샤론 외, 김준혁 역, 『서사의학이란 무엇인가: 현대의학이 나아가야 할 공감과
연대의 이야기』, 동아시아, 2021, 54-55쪽.

④

발화번호	화자	대화 내용
1	의사	다닐 만은 하세요(LH)
2	보호자	다닐 만은 하신데 고단한 일이죠, 매일 다니시니는 게

제1강 환자와 의사   51

3	의사	아, 예 그래요(L:)
4		그때 이렇게 막.. 감염되고 했을 때 복통이 있으셨던가요(LH)
5		그렇진 않으셨던가요(H)
6	보호자	아무 이상 없었는데 유월 말에 처음
7	의사	그때 ○○○교수님한테 설명을 들으셨는지 모르겠는데, 그때 그 정맥류 쪽에 감염 세균이 꽤 심했어서(LHL)
8		원칙대로 하자며는 대동맥의 붉은 혈관을 염증 있는 부위를 잘라내고 인조를 새로 심고 해야 되는데 그게 간단치가 않아서(LHL)
9	보호자	네
10	의사	쫌, 그, 오히려 너무 큰 수술을 하며는 그걸 못 버티시고 더 탈이 날까봐서(HL)
11	보호자	네네
12	의사	쪼금 그 염증 있는 부위를 긁어내는 수준에서 만족을 했던 경우거든요(HL)
13	보호자	예예
14	의사	지금 염증 수치 같은 건 잘 눌러지고 있어서(LHL)
15	보호자	네
16	의사	말 그대로 노파심 같은 거예요.
17	보호자	네
18	의사	저희도 지금 치료 수준을 낮추거나 뭐 그럴 때는 보호자분 마음 같아요.
19		그냥 괜찮을 거 같긴 한데 잘못되면 어떡하나 이런 마음이 들 수밖에 없어서(LHL)

⑤

발화	화자	대화 내용
1	보호자	배액관이 빠진 건가요?
2	의사	여기 지금 밖에 나와 있는 게 빠져 있어요(L)
3	보호자	(놀라며) 아~
4	의사	(타다다닥, 타다다닥) (키보드 치는 소리)
5	보호자	언제 빠진.. 지난 주까지 아무 문제 없었거든요.
6	의사	십일월 이십팔일 이후로는 빠져 있네요(L)
7	의사	그 전에 언젠가 빠졌겠죠(L)
8	의사	그거 빠진 거를 다시 넣으셔야 되구요(HL)
9	의사	두 번째로 그거랑은 별개로 담도도 스텐트를 새로 보셔야 되겠어요(L)
10	보호자	그래도 담즙이 보통 20씨씨 30씨씨 나오다가 이번 주 화요일이던가는 -60씨씨 나오고 그래서 사실 빠졌다고 생각은 안 했거든요.
11	보호자	원래도 그 정도 많이는 안 나오고 항상 그래서..
12	의사	아, 하튼 빠지긴 빠졌어요(L)
13	의사	살짝 걸쳐서 그렇게 보이는지 어쩐지는 모르겠는데(HL)
14	보호자	근데, 저희가 이 시술을 많이 두려워해서..
15	보호자	한 번 병원에서 빠져가지고 다시
16	의사	(타다다다다닥) (계속되는 키보드 소리)
17	의사	이번에도 그렇게 되지 않으리란 법이 없어요(L)
18	보호자	네네
19	의사	해도 사실 제가 뭐 신은 아니니까(L)
20	의사	그래도 하루라도 빨리 치료를 시작하는 것이 좋겠습니다(L)

위의 대화는 담관 스탠트 수술 후 식욕 부진과 복통 후유증을 앓던 환자가 가족과 함께 병원을 찾은 상황에서 환자의 보호자인 '딸'이 의사와 나눈 의료상담 내용이다. 발화 마지막 음절(음영으로 표시)에 실현된 억양을 K-ToBI(Korean Tones and Break Indices; Jun 1993, 2000)에 따라 이원적(L, 저조 혹은 H, 고조) 체계로 전사하였다(:'는 장음화 표시).

- 조민하, 「환자중심형 의료커뮤니케이션을 위한 방안(1): 의사의 친절함을 중심으로」,
『우리말글』 1-25, 우리말글학회, 2023, 111-135쪽.

학습활동

가. ②의 지문을 읽고 환자의 상황을 이해해 본 후, ①에서 "의사의 말 한마디가 환자에게 상처를 줄 수도 있지만, 반대로 환자의 치유를 크게 촉진시킬 수도 있다."라고 한 이유를 설명해 보자.

나. ③에서 작가 브로야드는 비뇨기과 의사의 자세, 표정, 신체 언어를 주의 깊게 살펴보고 있다는 것을 알 수 있다. 의료상담 시 의사는 비언어적 측면 중 특히 어떤 점에 주의해야 할까? 그렇게 생각한 이유는 무엇인지 이야기해 보자.

다. ④와 ⑤의 의료상담 대화를 비교한 후, 환자에 대한 의사의 '친절함', '존중', '공감적 소통'이 실현되고 있는지 토론해 보자. 그 이유를 '언어적(verbal) 요소'와 '비언어적(nonverbal) 요소'로 구분하여 설명해 보자.

제2강

의료와 제도

<학습목표>

가. 의료가 의학적 연구와 치료, 전문가와 환자의 관계뿐만 아니라 사회의 다양한 법제도와 관련됨을 이해하고 설명할 수 있다.

나. 의료와 관련된 제도 중 의료비용에 관한 의료보험의 의미를 이해하고, 우리나라와 외국에서 의료보험이 발전해온 역사와 현재, 그리고 그 차이를 구분하여 설명할 수 있다.

다. 의료보험을 비롯한 다양한 법제도가 마련되어 있다고 하더라도 실제 의료행위가 일어나는 현장에서 다양한 주체들 사이에 긴장과 갈등이 생겨나는 모습을 여러 역사적 사례를 통해 이해하고 설명할 수 있다.

한 사회에서 의료는 전문가와 환자뿐 아니라 효과적으로 의료행위를 수행할 수 있도록 뒷받침해 주는 다양한 제도들과 관련을 맺는다. 기본적으로 의료행위를 할 수 있는 의료관계자 및 여러 의료기관에 대해 규정하는 법제도가 존재하며, 의료와 관련된 행정적 절차를 규정하거나 의학교육 및 자격인정에 관한 제도도 있다. 또한 각각의 진료와 치료과정에서 발생하는 의료비용과 관련된 의료보험 역시 중요한 의료제도 중 하나이다. 이런 의료제도는 각 사회마다 고유한 역사를 지니고 있으며 오늘날의 모습도 균일하지 않다. 나아가 코로나19와 같은 팬데믹에 대응하기 위한 국제적인 보건의료 조직과 제도도 존재한다. 제2강에서는 한국사회뿐 아니라 외국의 사례를 포함하여 의료와 관련된 제도 중 의료보험에 대해서 살펴보고, 국제적인 의료제도의 중요성을 고찰한다. 나아가 이런 의료제도가 실제 현실에서 어떻게 적용되고 변모하는지를 여러 역사적 사례를 통해 살펴본다.

I. 의료보험

의료와 관련된 여러 가지 법제도 중 의료행위자와 의료기관, 그리고 환자 모두에게 직접적인 영향을 주는 것이 의료비용을 다루는 의료보험이다. 의료보험은 평상시에 개인과 국가가 재원을 준비하여 의료행위가 일어날 때 그 비용의 일부를 보전하는 보험제도의 하나인데, 재원 마련부터 의료행위 각각에 대한 비용 산정과 지급까지 여러 사회구성원의 이해가 개입되어 있다. 따라서 '의료'라는 행위의 성격부터 이를 다수 국민에게 제공하기 위한 정책까지 다양한 의견이 존재하며 때로는 갈등을 빚기도 한다.

의료보험은 각 나라의 역사와 전통, 사회문화적 배경에 따라 발전해왔으며, 지금도 나라마다 다양한 모습을 지니고 있다. 각각의 장단점을 일률적으로 재단할 수는 없지만, 국민에게 제공되는 '의료'를 국가가 책임지는 공공의 것으로 간주할 것이냐, 개개인이 스스로 재원을 마련하고 대비해야 할 자율의 영역으로 볼 것이냐는 오래된 그리고 의료보험을 둘러싼 대표적인 논쟁 주제이다. 나아가 4차 산업혁명 시대에 의학적 지식과 기법들이 발달하고 새로운 의약품과 치료법이 등장함에 따라 이런 최신 의료행위를 의료보험의 영역으로 편입할 것인지, 아니면 새로운 시장을 발굴하기 위한 매개로 삼아야 할 것인지 역시 의견이 분분하다. 코로나19가 대유행하던 당시 PCR검사부터 백신접종까지 팬데믹에 대응하기 위해 노력했던 각국의 정책 근저에는 의료보험이라는 또 다른 배경이 있었다는 사실도 기억할 만하다.

의료관계자와 기관, 환자, 정부, 민간보험회사 등 다양한 주체들이 개입되어 있기에, 각 나라의 의료보험 역사와 현황은 다를 수밖에 없다. 각 사회에서 의료를 바라보는 관점에 따라 의료보험은 여러 부침을 겪었으며, 1977년 500인 이상 사업장의 근로자를 대상으로 처음 공적 의료보험을 도입한 한국의 의료보험 역시 숱한 변화 속에서 지금에 이르렀다. 한국의 의료보험 역사는 당연히 훨씬 오래전부터 의료보험을 도입한 미국과는 다를 것이며, 양국 의료보험의 역사와 현황을 비교하는 것은 의료보험의 성격과 역할을 이해하는 데 도움을 줄 것이다.

1. 의료보험

의료보험은 의료와 관련된 제도 중 일반인들이 가장 밀접하게 접할 수 있으며, 이해 당사자들 사이에서 다양한 의견이 표출되는 분야이다. 특히나 의료와 관련된 재원을 마련하고 서비스를 제공하는 일련의 행위를 공적인 영역 즉 국가에서 책임을 질 것인지, 아니면 민간부문에서 개인이 원하는 방식으로 의료보험에 가입하고 보장을 받을 것인지는 우리나라뿐 아니라 외국에서도 논란이 되고 있다.

다른 보험제도와 달리 의료보험을 둘러싸고 이런 갈등이 표출되는 것은 '의료'의 공공성을 둘러싼 관점의 차이를 보여준다. 각 나라의 정치적, 문화적 맥락에서 의료를 어떻게 바라보았는지가 오늘날 의료보험제도의 근간이 되었으며, 점차 의료가 상업화되는 과정에서 의료보험을 바라보는 관점 자체도 변하기 때문이다.

이 절에서는 의료비용을 조달하고 의료서비스를 제공하는 두 가지 측면을 가진 의료보험의 성격을 파악하고, 각 나라마다 의료보험제도가 다르게 만들어져 왔음을 개괄적으로 살펴본다. 그리고 공적 의료보장제도 외에 민간의료보험이 출현하는 배경을 이해하고, 양자의 관계를 어떻게 바라볼 것인지 살펴본다.

아래의 첫 번째 글은 다양한 의료보장제도를 개괄하면서, 의료보험제도가 각국의 역사, 정치, 문화에 영향을 받는다는 점을 설명하고 있다. 두 번째 글은 의료보험제도가 공적인 성격을 지니는 동시에 민간의 역할도 중요함을 강조하고 있다.

① 의료보험제도는 의료비용을 어떻게 조달할 것인가 하는 의료재정(재원조달, finance) 측면과 의료서비스를 어떻게 제공할 것인가 하는 의료공급(delivery) 측면의 두 분야로 나누어질 수 있다. 의료재정 측면과 의료공급 측면에서 각국의 제도에는 많은 차이가 존재하고 있다. 예를 들면 영국이나 스웨덴에서는 의료서비스도 공중보건서비스와 마찬가지로 기본적으로 조세를 재원으로 하여 재정이 조달되고 의료서비스의 공급도 주로 공공부문에 의해서 이루어지고 있다. 그 반대편에 위치한 나라가 미국이다. 미국에서는 고령자와 일부 장애자를 대상으로 하는 메디케어(Medicare)와 저소득층을 대상으로 하는 메디케이드

(Medicade)를 제외하면 공적 의료보장제도는 존재하지 않는다. 의료공급도 주로 민간에 의해서 제공되고 있다. 일본의 경우 재원조달은 사회보험방식에 의해서 조달되고 있으며, 의료공급은 민간부문이 중심이 되어 제공되고 있다. 그런데 재원조달 방식에서는 사회보험방식을 채택하고 있는 나라들에서도 그 운영형태는 다르다. 단일자보험제도(대만, 한국)를 취하고 있는 나라가 있는가 하면 다보험자체계(독일, 프랑스 등 대부분의 사회보험국가)를 취하고 있는 나라들도 있다. 전국민제도(한국, 일본)가 있는가 하면 고소득층을 제외하고 있는 나라들(독일)도 있다. 또한 다보험자체제 내에서도 보험자 간 경쟁을 도입한 나라들이 있는가 하면(독일, 스위스 등) 경쟁이 없는 나라들(일본, 프랑스, 오스트리아)도 있다. …(중략)… 이처럼 각국의 의료보장제도가 큰 차이를 보이는 주된 이유는 의료보장제도가 역사, 경제, 정치, 풍토, 문화 등의 소산이기 때문이다.

- 박지연, 「일본의 의료보험제도의 성립 및 전개 과정」, 『산업연구』 19,
경기대 한국산업경제연구소, 2006, 171-172쪽.

② 한국 사회의 의료보장 현실과 과제를 조망하는 데 있어서 공적 의료보장제도(즉, 건강보험)에 중점을 두는 경향이 지배적인데, 이는 건강보험제도의 개선이 전반적인 의료보장의 발전을 이끌 수 있는 핵심과제라는 가정에 근거한다. 이 가정은 충분히 지지할 만하고 동의할 수 있음에도 불구하고, 민간의료보험을 통한 의료보장 역시 중요하게 다루어질 필요가 있다.

일반적으로 공적 의료보장체계를 갖추고 있는 국가에서 민간의료보험은 보완적인 역할을 하는 것으로 간주된다. 그러나 이는 공적 의료보장제도의 성격과 수준에 따라 다르다. 즉, 공적 의료보장의 수준이 높고 사회적 지지가 강하다면 민간의료보험은 제한적인 역할에 그치지만, 공적 제도가 갖추어졌다고 하더라도 제도의 수준이 미흡하거나 사회적 지지를 충분히 받지 못하는 경우 민간의료보험은 공적 의료보장제도에 상당한 영향을 줄 수 있다. 민간의료보험을 통한 개별적 재원조달이 확대되어 상당수의 사회 구성원이 공적 의료보장제도의 발전을 위한 사회적 노력을 지지하지 않게 되면 장기적으로 공적 의료보장제도의 위축을 가져올 수 있다. 따라서 민간의료보험 역시 공적 의료보장제도에 영향을 주는 조건 내지 변수로 작용할 수 있다는 점이 고려되어야 한다.

　　민간의료보험에 대한 사회적 고려가 필요한 두 번째 이유는 이것이 민간부문에서 개인의 선택의 문제로 그치는 것이 아니라, 사회적 차원에서는 계층 간 의료보장 수준의 차이로 귀결될 수밖에 없기 때문이다. 이는 민간의료보험과 관련하여 여러 단계에서 시장의 분화가 이루어질 수 있는 속성에 기인한다. 즉 질병에 대한 위험을 산정하는 방식이 통일되기 어렵고, 같은 방식의 위험 산정이 이루어지더라도 위험수준에 따른 가입의 제한이 일률적으로 적용되기 어려우며 가입 가능한 집단과 그렇지 못한 경우가 존재한다. 만약 이러한 문제를 해결했다 하더라도 보험료를 지불할 능력이 없다면 가입이 불가능하다. 또한, 동일한 위험에 대한 동일 급여 수준 보장의 원칙이 존재하지 않는다면 다양한 급여가 가능하기 때문에 가입된 경우에도 급여 수준의 차이가 있을 수 있다. 이러한 이유들로 인해서 민간의료보험은 필연적으로 사회 계층 간 차이를 초래한다.

- 허순임, 「한국 민간의료보험의 발달과 의료보장 정책에 대한 함의」, 『한국사회정책』 20-1,
2013, 188-189쪽.

학습활동

가. 의료보험이라 하면, '여러 사람이 미리 재원을 모아 두었다가, 많은 비용이 필요한 의료서비스에 대해 지불함으로써 개인 부담을 줄이고 비용 대비 효과적인 의료행위를 지향하기 위한 제도'이다. 우리 일상 속에 존재하는 수많은 보험제도와 비교해 볼 때 의료보험이 가지는 공통점과 차이점을 생각해 보자.

나. 다른 보험제도와 달리 의료보험을 논의할 때, 재원을 조달하고 서비스를 제공하는 두 가지 측면에서 공공의 역할을 강조하는 경우가 많다. '의료'를 위한 재원 마련과 서비스 제공을 위해 공적 영역이 중요한 이유를 설명해 보자.

다. 의료서비스를 전면 국영화하거나 사회보험방식을 채택하는 나라들이 있음에도 불구하고, 민간의료보험이 필요하다고 주장하는 근거를 찾아 설명해 보자.

라. 공적 의료보장제도와 비교할 때 민간의료보험이 가지는 장단점을 조사하여 설명해 보자.

2. 한국의 의료보험

우리나라는 1977년에 500인 이상 사업장의 근로자를 대상으로 의료보험을 시작하고 1989년에 전 국민을 대상으로 확대했으며, 다양한 직종별, 지역별 의료보험을 통합하여 2000년 통합 건강보험을 출범했다. 다른 나라와 비교할 때 상당히 빠르게 전국민의료보험을 달성하는 데에는 정부, 의료관계자, 국민 모두의 노력이 필요했으며, 그 과정에서 지난한 논쟁이 촉발되기도 했다.

이 절에서는 우리나라 의료보험의 역사를 살펴본다. 1977년 이전에 소규모로 존재했던 민간의 의료보험 사례들부터, 정부 주도의 의료보험이 실시, 확대, 통합되는 역사적 과정을 이해한다. 의료비용 조달과 서비스 제공이라는 측면뿐 아니라 그 과정은 당대 정치적, 사회적 맥락이 밀접하게 연관되어 있음을 이해하고, 각 시기마다 다양한 이해당사자들이 의료보험을 둘러싸고 치열한 논쟁을 벌였음을 살펴본다. 이는 곧 의료보험처럼 의료와 관련된 제도가 당대의 복잡다단한 상황과 맞물려 있다는 것을 보여주는 것이다.

나아가 이 절에서는 의료보험의 역사를 살펴봄으로써, 오늘날 우리나라 의료보험의 모습을 이해할 수 있는 기회를 제공한다. 코로나19 대유행처럼 긴박한 상황에서 전염병을 검사, 진단, 치료하는 일련의 의료행위가 진행되는 과정에서 의료보험이 어떤 역할을 했는지, 그리고 우리나라와 같은 의료보험을 갖추고 있지 않다면 어떤 문제가 발생할 수 있는지를 고민해 본다.

첫 번째 글은 1989년 의료보험이 전국적으로 확대된 배경을 설명하고 있다. 두 번째 글은 1989년 의료보험의 전국적 확대 이후에 지역과 직장까지 통합된 건강보험 체계가 구축되는 상황을 개괄한다. 세 번째 글은 현재 건강보험체계의 공공적 가치를 되짚으면서도 지속가능성을 위해 고민해야 할 문제를 제시하고 있다.

① 1989년 의료보험의 혜택이 전 국민으로 확대되었다. 확대는 당위였다. 언제 이루는지가 문제였을 뿐 이루어야 할 목표임에 분명했다. 1977년 의료보험이 시작되면서 보험수가와 일반수가의 차이가 벌어졌고, 의료보장 계층과 비

보장 계층의 차별성이 사회적 문제로 대두되었다.

···(중략)···

의료보험의 혜택은 분명했다. "아직 의료보험제도 적용이 되지 않고 있는 인구 계층에서의 의료보험 확대는 가장 큰 여망으로 대두되고 있"는 상황이었다. 여기에 전두환 정부의 정치적 요구가 가세하였다. 1987년부터 실시된 제6차 경제사회발전 5개년 계획에서 사회보장과 관련된 청사진을 제시할 필요가 있었고, 의료보험의 확대는 1987년 대선과 1988년 총선을 앞두고 정치적 지지를 확보할 수 있는 가장 유력한 방법이었다. 의료보험이 확대된 배경이었다.

···(중략)···

1977년 실시된 지 12년 만에 의료보험은 전 국민을 포괄하게 되었다. 의료보험을 시행했던 선진국의 경우 전국민의료보험을 달성하는 데 약 100년 정도가 소요된 점을 고려하면, 빠른 속도였다. 정부 스스로 "짧은 기간 내에 이룩한 제도 발전은 그 성과가 자못 크다고 아니할 수 없겠다"고 자평했다. 의료보험이 확대되면서 지역의료보험 수진율은 1988년 1,653회에서 1989년 2,477회로 증가하였다. 의료보험의 혜택은 분명했다.

- 박윤재, 『한국현대의료사』, 들녘, 2020, 187-191쪽.

② 1977년 500인 이상 사업장의 근로자를 대상으로 처음 시작된 의료보험은, 1989년에 이르러 전 국민으로 확대됐다. 하지만 직장별, 지역별로 나뉘어 가입하는 의료보험조합은 수백 개로 분산된 상태였다. 조합에 따라 납부하는 보험료도 달랐고, 조합 간의 재정 불균형도 심각했다. 재정이 넉넉한 조합은 가입자에게 후한 혜택을 줄 수 있는 반면, 그렇지 못한 조합은 보험금조차 제대로 줄 수 없는 형편이었다. 조합을 둘러싼 각종 비리와 낙하산 인사 등 부패의 온상으로 지목되기도 했다. '사회적 위험에 대비한 연대'라는 보험의 원리가 작동하기 어려운 상황이었던 것이다.

···(중략)···

6월 항쟁 이후 민주화의 열망이 여전히 충만하던 때, 의료운동 단체와 병원

노조가 하나둘 생겨나던 시기와 맞물려 의료보험 통합론은 힘을 얻었다. 1988년 6월 28일에는 전국 40여 개 군 단위의 의료보험대책위원회와 48개 시민사회단체가 참가해 '통합주의 의료보험제도 실시'를 목표로 한 '전국의료보험대책위원회'를 결성하기에 이른다. 대책위는 관련 법안을 마련해 국회에 건의했고, 각계의 노력으로 「국민의료보험법」이 여야 만장일치로 국회에서 통과됐다. 하지만 노태우 대통령의 거부권 행사로 무산되고 말았다. 그 후로도 정치권과 학계, 시민사회들이 건강보험 통합론을 꾸준히 제기했으나 서로 이해관계가 달라 뚜렷한 성과를 내지는 못하였다.

10년 동안 지지부진하던 논의는 1997년 12월 31일 제정된 「국민의료보험법」을 필두로 급물살을 타게 된다. 당시 지역의료보험은 227개 지역조합별로 운영되어 피보험자가 동일한 소득과 재산이 있어도 거주지역에 따라 각기 다른 보험료를 부담하게 되어 있고, 거주지를 옮기거나 직장을 바꿀 경우 자격취득 신고를 해야 하는 등 여러 가지 번거로움이 있었다. 지역의료보험과 공무원, 교직원 의료보험의 통합을 골자로 한 「국민의료보험법」은 이러한 문제점을 해결하고 보험급여도 동일한 수준으로 지급할 수 있도록 했다. 그리고 이듬해 10월 1일, 공무원, 교직원 의료보험관리공단과 227개 지역조합을 통합한 국민의료보험관리공단이 출범하면서 비로소 가시화되었다.

국민의 정부는 여기에서 한발 더 나아가 지역 및 직장까지 완전통합하는 방식의 의료보험 통합을 추진한다. 제13대 대선 후보로 출마한 1992년부터 건강보험 통합을 공약으로 내걸었던 김대중 대통령이었다. 취임 전인 1998년 2월 6일에는 1기 노사정위원회에서 의료보험통합법의 연내 제정에 합의하였고, 대통령직 인수위원회는 의료보험통합을 100대 국정과제로 채택하였다. 그 결과물로 만들어진 게 바로 2002년까지 의료보험 완전 통합 시행을 골자로 하는 「국민건강보험법」이다. 의료보험조직을 단일 보험자로 통합운영하여 관리운영의 효율성과 보험료 부담의 형평성을 높이고, 질병의 치료 이외에 예방과 건강증진 등을 포함한 포괄적 의료서비스의 제공을 목적으로 삼는 「국민건강보험법」은 1999년 1월 6일에 국회 본회의를, 2월 8일에는 국회를 통과하면서 순탄하게 진행되는 듯했다.

···(중략)···

찬반 여론이 팽팽히 맞서는 가운데서도, 전 국민 의료보험 통합은 예정대로 진행됐다. 2000년 7월 1일 자로 국민의료보험관리공단과 139개 직장의료보험이 단일조직으로 통합되면서 '의료보험'은 '건강보험'으로 이름을 바꾸고 통합 의료보험체계인 『국민건강보험공단』이 출범했다. 이로 인해 직장 조합별로 달랐던 보험료 부과체계가 단일화되고 병의원의 진료비 청구 심사평가 업무를 맡던 의료보험연합회는 건강보험심사평가원으로 변경되었다. 이전까지 분리해서 관리해 온 의료보험 재정은 단계적으로 통합을 실시, 2003년 7월 1일에 이르러서는 직장과 지역의료보험 재정이 일원화되면서 지금과 같은 건강보험제도의 모습을 갖추게 됐다.

- 국립중앙의료원, 『국립중앙의료원 63년사, 1958-2021』, 2021, 250-253쪽.

③ 유럽의 주요 국가에 비교해서도 국가의 부담이 적고, 동아시아의 일본이나 대만에 비해서도 적다. 하지만 국가의 재정 책임 강화에 대해서는 당위적인 차원의 요구가 제기될 뿐 실질적인 진전은 이루어지지 않고 있다. 통합 건강보험을 출범시킨 김대중 정부조차 의료보험 통합으로 절약되는 재정을 교육과 연구개발에 투자하겠다는 선거 공약을 내세웠다. 정부가 건강보험의 안정적 운영을 위해 재정을 투자하는 일이 쉽지 않음을 입증한 예였다.

근본적인 문제점으로 인구의 노령화와 만성질환의 증가가 있다. 생산가능 인구의 감소와 노인인구의 증가로 건강보험이 부담해야 할 의료비는 높아질 수밖에 없다. 급성질환 시대에 효과적이었던 치료 위주의 방식도 만성질환의 시대에 걸맞지 않게 되었다. 건강보험제도의 지속가능성을 고민해야 하는 것이다.

건강보험체계는 여러 문제점이 지적되고 있지만, 한국이 가지고 있는 중요한 공적 자산이 되었다. 민간의료기관을 기반으로 운영되면서도 미국보다 유럽에 가까운 공공성을 갖추고 있다는 평가를 받고 있다. 국가가 의료재정을 축으로 의료수가 조절과 법적 규제를 통해 민간 중심의 의료제공 체계를 효과적으로 통제하고 있기 때문이다.

조기 검사, 조기 추적, 조기 치료로 상징되는 코로나 방역이 가능한 배경에도 건강보험이 있다. 경증환자의 경우 평균 500만 원, 중증환자의 경우 평균 1,300만 원에 이르는 치료비 중 80%를 건강보험이 부담하고 있다. "치료비를 낼 돈이 없다는 이유로 도망 다닌 코로나19 확진자는 아무도 없"는 이유이다. 이익 위주로 운영되는 사적 의료체계 내에서도 건강보험은 한국 사회의 공공성을 유지하는 주요한 수단이 되고 있다.

- 박윤재, 『한국현대의료사』, 들녘, 2020, 187-191쪽.

학습활동

가. 1977년 500인 이상 사업장 근로자를 대상으로 하는 의료보험이 시행되기 이전에 우리나라의 의료보험 관련된 현황이 어떠했는지 조사해 보자. 특히 장기려 박사가 시도한 청십자의료보험조합의 사례를 찾아보고, 정부 주도의 의료보험 시행과 어떻게 연결되는지 발표해 보자.

나. 1977년 의료보험이 도입되고 1989년 전 국민을 포괄할 수 있는 제도로 확대되는 과정에서, 당시의 정치적, 사회문화적 맥락은 어떤 영향을 미쳤는지 조사하고 발표해 보자. 그리고 이 과정에서 의료보험 도입과 확대를 둘러싼 논란이 있다면 이를 조사하여 발표해 보자.

다. 우리나라에서 1980년대 말 직장별, 지역별로 분산되어 있던 의료보험조합을 통합하려 했던 이유는 무엇일까? 각 조합마다 조합원들에게 맞는 최적의 의료보험 혜택을 제공할 수 있다면, 굳이 이를 전국적으로 통합하려 했던 이유를 생각해 보자.

라. 1980년대 말 당시 의료보험 통합을 찬성, 반대했던 자료(신문이나 논문)를 모아 비교해 보고, 어떤 주장이 더욱 설득력을 가지는지 발표해 보자.

마. 만약 우리나라가 현재와 같은 의료보험체계를 갖고 있지 않았다면, 코로나19와 같은 전염병이 대대적으로 유행했을 때 의료서비스를 제공받고 의료비를 부담하는 데 어떤 곤란함이 있었을지 설명해 보자. 우리나라와 다른 의료보장제도를 가지고 있는 다른 나라의 사례를 찾아 비교해 보자.

3. 미국 의료보험제도와 차이

한국보다 훨씬 오래전부터 실시된 미국의 의료보험제도는 정부 주도의 혹은 공공의 성격을 띠기보다는 민간의 상업적 보험회사를 중심으로 구축되었다. 의료를 시행하는 체계 자체가 민간 중심으로 이루어져 있기에 미국의 의료보험은 선택의 폭을 넓혀 준다는 장점이 있지만, 반면 의료를 정부가 책임 혹은 주도하지 못하는 경우에 발생하는 여러 문제들이 지적되곤 했다. 미국과 달리 우리나라의 경우 의료체계는 민간 주도이지만 의료보험은 공적인 성격을 강하게 띠고 있다. 이런 의료보험 제도는 만성질환, 장애 및 질병의 조기진단과 예방에 대해 충분히 보장하기 어렵다는 지적을 받지만, 미국을 비롯한 다른 국가의 의료보험과 비교할 때 여러 장점을 지니기도 한다.

이 절에는 미국의 의료보험 역사와 오늘날 현황을 개괄함으로써, 우리나라 의료보험의 성격을 더욱 구체적으로 이해한다. 의료보험을 시행, 관리하는 과정에서 국가의 역할을 어떻게 바라봐야 하는지, 미국의 사례에서 볼 수 있는 것처럼 민간의료보험의 장단점은 무엇인지 등을 살펴보고, 현재 우리나라에서 의료보험과 관련되어 논의되고 있는 다양한 주장들을 이해한다.

첫 번째 글은 기업이 주도하는 의료보험 체계가 만들어진 미국의 상황을 개괄한다. 두 번째 글은 민간 주도의 사적 의료체계 속에 공적 의료보험을 실시하고 있는 한국적 상황을 설명하고 있다. 세 번째 글은 민간 중심의 미국 의료보험체계가 가지는 문제점을 짚고 있다.

① 현재 미국의 의료보험 체계는 상업적 보험회사, 의료기관, 피보험자의 세 주축으로 구성되어 있다. 이와 같은 체제의 형성은 20세기 초반에 이루어졌는데, 당시 병원들이 과학적 의료 기술을 받아들이면서 크게 증가한 비용을 어떻게 처리할 것인가 하는 고민 끝에 만들어진 것이었다. 환자 개개인들에게는 그만한 비용의 지불 능력이 없었고, 그렇다고 병원이나 의사 측이 손실을 감수할 수는 없었다. 여기에 1920년대와 1930년대의 경제 불황은 상황을 더더욱 악화

시키는 요소로 작용했다. 이와 같은 위기 속에서 병원 경영자들은 새로운 시설과 인력 충당에 필요한 비용을 마련할 방법으로 기업(고용주)들과 선불제 보험(prepay agreement: managed-care system) 방식을 협의하게 된다. 이 방법에 따르면 각 기업은 피고용인을 대표하여 1인당 책정된 보험금을 지정된 병원에 미리 납부한다. 그러면 병원은 보험 기간 동안 그 회사의 피고용인들에게 질병의 치료를 제공한다는 것이었다.

현재의 의료보험 체제는 기본적으로 선불제 보험 방식을 유지하고 있다는 점에서 초기 보험체제와 근본적으로 유사하다. 다만 병원도 환자도 아닌 제3자인 상업 보험회사가 대부분의 보험 계약을 담당하고 있다. 보험회사들은 여러 병원과 협약을 맺고 자신이 판매하는 보험 상품에 가입하는 피보험자들이 그 병원들 가운데서 선택해서 이용할 수 있도록 중재 역할을 하는 것이다. 병원 측의 부담을 줄이고 환자들의 선택의 폭을 넓혔다는 점에서는 긍정적인 변화도 보이지만, 국민의 의료를 기업에 맡기게 되는 결과를 초래했다.

- 박진빈, 「뉴딜 정책과 국민의료보험 부재의 기원: 1910년대부터 1930년대까지 국민의료보험 논의를 중심으로」, 『미국사연구』 23, 2006, 85-87쪽.

② 1977년 출범한 의료보험제도는 1989년 전국민의료보험, 2000년 통합 건강보험으로 성장해 나갔다. 하지만 개선해야 할 여지 역시 적지 않았다. 출범 당시 대형 사업장을 중심으로 제도를 시행함으로써 노동력 재생산이 가능한 계층의 노동력 회복에 초점이 맞춰져 있다는 비판이 제기되었다. 노동시장에 참여하기 힘든 만성질환자, 장애인 등은 외면했다는 비판이었다. 질병의 예방이나 조기발견보다는 사후적인 치료에 집중하고 있다는 비판도 제기되었다.

…(중략)…

하지만 이러한 문제점은 의료보험이라기보다는 한국의 의료체계 자체에서 기인하였다. 민간 주도의 사적 의료체계 속에서 공적 사회보험을 실시함에 따라 문제가 발생하고 있는 것이다. 예를 들면, 국가에 의해 일방적으로 수가를 통제당하고 있는 것이다. 국가에 의해 일방적으로 수가를 통제당하는 의료인들의 불만은 높을 수밖에 없었다. 의료보험제도는 "의사들의 일방적 희생으로 지탱"하고 있다는 지적은 타당성이 있다.

- 박윤재, 『한국현대의료사』, 들녘, 2020, 196-197쪽.

③ 현재 미국의 의료보험 체제의 가장 큰 문제점을 두 가지만 지적해 보자. 첫 번째, 보험 고객의 선택권 문제이다. 대다수의 피보험자들은 여전히 자신이 원하는 보험 프로그램을 선택할 수 없다. 보험회사와 계약을 맺는 것은 고용주이며, 피보험자들은 자신의 고용주가 보험회사와 협의한 내용대로 의료 서비스를 받게 된다. 따라서 같은 질병이라도 처방되는 약이나 치료의 종류가 납부된 보험금에 따라 다른데, 이 부분이 각 보험 프로그램에 미리 결정되어 있기 때문에 대부분의 피보험자 개인에게는 선택권이 없다. 임금이 높고 회사의 재정이 탄탄할수록 더 비싼, 그래서 더 다양하고 질 높은 서비스를 제공하는 보험을 피고용인에게 제공할 것이고, 회사의 규모나 재정이 약할수록 싸구려 보험이 주어질 것이 자명한 이치이다. 결국 이러한 제도는 인간의 건강과 생명에 관계된 의료 서비스를 상업적 논리로 푼다는 치명적 결함을 지니게 된다.

두 번째, 미국 의료보험제도의 보다 근본적인 문제는 정부의 역할에 있다. 미연방은 전통적인 "작은 정부론"를 내세워 국민의료보험을 거부하고 건강과 의료는 민간부문에서 감당해야 할 문제라 규정해 왔다. 그러나 정부가 의료보험 산업과 성장에 전혀 아무런 영향을 미치지 않은 것은 아니다. 사실 사적 보험 기업들의 성장에는 미국 정부의 지대한 공이 있었다. 우선 정부는 기업의 피고용자 의료비 부담에 대해 세금 공제의 혜택을 주었다. 이는 기업에 편의를 봐주는 정책으로 시작되었지만, 결과적으로 사설 의료보험업을 크게 성장시키는 역할을 했다. 또한 정부는 기업의 임금 산출에서 의료보험 부담금을 제외할 수 있게 해주었다. 이는 호경기나 불경기에 지나친 임금 상승 혹은 하락을 막기 위해 정부가 일시적인 임금 동결 정책을 펴는 경우일지라도 의료보험료는 거기에 포함이 되지 않는다는 것을 의미한다. 노동자의 복지를 위해 만들어졌다는 이 제도 역시 기업으로 하여금 임금 동결시에도 의료보험 혜택의 조정을

통해 실질적인 임금 조정을 할 수 있게 해줌으로써 결국 기업에 유리하게 작용
했다. 이 때문에 보험정책이 일종의 노동통제정책이 된다는 비난마저 받게 된
것이다.

- 박진빈, 「뉴딜 정책과 국민의료보험 부재의 기원: 1910년대부터 1930년대까지 국민의료보험
논의를 중심으로」, 『미국사연구』 23, 2006, 85-87쪽.

학습활동

가. 현재 미국의 의료보험 체계가 어떻게 구성되어 있는지 조사해 보자. 그리고 ①이 설명
한 미국 의료보험의 역사적 기원과 현재의 공통점 및 차이점을 살펴보자.

나. 현재 우리나라 의료보험의 문제를 지적하고 있는 논의를 찾아 발표해 보자. ②에서 설
명한 것처럼, 질병의 예방이나 조기발견, 만성질환이나 장애인 등에 대한 지원이 부족
하다는 지적에 대해, 현재 의료보험제도에서는 이런 문제를 얼마나 극복하고 있는지 찾
아 보자.

다. 우리나라에서 의료수가 책정을 둘러싼 논란이 발생했던 사례를 찾아, 이에 대한 찬성과
반대 주장을 정리해 발표해 보자.

라. 우리나라에서도 국민건강보험 외에 여러 가지 형태의 민간의료보험이 판매되고 있다.
이에 대한 정부의 정책은 무엇이 있는지 찾아보자. 그리고 ③에서 미국 정부의 정책이
민간의료보험을 장려하고 성장하는 데 기여했다는 지적과 비교해 볼 때, 우리나라의 경
우는 어떠한지 조사하고 발표해 보자.

II. 글로벌 시대의 의료와 제도

세계를 강타한 코로나19 팬데믹 상황은 국민국가의 영역에서 해결하기 어려운 국제적인 보건의 중요성을 많은 사람에게 인식시켰다. 전염병의 발원과 전파, 그리고 이를 극복하기 위한 백신과 치료법의 개발과 보급, 국경 폐쇄와 검역 등 지난 수년 동안 한 국가 내에서뿐만 아니라 세계적인 수준에서 공중보건과 관련된 수많은 사건이 등장했고, 논쟁되는 과정을 지켜보았다. 그리고 의료 문제는 더 이상 일국적인 차원만으로는 바라볼 수 없으며, 바라봐서도 안된다는 값비싼 교훈을 얻었다.

이런 국제보건은 외부와 단절된 채 살아가기 어려운 국제질서의 형성과 변화에 발맞추어 지난 백여 년 동안 부단한 변화를 겪어 왔으며, 비단 공중보건 및 의료와 관련된 지식 및 기술 문제뿐만 아니라 국제적인 역학관계 및 각국의 이해가 첨예하게 부딪히고 조율되는 영역이다. 따라서 다양한 학문 분야 및 전문가들이 관여하는 분야이며, 여러 이유로 인해 하나의 합의점을 도출하기 어렵기도 하다. 게다가 시시각각 변하는 국제질서와 공중보건 문제는 이런 곤란함을 더욱 배가한다. 그러나 그만큼 다양한 구성원들이 관심을 갖고 자신의 역량을 발휘할 수 있는 공간이며, 코로나19와 기후위기를 걱정하는 오늘날 무엇보다 중요한 영역이기도 하다.

1851년 프랑스 파리에서 개최된 국제위생회의부터 1948년 국제보건기구(WHO)의 설립, 그리고 오늘에 이르기까지 다양한 국제보건과 관련된 수많은 조직과 국제적 합의의 역사가 존재한다. 때로는 심각한 갈등으로, 때로는 극적인 사건으로 점철된 이들의 역사와 현재적 함의를 되새기는 것만으로도 국제보건의 중요성과 가치를 이해하는 데 도움이 될 것이다. 나아가 그런 국제보건의 역사가 지난 팬데믹과 미래의 혹시 모를 위기를 대비하는 시금석이 될 것이다.

1. 국제보건에 대한 이해

국제보건은 달라진 국제 환경에 대응하여 전 세계적 수준의 보건 과제, 공중위생, 역학, 개발 경제학, 정치학, 사회학 등을 복합적으로 연결된 분야이며, 이를 연구하는 학문을 국제보건학 혹은 국제보건의료학으로 지칭할 수 있다. 현대사회는 기술의 발전으로 인해 국가의 경계를 넘어서서 인적, 물적 자원과 함께 정보의 전달이 신속하게 이루어지고 있다. 세계화로 설명되는 현대사회의 특징은 물리적, 시간적 공간을 변화시키고 있고, 국가 간의 경계를 넘어서 여행 혹은 이주하는 인적 흐름은 보건 환경에도 큰 영향을 주며, 빠른 교통수단 등은 전세계적 차원의 빠른 감염을 가능케 한다. 즉, 기술의 발전은 응급상황 혹은 질병 발생 시 더 빠른 대처 수단을 제공하기도 하지만, 이와는 반대로 감염병의 빠른 전파, 예기치 못한 질병의 발생도 가능한 상황이다. 최근에는 세계화, 기후변화, 환경오염 등 국가의 경계를 넘어서는 국제적 관심이나 과제 속에서 보건 과제에 관심이 모이고 있다.

의료와 보건 행위가 국가의 중요한 기능으로 포함된 것은 근대적 의미의 국가가 출현한 것과 맥을 같이한다. 나아가 개별 국가 차원의 보건 문제를 넘어서는 세계적 맥락에서 인구의 총체적 건강을 돌보는 국제 보건은 그보다 짧은 역사를 가지고 있다. 특히 국제 교역이 증가하면서 위생 검역을 위한 국가간 협력이 요구되고, 이를 국제적 문제로 다루기 시작한 것은 1851년 파리에서 개최된 국제위생회의(International Sanitary Conference)를 시초로 볼 수 있다. 이 회의에서는 콜레라 유행에 따른 검역 강화를 위한 국제적 협력의 필요성을 확인하였고 1903년 콜레라와 페스트를 다루는 국제위생협약(International Sanitary Convention)의 체결로 결실을 보게 된다. 이후 여러 회의와 협약이 존재했으나 1948년 유엔 산하 세계 보건 기구(World Health Organization)가 설립되면서 국제위생규칙(international Sanitary Regulation)을 체결하게 되었다.

국제위생규칙은 과거 국제위생협약과 달리 협약을 체결한 각국에게 국제법이 가진 효력을 발휘하게 하였다. 이는 질병의 국제적 확산을 막는 WHO의 활동 근거가 되었으며 검역과 관련된 단일 규칙을 수립할 수 있는 권한을 확보할 수 있도록 하였다. 국제위생규칙은 1969년 국제보건규칙(IHR)으로 명칭이 변경되었다. 한국의 경우 비교적 이른 시기인 1949년 6월에 WHO에 가입하였으며, 법률상 검역 체계를 법적으로 확립하게 되었다.

① 본 헌장 당사국은 국제연합 헌장에 따라 다음의 원칙이 모든 국민의 행복, 조화로운 관계 및 안전의 기초임을 천명한다. 건강이라는 것은 완전한 육체적, 정신적 및 사회적 복리의 상태를 뜻하고, 단순히 질병 또는 병약이 존재하지 않는 것이 아니다. 도달할 수 있는 최고 수준의 건강을 향유한다는 것은 인종, 종교, 정치적 신념과, 경제적 또는 사회적 조건의 구별 없이 만인이 가지는 기본적 권리의 하나이다. 모든 국민의 건강은 평화와 안전을 달성하는 기초이고, 개인과 국가의 최대한의 협력에 의존한다. 어떠한 국가가 건강을 증진하고 보호한다는 것은 모두에 대하여 가치를 갖는다. 건강의 증진과 질병 특히 전염병의 억제가 여러 국가간에 불균등하게 발달하는 것은 공통의 위험이다. 아동의 건강한 발육은 근본적 중요성을 가지며, 변화하는 전반적 환경 속에서 조화롭게 생활할 수 있는 능력은 이러한 발육에 필수적이다. 의학적 및 심리학적 혜택과 관련 지식을 모든 국민에게 보급하는 것은 건강을 최대한 달성하는 데 있어서 필수적이다. 정보를 제공받은 공중이 의견을 가지고 적극적으로 협력하는 것은 건강을 향상하는 데 가장 중요한 것이다. 국가는 자국민의 건강에 관하여 적절한 보건 및 사회적 조치를 제공함으로써만 성취될 수 있는 책임을 가진다. 체약국(contracting State)은 이러한 원칙을 수락하고 모든 국민의 건강을 증진하고 보호하기 위하여 상호간 및 다른 국가와 협력할 목적으로 이 헌장에 동의하고, 이에 국제연합 헌장 제57조 범위 내의 전문기구로서 세계보건기구를 설립한다.

- 세계보건기구헌장(Constitution of the World Health Organization, WHO) [발효일 1949. 8. 17] [다자조약, 제6호, 2008. 5. 22]

②

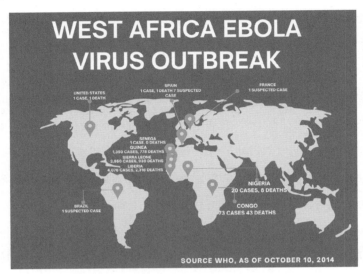

Map of the spreading of the Ebola virus in 2014, source WHO

③

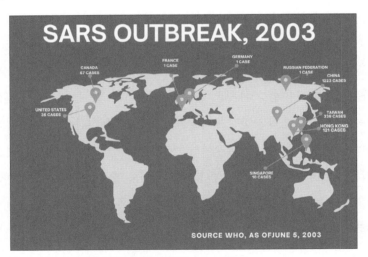

Map of the spreading of the SARS in 2013, source WHO

가. 세계보건기구헌장에서 찾아지는 문제의식은 어떤 것이 있는지 논의해 보자. 세계보건기구헌장에서 건강을 향유하는 것은 기본적 권리의 하나로 명시하고 있다. 또한 그 권리를 달성하기 위해서는 개인과 국가의 협력을 강조한다. 이러한 강조가 효과적이라고 생각하는지, 국가의 역할은 무엇이고, 개인의 역할은 무엇인지 논의해 보자.

나. 2014년 발생한 에볼라 바이러스가 발생 지역이었던 아프리카를 넘어 전 세계적으로 퍼져나간 이유는 무엇인가? 전파 양상과 이유를 조사해 보자.

다. 치사율이 높은 에볼라 바이러스는 아프리카 토착 지역에서 유행하던 전염병이었다. 치사율이 높은 심각한 전염병이었지만 해당 백신은 2019년에 최종 개발이 완료되었다. 그 이유에 대해서 자료를 조사하거나 탐구를 해 보자.

라. 국제적 수준의 보건 환경을 구축하기 위한 노력이 각 지역간, 각 국가간 격차 없이 달성할 수 있도록 하는 방법에 대해서 논의해 보자.

마. ③은 2003년 사스(SARS, 중증급성호흡기증후군)라고 불리는 호흡기 질환이 발생하던 당시의 전 세계 발생자 수를 조사한 WHO의 지도이다. 전 세계적으로 8천 명 이상을 감염시키고 800명 이상을 사망하게 했으며 26개국으로 전파되었다. 당시 사스가 중국에서 발병했을 때 투명한 정보 공개가 이루어지지 않거나 발병 사례가 늦게 보고된 경우가 많았다. 이와 같은 문제가 발생하는 이유와 이를 방지할 수 있는 국제적 차원의 노력에 대해서 논의해 보자.

바. 중국과 홍콩 등지에서 사스로 인해 큰 피해를 받고 나서 마스크를 착용하거나 식당에서 개별 식기를 세척하는 등 생활 문화에 있어서도 큰 변화가 있었다. 전염병 관리에 있어서 이러한 개인적 노력이 어떤 의미를 가지며, 국제적 차원의 보건 정책과 어떤 연계를 가질 수 있는지 논의해 보자.

사. 인적 물적 측면의 국제 교류가 활발한 현대 사회에서 언제든지 발생할 수 있는 세계적 수준의 감염병 전파를 막기 위해서 어떤 방법이 있을지 논의해 보자.

2. 국제개발과 국제보건 정책

국제개발은 건강증진, 건강불평등을 포함하여 인간의 사회적, 경제적, 정치적 자유를 확장시키는 활동을 의미한다. 국제보건은 국제개발의 보건의료 영역으로 이해할 수 있다. 국제개발은 세계적 수준의 발전을 위해 원조 및 협력을 강화하는 행위이다. 개발도상국은 제국주의, 냉전, 경제적 불평등으로 인해 오랜 시간 빈곤이 누적된 경우가 있다. 후진적인 관례주의와 선진국에 대한 종속문제, 정부 간 원조의 한계로 저발전 상태에서 벗어나지 못하여 보건 환경이 후진적인 경우가 존재한다. 이러한 빈곤과 불평등으로 인한 보건 환경의 문제를 해결하기 위해서 국제보건정책의 의미를 찾을 수 있다. 1948년 세계보건기구(WHO) 조직, 1978년 알마아타(Alma-Ata) 선언, 2000년 새천년개발목표(MDG), 2001년 도하 선언 등이 이러한 노력의 일환으로 이해할 수 있다.

① 제1조

회의는 건강이란 단지 질병이 없고 허약하지 않은 상태를 일컬음이 아니라, 육체적, 정신적, 사회적 안녕[복지: well-being] 상태이며, 그것은 모든 인류의 기본 권리이며 가능한 가장 높은 수준의 세계 보건 목표를 달성하는 것은 보건 부문뿐만 아니라 사회경제 부문에서도 매우 중요한 과제임을 강하게 거듭 확인한다.

제2조

선개발국가 및 개발도상국가들 가운데서 건강 상태 유지 수준에 불평등이 존재한다는 것은 정치적 경제적 사회적으로 받아들일 수 없으며 따라서 국가들의 공통의 관심사이다.

제3조

새로운 국제적 경제 질서에 바탕한 경제 사회 개발은 모든 인류의 완전한 건강 성취와 선개발국가와 개발도상국가 간의 건강 상태의 격차를 줄이는 기본적인 중요성을 갖는다. 인민의 건강을 증진하고 보호하는 것은 지속적인 경제, 사회 발전에 필수적이며 삶의 질과 세계 평화에 기여한다.

- 알마아타 선언(Alma Ata Declaration) 서문 일부*

② 8대 목표

1. 절대빈곤 및 기아 근절

---

*   1978년 카자흐스탄 알마아타에서 열린 일차보건의료에 대한 국제회의에서 채택

2. 보편적 초등 교육 실현

3. 양성평등 및 여성능력의 고양

4. 아동사망률 감소

5. 모성보건 증진

6. AIDS, 말라리아 등 질병 예방

7. 지속가능한 환경 확보

8. 개발을 위한 글로벌 파트너쉽 구축

8대 목표별 주요 지표

1. 1일 소득 1.25달러 미만 인구 반감

2. 모든 혜택 부여

3. 모든 교육수준에서 남녀차별 철폐

4. 5세 이하 아동사망률 2/3 감소

5. 산모사망률 3/4 감소

6. 말라리아와 AIDS 확산 저지

7. 안전한 식수와 위생환경 접근 불가능 인구 반감

8. MDGs 달성을 위한 범지구적 파트너쉽 구축

21개 세부목표

1. 1990년에서 2015년까지 하루 1.25불 이내의 소득으로 생활하는 사람들의 비율을 절반으로 감소시킨다.

2. 완전하고 생산적인 고용 및 여성과 청년층을 포함한 모두에게 '일다운 일 자리'(decent work)를 제공한다.

3. 1990년에서 2015년까지 기아로 고통받는 사람들의 비율을 절반 수준으로 감소시킨다.

4. 2015년까지 전 세계 모든 남녀 어린이들이 동등하게 초등교육 전 과정을 이수하도록 한다.

5. 2005년까지 초등교육과 중등교육에 대한 성별 불균형을 없애고, 2015년까지 모든 수준의 교육에서 성별 균형에 도달한다.

6. 2015년까지 1990년 기준 5세 미만 유아사망률의 2/3를 감소시킨다.

7. 2015년까지 1990년 기준 산모사망률의 3/4을 감소시킨다.

8. 2015년까지 모든 여성이 출산 시 건강관리를 받을 수 있게 한다.

9. 2015년까지 HIV/AIDS 확산을 멈추고 감소세로 돌려놓는다.

10. 2010년까지 HIV/AIDS 치료를 원하는 모든 사람들에게 보편적 접근권을 이룩한다.

11. 2015년까지 말라리아 및 다른 주요 질병의 발생을 막고 감소세로 전환시킨다.

12. 지속가능 발전의 원칙을 국가 정책과 계획에 통합시키고 유실된 환경자원을 회복시킨다.

13. 생물 다양성 손실을 줄이며 급속도로 진행되는 멸종률을 2010년까지 완화시킨다.

14. 2015년까지 안전한 식수와 기본적인 위생 시설에 접근하지 못하는 인구 비율을 절반으로 줄인다.

15. 2020년까지 빈민가에 거주하는 적어도 1억 명의 삶의 질을 향상시킨다.

16. 최빈국의 특별한 요구를 다룬다.

17. 최빈국, 내륙국가, 소규모 도서개발도상국의 특별한 필요를 다룬다.

18. 개방적이고 공정하며 예측 가능하고 비차별적인 무역과 금융시스템을 더욱 발전시킨다.

19. 개발도상국의 외채문제를 포괄적으로 취급한다.

20. 제약회사와 협력하여 필수의약품을 개발도상국에 적정가격으로 제공한다.

21. 민간부문과 협력하여 개발도상국이 신기술, 특히 정보통신기술의 혜택을 누릴 수 있도록 한다.

③ 1. 우리는 많은 개도국과 최빈국을 괴롭히는 공중보건 문제 특히 HIV/AIDS, 결핵, 말라리아 및 기타 유행병으로부터 유발되는 문제들의 중요성을 인식한다.

2. 우리는 TRIPS 협정(무역 관련 지적재산권에 관한 협정)이 공중보건 문제의 대처를 위한 폭넓은 국내적, 국제적 조치의 일부가 될 필요성을 강조한다.

3. 우리는 지적재산권 보호가 신약 개발에 중요하다는 점을 인식한다. 우리는 가격에 대한 지적재산권 보호의 영향에 대한 우려를 동시에 인식한다.

4. 우리는 TRIPS 협정이 회원국들이 공중보건 보호 조치를 취하는 것을 방해하지 않으며 방해해서도 안된다는 점에 합의한다. 따라서 TRIPS 협정에 대한 우리의 약속을 반복함과 동시에 우리는 WTO(세계무역기구) 회원국이 공중 보건을 보호하려는 권리, 특히 모두에 대한 의약품 접근을 촉진하려는 회원국의 권리를 지지하는 방식으로 TRIPS 협정이 해석되고 이행될 수 있으며 또 그렇게 되어야 한다는 점을 확인한다.

이와 관련하여 우리는 WTO 회원국이 이런 목적을 위한 유연성을 제공하고 있는 TRIPS 협정의 규정을 완전하게 사용할 권리가 있음을 재차 확인한다.

5. 위의 4개항이 밝힌 것에 따라서 TRIPS 협정에 대한 우리의 약속을 유지하면서 우리는 이러한 유연성을 포함함을 인식한다 :

(a) 국제법의 통상적인 해석 규칙을 적용함에 있어서 TRIPS 협정의 각 규정은 특히 그 목적과 원칙에 표현된 바와 같이 이 협정의 대상과 목적에 비추어 해석되어야 한다.

(b) 각 회원국은 강제실시권을 부여할 권리 및 강제실시권 부여 요건에 관한 결정의 자유를 갖는다.

---

* 2000년 9월 뉴욕 유엔본부에서 열린 밀레니엄 정산회의 189개국 정상들이 합의한 국제개발의 가이드라인

(c) 각 회원국은 어떠한 것이 국가 위기 상황 또는 극도의 긴급 상황을 구성하는지 결정할 권리를 가지며, HIV/AIDS, 결핵, 말라리아 및 기타 유행병과 관련한 것을 비롯한 공중보건위기가 국가 위기 상황 또는 기타 극도의 긴급 상황을 대표할 수 있다고 이해된다.

(d) TRIPS 협정에서 지적재산권의 소진과 관련된 규정의 효과는 제3조 및 제4조의 내국민대우와 최혜국대우의 조건으로, 자국의 권리소진제도를 도전 없이 확립하는 것을 각 회원국의 자유에 맡기는 것이다.

6. 우리는 제약분야의 제조능력이 없거나 불충분한 WTO 회원국은 TRIPS 협정하의 강제실시를 효과적으로 사용하는 데에 어려움에 직면할 수 있다는 점을 인정한다. 우리는 TRIPS 이사회에 이 문제를 해결할 조속한 해결책을 마련하여 2002년 말까지 일반이사회에 보고할 것을 지시한다.

7. 우리는 66조 2항에 준하여 선진국 회원은 최빈 회원국에게 기술이전을 촉진하고 장려할 회사나 기관에 인센티브를 제공한다는 약속을 재확인한다. 우리는 또한 66조 1항에서의 이행기간의 다른 연장을 찾는 최빈 회원국의 기득권을 침해하지 않고, 최빈 회원국이 의약품과 관련하여 TRIPS 협정의 제2부 제5절 및 비공개정보 보호(제2부 제7절) 규정의 이행 및 적용을 2016년 1월 1일까지 유예하는 것에 합의한다. 우리는 트립스 협정 66조 1항에 따라 TRIPS 이사회에 필요한 효과적 조치를 취할 것을 지시한다.

- TRIPS 협정과 공중보건에 관한 도하 선언문*

<hr />

* 2001년 11월 도하 선언(Doha Declaration)은 세계무역기구회의에서 발표된 선언으로 약에 대한 특허권이 가진 유연성을 재확인한 선언이다. 공중보건과 관련하여 특허 보호의 예외가 필요하다는 주장에 따라 별도 선언문을 채택하여 에이즈, 결핵 및 전염병에 대한 공중보건 위기를 인정하고, 공중보건 관련 의약품 특허 보호를 제한하고 이에 대한 인정 근거를 구체화하고 있다. 세계무역기구 회의 2/3의 수락으로 2017년 1월 23일 발효되었다.

가. 위의 선언과 회의들은 국제협력을 통해 보건문제를 풀어가기 위한 노력의 일환으로 이해할 수 있다. 각 선언이 등장한 시기에 유념해서 각각이 가지고 있는 의미, 영향, 한계에 대해서 생각해 보자.

나. "모든 사람에게 건강을"이라는 알마아타의 표어는 건강을 위해 행동하도록 하는 사회적 정치적 의미를 가지고 있다. 알마아타 선언에서 1차 보건의료란 무엇은 의미하며, 어떤 의미를 가지고 있는지? 알마아타 선언이 가지고 있는 한계는 무엇인지 논의해 보자.

다. 새천년개발목표에서 주로 언급하고 있는 보건과 건강에 대한 내용은 무엇인지? 그리고 그 목표에 따른 지표와 세부목표가 어떻게 연결되었는지 논의해 보자. 왜 특정한 세부목표가 어떤 이유로 설정되었는지? 그리고 각각의 목표와 세부목표가 가지는 한계는 무엇인지? 새천년개발목표 전체가 가지고 있는 의미와 한계는 무엇인지 논의해 보자.

라. 새천년개발목표는 이후 지속가능한 발전목표(Sustanable Development Goals: SDGs)로 대체 혹은 계승된다. 지속가능한 발전목표는 17개로 증가했으며 2030년을 목표로 한다. 새천년개발목표와 비교하고 어떤 차이가 있는지? 왜 지속가능한 발전목표로 대체되었는지 논의해 본다. 그리고 지속가능한 발전목표가 가진 한계에 대해서도 생각해 본다.

라. 도하 선언의 의미에 대해서 생각해 본다. 도하 선언을 바탕으로 경제적 이해관계, 국가의 역할, 보건의 의미에 대해서 논의해 보자. 또한 도하 선언이 가지고 있는 한계 혹은 장애물에 대해서 논의해 본다.

III. 의료제도의 작용과 반작용

새로운 의료제도의 도입은 다양한 의학적 탐구는 물론 사회적, 문화적 검토를 통해서 이루어지게 마련이다. 의료는 의학의 문제이지만 의료제도는 비단 의학뿐만이 아니라 정치와 경제, 나아가서는 일반 사회의 인식이나 문화와도 맞물리기 때문이다.

그래서 때로는 의학적 관점에 부합하지 않는 의료제도가 의외의 효력을 발하고는 한다. 대표적인 사례가 중세 베네치아의 흑사병 대응책으로 설치된 라자레토(Lazzaretto)일 것이다. 입항하는 선원들을 대상으로 흑사병 감염 여부를 확인하기 위해 이들에게는 40일 간의 격리 기간이 부여되었는데, 이는 병리학적 지식에 근거한 기간이 아니라 사순절(四旬節)과 같은 종교적 전통에 근거한 기간이었다. 비록 교리에 기반한 격리 정책이기는 해도 이는 당대의 풍토 내에서 큰 무리 없이 용인되었고, 실제로 베네치아를 흑사병으로부터 지켜내는 데 적잖은 공헌을 남겼다. 이때 부여된 40일의 격리기간, 즉 'quaranta'는 훗날 격리를 뜻하는 단어 quarantine의 어원이 되기도 했다.

물론 이러한 성공적인 사례만 있는 것은 아니다. 오히려 의학적 관점에서 반드시 필요하다고 생각되는 제도를 도입·시행함에도 불구하고 당대의 문화적 전통이나 사회 풍토 등과 충돌을 빚어내면서 소기의 목적을 달성하지 못하거나 거센 역풍에 직면하는 경우도 여러 차례 존재했다. 이는 비단 과거의 일만은 아니다. 2020년부터 발생한 COVID-19 팬데믹에 대응해서도 감염 차단 및 면역 확보를 위한 다양한 정책과 의학적 신기술 등이 도입·시행되었지만 이에 대한 논란과 반발 역시 적지 않았다는 점을 우리는 익히 알고 있다.

현 시점에서 과거의 수많은 '실패' 사례들을 살펴봐야 하는 것은 이러한 최근의 경험 탓이기도 하다. 앞으로도 신종감염병은 계속해서 나타날 것이며, 이에 대응하는 의료 역시 다양한 제도와 기술을 도입해나가면서 우리의 삶에 끊임없는 변화를 요구할 것이다. 이러한 변화에 효과적으로 대응하기 위해서는 비단 정교한 의학 기술의 발전과 효율적인 정책 수립뿐만이 아니라, 이에 대한 일반 수용자의 이해와 저항에 대해서도 충분히 파악하고 대처할 수 있어야 하기 때문이다. 본 장에서는 이를 위하여 한국의 근대 의료 도입 단계에서 벌어졌던 몇몇 특징적인 사례를 중심으로 문제를 풀어나가 보고자 한다.

1. 근대적 의료제도와 전통적 문화의 충돌

의료는 문화를 수반한다. 인간을 치료하는 행위는 근대 의학이 등장하기 이전부터 유구하게 수행되어 왔으며, 이는 각 지역의 문화적 혹은 종교적 전통에 기반하는 행위로 이어져 내려왔다. 근대 의학 지식이 등장하면서 지역적 차이를 넘나드는 공통 기반을 확보하게 되기는 했지만, 이러한 의학의 발전이 기존의 질서와 이해를 넘어서 새로운 지평을 구축하는 데에는 적잖은 갈등과 시행착오를 겪어야 했다.

이는 한국의 경우도 크게 다르지 않다. 19세기 말부터 본격적으로 도입된 서구의 근대 의료체계는 당시 사람들로서는 경이나 반가움보다는 두려움과 기피의 대상으로 간주되기 쉬웠다. 특히 기존에 통용되던 수많은 문화적 의료 전통이 급격하게 비판받고 배제되는 과정에서 사람들은 새로운 의료체계와 제도를 적극적으로 수용하기보다는 오히려 이를 기피하거나 배척하는 쪽으로 기울어지고는 했다.

이 절에서는 근대 초기 도입되었던 의료제도들이 기존의 문화적 전통과 충돌하는 과정에서 벌어졌던 몇 가지 사례를 중점적으로 살펴본다.

첫번째 글은 1898년 시행된 우두 접종 시행과 관련된 세부 규칙을 담고 있으며, 두번째 글은 이해조의 「천중가절」이라는 소설에서 작중인물이 우두 접종을 둘러싼 당대의 세태를 비판하는 내용이다. 세번째 글은 이광수의 소설 「나」에서 자식의 병을 막기 위해 온갖 수단을 강구하는 아버지에 대한 기억을 술회하고 있으며, 네번째 글은 감염병을 예방하기 위한 민간 차원에서의 전통적인 풍토에 관한 연구의 일부이다. 다섯번째 글은 20세기 초에 시행되었던 광견병 예방 규칙이 당대 문화와 충돌해서 벌어진 사태와 관련된 내용을 담았다.

① 내부령 제12호. 종두 세칙(細則) 제1조 작은 아이들이 천연두의 화를 입

는 일을 미리 막기 위하여 종두소(種痘所)를 임시로 설립함. 제2조 한성 5서 내에 각각 종두소를 설치하여 해당 서 내의 인민들에게 종두를 접종함을 편리하게 함. 제3조 종두 접종하는 사항은 개국 504년 본부령 제8호 「종두규칙」을 준행함. 제4조 종두소에서 사용하는 기계와 백신 등은 본부에서 준비하고 각 종두소에 의사 2명씩을 두어 접종받는 인민들에게 접종료나 약값 등을 일체 받지 아니함. 제5조 종두를 위한 약품은 인장(人獎)은 쓰지 말고 우장(牛獎)으로만 사용할 것. 제6조 종두소 소속 의사는 매달 말에 월별 접종한 종두 증명서 및 각종 비용의 명세서를 정리하여 본부에 보고할 것. 제7조 종두소 시간은 매일 아침 9시부터 오후 4시까지 시행하며, 해당 시간을 넘기면 다음날 시행할 것. 제8조 본 규칙은 광무 2년(1898년) 4월 20일부터 시행함.

-「관보」, 『독립신문』 1898년 4월 23일 자.

② 『이 사람은 우두위원 김숙희올시다. …(중략)… 상고에는 두역이 없더니 진(秦)나라 말년에 처음으로 생겨서 이조 선조(李朝宣祖) 당년에 비로소 조선에 들어와서 일본 성무천황(聖武天皇) 때에 일본으로 건너가고, 서력 일천 년간에 서양 구라파에 건너갔는데, 그 후부터 동서양에서 다 시두법을 시행하더니, 일천칠백칠 년간에 영국 사람 점나씨가 우두법을 처음 발명하였나이다.

해마다 춘추기에 경찰서 지휘로 무료로 종두할 때에 아이들이 어머니가 이상한 성미도 다 보았소. 자기에게도 수고를 덜고 자식에게도 위생되고 공중에 대하여서도 유익한 우두를 왜 그리 아니 시키려 하는지?

아- 아이들이 역신(疫神)을 시켜야 오래 산다 하여 강남 호구별성(戶口別星) 마누라를 위하여 정안수를 떠놓고 빌어라, 또 부를 시루를 쪄라, 무당을 불러다가 배송(拜送)을 내어라, 여러 가지 헛된 일만 하고, 그 아이에게는 열기(熱氣)를 계할 약도 아니 쓰고 소독도 아니하여 전염되게 하니, 제 자식에게만 해될 뿐 아니라 공중에 대하여서도 여독이 적지 아니하오. 여러분도 보시는 바이니와, 전염병원을 지어 놓은 것은 사람에게 여러 가지 병이 있으되 그 중에 전염병은 개인으로 말미암아 공중에 독해가 있는 고로 그 병원으로 갖다가 치료시켜 낫게 하고 또 의복과 금침까지라도 소독하여 병균이 옮지 않게 하는 곳이올시다.

두역도 전염병의 한 부분이니, 만일 우두 시키지 아니하다가 시두를 하면 저 병원으로 가서 치료할 줄 아시오. 구습은 다 고치시오. 의학자들도 역신이 그리 영금한 줄만 알면 빌기만 할 것이지 애써 공부할 것은 무엇이며, 경찰상으로 인민 보호하기 위하여 그리 지휘할 것이 무엇 있소?

- 이해조, 『천중가절』, 유일서관, 1913.

③ 그러나 만득자 외아들인 내가 몸이 따근따근할 때에는 굿은 못하여도 외조모가 하는 정도의 일을 잠자코 있었다. (…) 그런데 나라는 것이 어려서 잔병이 많아서 퍽이나 아버지의 속을 썩였다. 내가 앓을 때면 아버지는 출입도 아니하고 사랑에도 안 나가고 내 곁에서 잤다. 등잔에는 참기름 불을 켜고 아버지는 대님도 끄르지 아니하고 둥근 목침을 뉘여서 베고 내 곁에서 잤다. 참기름 불을 켜는 것은 정성을 드리는 표요, 둥근 목침을 뉘여서 베는 것은 잠이 깊이 들지 말자는 뜻이었다. (…)

아마 아버지가 나를 데리고 불공을 다니기 시작한 것도 나 때문이었다고 생각한다. 약하고 잔병 많은 내 목숨을 아무리 하여서라도 늘려보려고 그의 유교적인 고집도 휘어버린 것일 것이다.

아버지는 내 몸에 좋다는 것이면 무엇이나 다 하여 본 모양이었다. 물론 우두도 놓았다. 지금은 우두라면 누구나 다 맞는 것이지마는 오십년 전에는 그렇지 못하였다. 나는 우리 이웃에 마마하는 아이들을 많이 보았고 길가 뽕나무에 오색 헝겊 단 집 오장이를 본 기억이 많다. 이것이 마마가 끝난 뒤에 손님(별성마마)을 냄내는 것이었다 (배웅한다는 뜻이다). 작은 손님(홍역)과 큰 손님(천연두)은 사람으로 태어나서는 면할 수 없는 것으로 알고 있었다. 이 두 손님을 치르고 나야만 아들 딸이 아들 딸이라고 생각하였다.

마마하는 사람이 있는 집에서는 대문에 금줄을 늘여 외인의 출입을 막고 온 가족은 말도 크게 못하고 조심하였다. 별성마마는 목숨을 맡은 신의 사신이어서 세상경계로 말하면 정승이나 판서와 같은 높은 어른이었고 이 손님께 조금도 불공한 일이 있으면 그 버력이 앓는 사람에게로 내려서 작으면 곰보가 되고, 크면 소경이 되고, 더 크면 죽는다는 것이었다. 그래서 손님을 모신 집에서는 내외가 한자리에 들지도 못하고 살생은 물론이어니와 모든 비린 것 부정한 것을 끼어서 오직 정한 소찬만을 먹고 등도 반드시 참기름 불 장등을 하였다. 그러다가 마마가 다 내어 뿜고 더뎅이가 떨어질 때가 되면 깨끗한 짚으로 오장이를 틀고 거기 색 헝겊을 달고 기타 예물을 담아서 동네 동구 밖 뽕나무에 달고 흰 떡, 무나물 같은 정한 제물을 차려서 무당이 배웅을 하는 것이었다.

- 이광수, 『나』, 생활사, 1947.

④ 주사(朱砂)는 붉은색의 광물성 약재로서, 이것으로 글씨를 쓰는 것은 부적에 붉은색 묵으로 글씨를 쓰는 것과 유사하다. 양법 가운데 부적이나 글자, 그림을 활용하는 경우, 일반적으로 붉은색을 썼으며, 산모의 순산을 기원하는 최생부(催生符)에서도 붉은색으로 글씨를 썼다. 붉은색이 악귀를 물리친다는 인식이 반영된 것이다. 내복약으로 쓰이는 경우, 주사는 심장을 진정시키고 마음을 안정시켜 열을 내리고 해독하는 작용을 한다. 복용 시 마음을 안정시키는 주석이 그것으로 쓴 글씨로써 악귀를 물리치는 작용을 하는 점이 인상적이다. 주석은 그것의 빛깔로써, 그리고 복용하는 약재로써 모두 안심(安心)이라는 작용을 한다고 볼 수 있는 것이다.

한편, 붉은색을 강조했던 의서의 내용과 달리, 민간에서 행한 벽역책으로 '백토(白土)로 문밖과 벽 위에 손바닥을 그린' 기록이 앞서 언급했던 『선조실록』에 나타난다. 선조 10년 1월 29일의 기록에 따르면, 역병이 돌자 보리쌀을 먹어야 병을 면할 수 있다는 믿음이 퍼져 보리쌀이 동나고 가격이 치솟고, 이를 구하지 못한 이들이 백토(白土)로 문밖과 벽 위에 손바닥을 그렸다는 내용이다. 붉은색과 백색으로 색이 다르고, 주술적인 글씨를 쓰는 것과 손바닥을 그린 것에서 내용에는 차이가 있지만, 출입문에 역귀를 물리치는 주술적 상징을 비치해 두면 역귀가 집 안으로 들어오는 것을 막아낼 수 있다는 인식이 공통적으로 엿보인다.

- 윤은경, 「감염병의 원인으로서의 귀려지기와 벽역서의 대처법」, 『감염병의 장면들』,
모시는사람들, 2021, 133-134쪽.

⑤ 그러나 가장 큰 원인은 엉뚱한 데 있었다. 사람들이 이 축견단속규칙의 본래 의도보다는 '엉뚱한 요소'에 주목하게 되었다는 점이었다. 이 규칙에 의하면 개의 목줄에 개 이름이 아니라 개의 주인을 쓰게 했는데, 이것이 사람들의 관심을 돌리는 핵심으로 작용했다. 개가 사람 이름을 달고 다니게 된 셈이다. 예컨대 홍길동이 기르는 바둑이라고 하면, 개는 자신의 이름인 '바둑이'가 아니라 주인의 이름인 '홍길동'을 목에 걸고 거리를 돌아다니게 되었다는 것이다. 바로 이 점이 문제였다.

이게 왜 문제가 되었을까. 이걸 이해하려면 당시 사람들이 개를 어떻게 생각했는지를 알아야 한다. 지금도 사람을 개에 빗대는 것은 비하적인 표현으로 통용되지만, 당시에는 그런 경향이 더 심했다. 을사보호조약 당시의 신문에서는 조약 체결에 가담했던 대신들을 두고 "개 돼지 같은 대신놈 들"이라는 원색적인 표현을 써서 비난하기도 했고, 또 어떤 기사에서는 개가 하는 짓이 매국노와 비슷하다면서 개를 창밖으로 내던져서 죽게 했다는 이야기가 실리기도 했다. 혹은 자신의 모친과 통간하여 임신하게 만든 어느 일본인에 대한 기사를 내보내면서 아예 제목 자체를 "개 같은 일본인"이라고 달기도 했다.

사정이 이렇다 보니 개의 목에 주인의 이름을 걸게 한 것은 주인 입장로서는 꺼려질 법한 일이었다. 자기 스스로 "나는 개 (같은 사람) "라고 선언하는 격이 될 테니 말이다. 특히 기존 양반 계층의 반감이 심했다. 물론 갑오경장을 기점으로 신분제도 자체는 철폐된 상황이었지만, 어느 사회나 그렇듯이 제도는 사라져도 암묵적인 신분의 구분은 여전히 남아 있었다. 중앙관직으로의 진출을 통해 신분 유지를 꾀하는 기존의 양반층들은 이런 경향이 더욱 강했는데, 주위의 시선과 자신의 체면을 중요하게 여겼던 양반들의 입장에서 개에게 자기 이름을 달고 다니게 한다는 건 상당히 모욕적인 처사였다.

- 박성호, 「저 개는 나쁜 개다 - 공수병에 대한 방역과 정치」, 『감염병의 장면들』, 모시는사람들,
2021, 178-179쪽.

가. 천연두 방역을 위해 종두법을 시행한 것은 널리 알려진 바다. 이는 19세기 말 한국에서도 도입되었지만, 종두 보급을 위한 다양한 노력에도 불구하고 당시 사회 일반에서는 종두를 거부하는 경향도 컸다. 종두의 효과가 명백했음에도 사람들이 이를 거부한 까닭은 무엇일까? 제시문의 내용을 토대로 유추해 보고, 이와 관련된 추가적인 자료 조사를 해 보자.

나. ⑤는 개의 목에 주인의 이름과 거주지를 적은 명찰을 달게 하여 광견병 확산을 막고자 했던 의도에서 비롯된 정책을 다루고 있다. 하지만 당시 주인들은 개와 관련된 문화적인 이유 때문에 이를 거부했다. 구체적으로 그 '문화적 이유'가 무엇인지를 살펴보고, 이에 적절하게 대응하면서 해당 정책의 대안으로 주인들에게 제시할 수 있는 방안은 무엇이 있을지를 논해 보자.

다. ②와 ③은 문화적 인식 차이 등으로 인하여 새로운 의료 제도를 거부하거나 이에 적극적으로 대응하려 하지 않는 세태에 대한 서로 다른 입장을 드러내고 있다. 각각의 입장이 어떤 것인지를 정리해보고, 자신이라면 이 문제에 대해 어떤 생각을 가지고 있는지 이야기해 보자.

라. 첨단 의료나 신종감염병으로 인해 도입되는 새로운 의료제도는 오늘날에도 다양한 논란과 갈등을 일으키고는 한다. 최근 벌어진 COVID-19 백신에 대해서도 제시문과 유사한 형태의 다양한 갈등이 존재했다. 그 갈등의 구체적인 양상들을 조사해 보고, 위의 학습활동과 관련하여 이에 대한 해결 방안은 없을지 함께 논의해 보자.

2. 의료제도와 정치의 거리

법령과 제도는 항상 정치와 긴밀하게 연결된다. 의료제도라고 해서 예외는 아닐 것이다. 사회 일반의 건강 증진과 위생 확보라는 일반적인 목적의 이면에는 다양한 정치적인 의도나 이해관계가 얽히게 마련이다. 제한된 재원을 효율적으로 배분하여 의료 상의 목적을 달성한다는 의료제도 본연의 취지라는 관점에서만 보더라도 정치의 문제는 빠질 수 없다. 하물며 이러한 의료제도가 단독으로만 존재하는 것이 아니라, 다른 분야의 다양한 제도와 얽혀서 수많은 맥락을 형성할 수 있다는 점을 감안한다면 의료제도를 다루는 데 있어서 정치의 문제를 배제하기란 어려울 것이다.

그런 까닭에 때로는 의도하지 않았던 정치적 성격이 의료제도의 도입이나 수용 과정에서 반영되기도 한다. 위생이나 건강 증진을 목적으로 도입된 제도가 그와는 무관한 정치적 맥락으로 해석되어 사회 일반으로부터 배척당하거나 의도치 않은 결과를 낳는 일 등이 그러하다. 이와 같은 일은 비단 과거뿐만 아니라 최근에도 벌어지고 있다. 코로나19 팬데믹 당시 사회적 거리두기나 백신 접종과 관련된 제도 등을 두고 둘러싼 논란과 갈등이 그 대표적인 사례일 것이다.

이 절에서는 새로운 의료제도가 정치적 맥락에 의해 굴절되면서 예기치 않은 갈등과 오해를 낳았던 과거의 사례들을 중점적으로 다뤄보고자 한다. 광견병이나 천연두, 한센병과 같이 오랜 기간 인류를 괴롭혀온 질병과 이에 대응하기 위한 시도들이 어떤 이유로 인해서 갈등을 빚어내게 되었는지를 살펴보고, 이러한 갈등을 넘어서 제도 본연의 목적을 달성하기 위해서는 어떤 노력이 필요할지를 함께 고민해 보도록 하자.

아래의 첫번째 글은 20세기 초 광견병 예방을 위해 시행되었던 정책들과 관련된 당시의 공문서 및 신문기사이며, 두번째 글은 이러한 광견병 예방 정책이 어떤 이면을 담고 있는지를 연구한 논문의 일부이다. 세번째 글은 20세기 초 감염병 대응을 위해 의사에게 부과된 책임이 무엇인지를 다룬 논설이며, 네번째 글은 비슷한 시기 감염병 환자 격리를 위해 시행되었던 피병원 제도의 문제점을 다룬 글이다. 다섯번째 글은 미국에서 한센병 환자 격리를 위해 시행되었던 정책이 어떤 식으로 그들의 기본권을 제한했는지에 대한 문제의식을 담았다.

① 경북관찰사 박중양 씨가 대구 성내의 집에서 키우는 개들이 혹시 광견병에 걸려서 사람들에게 해를 끼치는 일이 있을까 염려하여 지난 달 29일부터 열흘 간에 걸쳐서 해당 지역 사람들로 하여금 집에서 키우는 개 194마리를 전부 살처분하였다고 내부(오늘날의 행안부: 편집자)에 보고하였다.

- 「개들을 전부 죽이다」, 『황성신문』, 1908.10.17.

인천항경찰서에서는 청결을 위하여 해당 관할구역 내의 민가에서 키우던 개

230여 마리를 전부 살처분하였다.

- 「청결을 위해 개를 죽이다」, 『대한매일신보』, 1908.12.10.

하나. 개를 키우는 자는 자신의 이름을 목걸이나 명찰에 적어서 개에게 달아 둘 것. 둘. 목걸이나 명찰 등이 없는 개는 주인 없는 들개로 간주하여 즉시 살처분할 것. 셋. 광견병에 걸린 개는 주인이나 명찰 등의 유무와 관계없이 즉시 살처분할 것. 넷. 미친 듯이 울부짖거나 사람 또는 가축을 물어서 다치게 할 염려가 있는 개는 견고한 입마개를 하거나 쇠사슬로 매어둘 것. 해당 조항을 위반하여 광견병에 걸린 개를 살처분하지 않거나, 혹은 난폭한 개를 관리하지 못하여 사람이나 가축 등에게 상해를 끼치는 경우에는 주인에게 5원 이하의 벌금을 부과할 것.

- 「축견단속규칙(개 기르는 규칙)」, 경시청령 제2호, 1909.6.28.

② 19세기 이후의 위생과 방역을 둘러싼 정책들은 세균설을 바탕으로 눈에 보이는 세균 박멸에 화력을 집중할 수 있었다. 이는 행정력을 빌려오고 대중을 설득하는 면에서 큰 힘을 발휘했다. 방역을 위한 권한 행사는 다수의 행복을 위한 정당한 행위라는 명확한 확신을 두고 있었다. 1895년 전염병을 일으킨 원인으로 콜라레균이 지목되고 기존의 전염설이 세균을 통한 병의 확산이라는 구체적인 내용을 확보하면서 위생과 방역은 구체화되고 실질화되었다. 1900년대의 신문이 이러한 권한을 강화하고 확산하는 데 크게 기여했음은 익히 알려진 바다.

그러나 축견단속규칙만큼은 이 맥락에서 벗어나 있었다. 1908년 10월 경북 관찰사 박중양의 가견(家犬) 박살 문제(광견병 방역을 목적으로 대구 지역의 개들을 모두 살처분한 사건: 편집자)에 관하여 『대한매일신보』가 신랄하게 비난했던 것은 상술한 바이어니와, 11월 기사에서는 아예 광견병 방역을 위한 정책 자체에 대해서도 날선 태도를 보였다. 광견병에 걸린 개가 사람을 무는 폐단을 방지하기 위해 집에서 키우는 개를 살처분하는 것은 "어떤 마귀 같은 신문"의 "개 같은 수작"이기에 "보기에 눈꼴이 시리고 비위에 거슬린다"는 것이었다. 여기서 언급된 '마귀 같은 신문'는 『국민신보』를 가리킨다. 즉 『국민신보』 기사 중에 당시 박중양의 가견 박살이 방역상 필요한 조치였다며 옹호한 점을 꼬집었던 것이다.

- 박성호, 「축견단속규칙(1909)의 시행과 정치 담론으로서의 전유 양상」,
『도시연구: 역사·사회·문화』 28, 2021.11.

③ 매독이 전염되는 줄은 일반인들도 아는 바이지만, 그 병이 어떻게 전염되며 전염된 후에는 어떤 식으로 그 증상이 나타나는지, 그리고 최종적으로는 환자가 얼마나 참혹한 지경에 이르게 되는지에 대해서는 좀 더 설명할 필요가 있다. 예로부터 우리 조선 사람들은 매독이라고 하면 두려워할 뿐만 아니라 한편으로는 수치로 여기는 마음이 컸다. 이는 다름아니라 매독은 화류계에 종사하는 음탕한 남녀에게만 생기는 병으로 여기는 까닭이다. 물론 매독은 불결한 성관계로 인해 전염하는 경우가 많다고 하겠지만, 비단 성관계뿐만이 아니라 신체의 직접적인 접촉으로도 전염될 수 있기에 때로는 부모나 유모(乳母)의 매독균이 아이에게 옮아가는 경우도 있다. 또한 간접전염도 가능해서 환자가 쓰던 물품이나 의복, 담뱃대, 수저 등이 매개물이 되어 전염하는 경우도 있으니, 매독이 반드시 성관계를 통해서만 전염된다고 생각할 수 없다.

···(중략)···

무엇보다도 매독 환자들에게 특별히 당부하고 싶은 말은, 돌팔이 의사의 치료법을 주의하라는 것이다. 우리 조선 사람들은 남녀를 물론하고 매독이라고 하면 수치로 여겨서 제대로 된 의사에게 치료를 받기를 꺼린다. 그래서 (병원에 오지 않고) 자기 집에서 돌팔이들이 파는 약 따위를 구해서 코에 쐬이든지 혹은 먹든지 하다가 수은 중독에 걸려서 내장을 상하는 것은 물론 나중에 난치병까지 얻어서 생명이 위독한 지경에까지 이른다. 이처럼 무지한 치료법으로 설령 몇몇 사람이 효험을 본다 할지라도 병의 근원을 치료한 것은 아닌데다가, 심지어는 이런 약으로 인한 해가 더 클 지경이니 어찌 한심하지 아니한가. 우리 조선도 이제 의사규칙(醫師規則)이 발표되었으니, 자신의 병이 부끄러워서 돌팔이들에게 의존하지 말고 이들을 용납하지 않는 위생 사상이 널리 퍼지기를 희망하노라.

- 오상현 장통병원장, 「매독에 대한 주의」, 《매일신보》, 1914년 1월 1일.

④ 피병원은 요양보다는 격리를 주된 목적으로 했다는 점에서 요양 병원과는 다소 차이가 있다. 감염병 환자들을 격리 수용함으로써 감염병이 확산되는 것을 막는 게 주된 목적이었지, 이 환자들을 효과적으로 치료하기 위해서 운용했던 시설이라고 보기는 힘들었다. 물론 의료적 처치가 전혀 이루어지지 않았다고는 할 수 없지만, 그 출발점이 '치료'보다는 '격리'에 가까웠다는 점은 명확하다. 위의 병원 세칙 내에서도 인가(人家)로부터 50보 이상 떨어진 곳에 설치할 것, 콜레라를 비롯한 각종 전염병 환자들을 치료함을 목적으로 할 것 등을 명시해두고 있었기 때문이다.

피병원을 설립한 목적은 유사시 의료 혜택을 효과적으로 받기 힘든 빈민층을 대상으로 적극적인 보건의료 활동을 펼침으로써 감염병의 확산을 막겠다는 측면도 있기는 했다. 하지만 아무래도 감염병 차단에 주된 목적을 두다 보니 개별 환자의 입장에서는 오히려 피병원을 꺼리게 되는 일도 적잖이 발생했다. 당국에서는 감염병을 효과적으로 치료하기 위해 피병원에 수용하는 것이라며 사람들을 설득하려고 힘썼지만, 대중 사이에서는 오히려 피병원에 대한 부정적인 인식 또한 적지 않았다. 천연두에 걸린 아이가 피병원에 입원하는 일을 막기 위해 아이를 꽁꽁 숨기거나, 전염병 치료를 위해 이미 피병원에 입원한 환자가 감시망을 피해 도주하는 일도 적지 않았다. 한편으로는 해산 때문에 복통을 호소하는 임산부를 두고 장티푸스와 같은 전염병으로 오인한 일본인 순사들이 피병원으로 보낼 것을 강요했다든가, 설사를 일으킨 환자를 순사의 지도 하에 피병원으로 보내봤더니 그 생사를 알 수 없게 되었다는 기사 등도 적잖이 등장했던 것을 보면 피병원의 운영 과정도 그다지 순탄하지는 못했다는 걸 알 수 있다.

- 박성호, 「치료에서 돌봄으로: '요양'이라는 의료의 등장」, 『환자란 무엇인가』, 모시는사람들, 2023, 159-160쪽.

⑤ 정상인과 한센인 간의 격리 중 가장 한센인들을 괴롭힌 것은 사랑하는 사람들과의 접촉 금지 규정이었다. 1950년대까지 환자들 간에 은밀한 접촉이나 교제가 없었던 것은 아니었지만, 이성간의 교제나 결혼이 원칙적으로 금지되어 있었다. 배우자가 한센병 진단을 받고 병원으로 오게 되면 이혼은 당연한 수순이었다. 가족이 입원을 하더라도 함께 동거할 수 없었고, 아기가 태어나는 경우에는 한센병 검사를 한 후에 부모와 분리되어 외부로 보내지거나 입양을 보냈다. 환자들 간의 결혼 역시 금지되었고, 환자들 스스로도 자녀를 낳는 것을 두려워하기도 했다. (…)

이상과 같이 20세기 초중반 미국의 한센인들은 '공중보건'이라는 이름 아래 정상인들과 접촉하는 것이 '범죄'로 여겨질 정도로 외부와 철저하게 격리되고 통제된 삶을 강요받았다. 자유로운 이동이나 소통의 자유, 이성 교제를 비롯하여 결혼 및 출산의 자유가 규제받았으며, 심지어 자신의 '정상인'으로서의 자아 정체성을 버리고 새로운 '한센인'으로 살아가길 권유받았다. 카빌 환자들은 서구의 전통적인 종교와 문화로부터 유래된 한센병에 대한 낙인과 편견으로 평생을 괴로워했다. 정상인과 한센인 간의 격리는 가족과 친지는 물론, 병원 내에서조차 철저하게 이루어졌다. 미국 남부 사회의 축소판인 병원 안에서는 환자들 간에도 인종별, 민족별, 성별 구분과 분리가 일어났다. 이처럼 철저하게 외적, 내적으로 통제되고 격리되고 구분된 한센인으로서의 삶은 1940년대 썰폰제 치료의 효과로 인해 새로운 변화의 계기를 맞이하였다.

- 공혜정, 「오래된 질병과 새로운 환자」, 『환자란 무엇인가』, 모시는사람들, 2023, 130-132쪽.

가. ①과 ②는 20세기 초 광견병 방역을 위한 제도 도입과 시행 과정에서 벌어진 이야기를 다루고 있다. 이 제도를 둘러싼 갈등을 유발하는 정치적 관점의 요소가 무엇인지를 찾아보고 왜 이와 같은 정치적 맥락에 부과되었는지를 논의해 보자.

나. ③과 ④는 감염병 확산을 방지하기 위한 제도가 현장의 의료인에게 어떤 딜레마를 부과하는지를 보여준다. 이와 비슷한 딜레마는 COVID-19 방역을 위해 의료 현장에 적용되었던 제도에서도 발생한 바 있다. 어떤 사례들이 있는지 한번 찾아서 검토해 보자.

다. ④와 ⑤는 의료를 목적으로 하는 제도가 오히려 환자의 기본권을 침해할 수 있는 가능성을 언급한다. 의료제도는 사람의 생명권을 지키기 위한 목적 하에 도입되는 것이지만, 역설적으로 개인의 인권을 침해할 우려도 존재한다. 양자가 충돌하는 경우 우리는 어느 쪽에 더 무게를 둬야 하는가?

제3강

한의학의 인문학

한의학(韓醫學)은 한반도에서 인간의 고통을 치유하기 위해 발달 및 전승되어 온 의학 지식 및 실천 체계를 일컫는 용어로, 서양의학의 도입 이전 의료 제도 및 문화 속에서 중심적 역할을 담당해 왔고 서양의학이 도입되어 근대보건의료체계에 자리 잡게 된 이후에는 서양의학의 한계를 보완하고 서양의학의 성과를 흡수하면서 나날이 새롭게 변화하고 있다. 이번 장에서는 먼저 한의학의 역사적 변화 과정을 살펴보면서 한의학이 어떤 식으로 변화 및 발전해 왔는지 살펴본다. 다음으로는 한의학의 질병관과 치료관을 살펴보면서 질병과 치료에 있어서 한의학의 특징 및 한의학이 상정하는 존재에 대해 이해한다. 마지막으로 한의학이 오늘날 한국의 보건의료체계 및 세계 전통의학이라는 맥락 속에 위치한 상황을 살펴보면서 한의학이 나아가야 할 방향에 대해 생각해 보는 기회를 갖도록 한다.

Ⅰ. 한의학의 역사

한의학의 역사는 곧 한반도에서 나타난 질병과 치유의 역사이다. 또한 그러한 질병과 치유가 가능하도록 했던 의학이론, 지식, 자원의 연결망을 시간 순서에 따라 살펴보는 것이 곧 한의학의 역사를 공부하는 것이라고 할 수 있다. 질병과 의학이 그 역사를 공유하듯이 한국의 질병사와 의학사, 즉 한의학의 역사 또한 당대의 정치, 사회, 문화적 상황과 맞물려있다. 한의학의 역사는 크게 한반도 각 지역에서 자생적으로 발생한 경험의학이 전통의학의 위치에 있던 시기, 동아시아에서의 교류가 확산하면서 중국 의학과의 접촉으로 한의학의 모습을 갖추어간 시기, 그리고 그 이후 서구 문물의 도래 속에서 변형과 적응을 겪게 되는 시기로 나누어볼 수 있다. 여기서 '한의학'이란, 주로 한반도에서 전해 내려온, 특정한 이론과 경험을 기반으로 하여 질병을 치유해 온 의학적 지식과 기술, 실천의 총체라 규정할 수 있다. 여기에는 단순히 의사가 환자를 어떤 의학지식을 이용해서 치료하는가 뿐만 아니라 환자의 입장에서 아픔을 느끼는 행위와 스스로 그 아픔을 다스리려는 실천 방식까지도 포함한다. 이런 방식으로 한의학을 규정함으로써, 우리는 한반도에서 전해 내려온 의료 행위들을 보다 총체적으로 살펴볼 수 있는 관점을 가질 수 있을 것이다.

한편, 한반도에 서양의학이 전래되고 본격적으로 의료제도의 중심으로 진입하게 된 일제강점기부터 한의학은 서양의학이라는 새로운 의학 체계에 대비되는 옛 의학 체계로, 혹은 서양의학을 보완 혹은 일부 대체할 수 있는 의학 체계 정도로 타자화되거나 보조로서 여겨져 온 경향이 있다. 하지만 한의학의 역사를 살펴보면 당대의 의학지식과 실천들은 고정된 것이 아니라 내외부의 영향을 받으며 계속 변해 왔으며 서양의학이 도래한 이후에도 이러한 영향과 변화는 계속 일어나고 있다.

이 절에서는 한의학의 역사를 살펴봄으로써 한반도에서 나타났던 의료 행위의 방식 및 내용을 이해하고, 그것들이 오늘날 한국인의 삶 속에서 나타나는 의료에 대한 인식과 행위들이 어떻게 연관되는지 살펴본다. 또한 국제화, 세계화된 상황 속에서 전통의학의 모습이 어떻게 그려질지도 함께 고민함으로써 세계보건의료 속 한의학의 모습을 구상해 보기로 한다.

1. 서양의학 도입 이전 한의학의 형성

한반도에 인류가 살기 시작하면서 질병과 치유의 역사도 함께 시작되었다. 한민족의 기원을 알려주는 단군신화에는 질병을 다스리는 약물인 본초(本草)로도 쓰일 수 있는 쑥과 마늘에 대한 이야기가 나온다. 이러한 이야기는 의학이 무속과 완전히 분리되지 않은 시기에 의학뿐만 아니라 제의적 의미도 갖고 있는 쑥과 마늘의 성격을 잘 보여준다. 점차 무속으로부터 의학이 독립하고 한반도에서 경험과 지식을 축적해 가면서, 의학 이론이나 본초의 사용에 있어서 중국으로부터도 독립하고자 하는 경향이 나타나게 된다. 그러한 경향은 고려시대의 『향약구급방』과 조선 전기 『향약집성방』의 간행으로 구하기 힘든 중국산 약재 대신 비슷한 효능을 갖는 한반도의 약재들을 사용하려는 '향약' 운동으로 나타나기 시작하여 조선 중기 『동의보감』의 간행으로 결실을 맺게 된다. 『동의보감』 간행 기획을 통해서 우리는 한의학이 단지 중국의 영향을 받기만 한 의학이 아니라 한반도의 약재, 의학 이론 등을 반영하여 새로운 의학 체계를 형성하고 그것을 다시 외부에 전파하려는 당시의 포부를 엿볼 수 있다. 이렇게 형성된 의학의 경향은 조선 후기 이제마가 『동의수세보원』의 간행을 통해 창시한 사상의학으로 이어진다. 이제마는 이전까지의 의학 내용들을 비판적으로 계승하면서 기존에는 없었던 사상인의 의학 사상을 제시하고 있다. 이러한 역사적 고찰을 통해서 한의학이 단순히 중국 의학의 아류이거나 정체된 의학 체계가 아니라 당대의 정치 상황, 사회 및 문화 속에서 변화 및 발전해 온 것임을 알 수 있다.

아래의 첫 번째 글은 『삼국유사』에서 발췌한 것으로, 단군신화에 대해 서술하고 있다. 의학사적 관점에서 특기할 것은 본 신화에 등장하는 중요한 먹을 것으로 쑥과 마늘이 등장한다는 것이다. 신화 속의 쑥과 마늘이 오늘날의 쑥과 마늘과 같은 품종의 것인지는 좀 더 정확한 고증이 필요하지만, 민족의 기원을 설명하는 건국설화에서 중요한 역할을 하는 사물이 제의적인 의미뿐만 아니라 의학적인 효능을 갖는 약물인 쑥과 마늘로 표현되는 것은 주목할 필요가 있다. 두 번째 글은 1613년 왕명으로 간행된 『동의보감』에서 허준이 편찬 동기, 책의 구성 및 의의를 설명한 「집례(集例)」의 일부이다. 세 번째 글은 이제마가 그의 책 『동의수세보원』의 「의원론」에서 의학사를 간추리면서 역대 의학을 평하는 내용이다.

① 『고기(古記)』에 이르기를, "옛날에 환인(桓因)의 서자(庶子)인 환웅(桓雄)이 천하(天下)에 자주 뜻을 두어, 인간세상을 구하고자 하였다. 아버지가 아들의 뜻을 알고 삼위태백(三危太伯)을 내려다보니 인간(人間)을 널리 이롭게 할 만한지라, 이에 천부인(天符印) 세 개를 주며 가서 다스리게 하였다. 웅(雄)이 무리 삼천을 거느리고 태백산(太伯山) 정상 신단수(神壇樹;神檀樹) 밑에 내려와 신시(神市)라 하고 이에 환웅천왕(桓雄天王)이라 하였다. 풍백(風伯)·우사(雨師)·운사(雲師)를 거느리고 곡(穀)·명(命)·병(病)·형(刑)·선악(善惡) 등 무릇 인간의 삼백육십여 가지의 일을 주관하며 세상을 다스리고 교화하였다. 이때에 곰 한 마리와 호랑이 한 마리가 있어 같은 굴에 살면서 항상 신(神) 환웅(雄)에게 기도하되 화(化)하여 사람이 되기를 원했다. 이에 신 환웅은 신령스러운 쑥 한 타래와 마늘 스무 개를 주면서 말하기를 '너희들이 이것을 먹고 백일(百日) 동안 햇빛을 보지 않으면 곧 사람의 모습이 될 것이니라.'라고 하였다. 곰과 호랑이는 그것을 받아서 먹어, 기(忌)한지 삼칠일(三七日)만에 곰은 여자의 몸이 되었으나, 범은 금기하지 못해서 사람의 몸이 되지 못하였다. 웅녀(熊女)는 혼인할 사람이 없었으므로 매양 단수(壇樹;檀樹) 아래서 잉태하기를 빌었다. [환]웅이 이에 잠시 [사람으로] 변하여 그녀와 혼인하였다. [웅녀가] 잉태하여 아들을 낳으니 단군왕검(壇君王儉;檀君王儉)이라 하였다.*

- 『三國遺事』 卷1 「紀異」 「古朝鮮」 條(한국사데이터베이스, https://db.history.go.kr/ancient/level.do?levelId=sy_001r_0020_0020_0020)

---

* "『古記』云, 昔有桓因庶子桓雄, 數意天下, 貪求人世, 父知子意, 下視三危太伯, 可以弘益人間, 乃授天符印三箇, 遺往理之, 雄率徒三千, 降於太伯山頂神壇樹下, 謂之神市, 是謂桓雄天王也. 將風伯·雨師·雲師, 而主穀·主命·主病·主刑·主善惡, 凡主人間三百六十餘事, 在世理化. 時有一熊一虎, 同穴而居, 常祈于神雄, 願化爲人. 時神遺靈艾一炷·蒜二十枚曰, 爾輩食之, 不見日光百日, 便得人形, 熊虎得而食之, 忌三七日, 熊得女身, 虎不能忌, 而不得人身. 熊女者無與爲婚, 故每於壇樹下, 呪願有孕. 雄乃假化而婚之, 孕生子, 號曰壇君王儉."(『三國遺事』 卷1 「紀異」 「古朝鮮」 條)

② 고인은, "의학을 배우려면 먼저 『본초』를 읽어서 약성을 알아야 한다"고 했습니다. 그러나 『본초』는 넓고 번잡하고 여러 의가(醫家)들의 이론이 한결같지 않으며, 요즘 사람들이 모르는 약재가 태반을 차지하고 있습니다. 그러므로 당연히 현재의 처방에 쓰는 약을 모으고, 단지 『신농본경(神農本經)』·『일화자주(日華子註)』와 동원(東垣)·단계(丹溪)의 중요한 말을 실었습니다. 또, 중국의 약과 우리나라의 약을 기록했는데 우리나라 약의 경우에는 우리나라에서 부르는 이름·산지·채취 시기·음건(陰乾)·양건(陽乾)의 방법을 기재하였으니 갖추어 쓰기에 편리하여 멀리서 구하거나 얻기 어려운 폐단이 없을 것입니다.

왕절재(王節齋)가, "동원은 북의(北醫)인데, 나겸보(羅謙甫)가 그 법을 전수받아 강소(江蘇)와 절강(浙江) 지역에까지 명성이 알려졌다. 단계는 남의(南醫)인데, 유종후(劉宗厚)가 그 학문을 이어받아 섬서(陝西) 지역에까지 명성을 떨쳤다"라고 하였으니, 의가에서 남북(南北)의 명칭이 있어 온 지가 오래되었습니다. 우리나라는 동방에 치우쳐 있으나 의약(醫藥)의 도는 면면히 이어졌으니 우리나라의 의학도 '동의(東醫)'라고 할 수 있습니다. 거울[鑑]은 만물을 밝게 비추어 형체를 놓치지 아니합니다. 이 때문에 원대(元代)에 나겸보가 『위생보감(衛生寶鑑)』을 짓고, 명대(明代)에 공신(龔信)이 『고금의감(古今醫鑑)』을 짓고 모두 '감(鑑)'으로 이름을 삼았으니 그 뜻이 여기에 있는 것입니다. 지금 이 책을 펼쳐 한 번 보면 병의 길흉(吉凶)과 경중(輕重)이 맑은 거울처럼 환하게 드러날 것입니다. 그러므로 마침내 『동의보감(東醫寶鑑)』이라고 이름을 붙였으니 고인이 남긴 뜻을 흠모하기 때문입니다.

- 許浚, 『東醫寶鑑』, 「集例」 (한의학고전DB mediclassics.kr).

③ 『서경(書經)』에 이르기를 "만일 약이 명현(瞑眩)하지 않으면 그 병이 낫지 않는다"고 하였다. 상(商)나라 고종 때 이미 명현(瞑眩)하게 하는 약이 있어서 고종이 감탄하였은즉 의약의 경험이 그 유래가 이미 신농(神農)·황제(黃帝) 때만큼 오래된다고 하는 설(說)은 진실하다고 믿을 수 있다. 그러나 『본초(本草)』·『소문(素問)』이 신농·황제의 손에서 나왔다고 하는 것은 진실하다고 믿기가 어

렵다. 왜냐하면 신농황제 때에는 응당 문자가 없었을 것이요, 후세에 이르면서 문자의 용례가 점차 발전했을 것이기 때문이다. 주(周)가 쇠하고 진한(秦漢)시대 이후부터는 편작(扁鵲)이 유명했고, 장중경(張仲景)이 이를 습득하여 비로소 훌륭한 학자가 되어서 저서를 내놓음으로써 의학이 비로소 발전되었다. 장중경 이후에는 남북조(南北朝)와 수(隋)·당(唐)시대의 의학자들이 이를 계승하였고, 송(宋)나라에 이르러 주굉(朱肱)이 모든 의술을 갖추어『활인서(活人書)』를 저술함으로써 의도가 중흥되었다. 주굉 이후에는 원(元)나라의 의학자 이고(李杲)·왕호고(王好古)·주진형(朱震亨)·위역림(危亦林) 등이 이를 계승했고, 명(明)나라에 이르러 이천(李梴)·공신(龔信) 등이 모든 의술을 갖추었으며, 허준(許浚)이 이것을 자세히 전수하여『동의보감(東醫寶鑑)』을 저술하여 의학이 다시 발전하게 되었다. 대체로 신농·황제 이후로 진한 이전까지의 병증약리(病證藥理)는 모두 장중경이 전하였고, 위(魏)·진(晉) 이후로 수·당 이전까지의 병증약리(病證藥理)는 주굉이 전하였고, 송·원 이후부터 명 이전의 병증약리(病證藥理)는 이천·공신·허준이 전하였다. 만일 의가의 공로와 업적으로 말한다면 마땅히 장중경·주굉·허준을 으뜸이라 해야 할 것이며, 이천과 공신이 그 다음이라고 해야 할 것이다.

…(중략)…

소음인의 병증약리(病證藥理)는 장중경이 거의 상세하게 밝혔으나, 송·원·명의 모든 의학자들이 거의 완벽할 만큼 자세하게 밝혔다. 소양인의 병증약리(病證藥理)는 장중경이 절반 정도 상세하게 밝힌 것을 송·원·명의 모든 의학자들이 거의 상세하게 밝혔다. 태음인의 병증약리(病證藥理)는 장중경이 대략 그림자만 비친 것을 송·원·명의 모든 의학자들이 절반쯤 상세하게 밝혔다. 태양인의 병증약리(病證藥理)는 주진형이 약간 그림자만 얻었고 본초에도 약의 이치가 대략 적혀 있다.

…(중략)…

나는 의약의 경험이 있은지 5000-6000년 후에 태어나서 옛 사람들의 저술을 통하여 우연히 사상인의 장부성리(臟腑性理)를 깨닫고 한 의서를 저술하니 이름을『수세보원(壽世保元)』이라고 한다. 이 책 중에서 장중경이 논한 태양병(太陽病)·소양병(少陽病)·양명병(陽明病)·태음병(太陰病)·소음병(少陰病)·궐음병(厥陰病)이라 한 것은 병의 증세를 지목해서 논한 것이고, 내가 말한 태양인·소양인·태음인·소음인은 인물을 지목해서 논한 것이다. 그러므로 이 두 가지를 혼동해서 보지 말아야 하며 또한 번거로운 생각을 버린 연후에 그 뿌리를 찾아내고 그 가지와 잎을 채취할 수 있을 것이다. 대체로 맥을 본다는 것은 병의 증세를 판단하는 한 가지 방법이다. 그 이치는 맥의 부(浮)하고 침(沈)하고 지(遲)하고 삭(數)한 데 있는 것이니 이것을 가지고 그 기묘한 이치를 찾을 필요는 없다. 삼음삼양(三陰三陽)이란 변증(辨證)하는 데 같고 다름이며, 그 이치가 배[腹]와 등[背]과 안[裏]과 밖[表]에 있을 뿐이니, 이것으로 반드시 경락의 변동을 구하려 할 필요는 없는 것이다.

- 李濟馬,『東醫壽世保元』「醫源論」(한의학고전DB mediclassics.kr).

학습활동

가. ①에서 등장하는 쑥과 마늘을 통해 알 수 있는 한의학의 모습은 무엇인가? ②와 ③에 나타난 한의학의 모습과 다른 점은 무엇인가?

나. ②에서 기존 의학 내용을 어떻게 평가하고 있는가? 저자인 허준은 중국 의학과 대비하여 한의학을 어떻게 생각하고 있는가?

다. ③에서 이제마는 기존 의학 내용을 어떻게 평가하고 있으며 이것은 ②에 나타난 허준의 관점과 어떻게 같고 다른가?

라. 허준과 이제마의 한의학에 대한 인식은 오늘날에 어떤 의미를 갖고 있을지 논의해 보자.

2. 서양의학 도입 이후 한의학의 변화

19세기 후반 이래로 서양의학이 한반도에 본격적으로 유입되면서 한의학도 이전과 다른 모습으로 변화하게 된다. 특히 이전과는 다르게 서양의학이 새롭게 형성되는 근대보건의료체계의 중심을 차지하게 되면서 한의학 및 관련 임상의들은 주변부로 밀려나거나 심지어는 생존을 염려해야 할 지경까지 이르게 된다. 이러한 상황에서 한의학 및 한의계는 당대의 주류가 된 서양의학을 흡수하여 일정 부분 자기 것으로 만들려는 시도를 하게 된다. 서양의학을 흡수하는 대표적인 방법으로 한의학의 병명을 서양의학의 비슷한 그것과 대조하여 서양의학의 병증을 한의학의 방법으로 치료하려는 시도가 있다. 이는 결국 더 큰 헤게모니를 가진 서양의학의 병명 분류체계에 한의학이 포섭되는 결과를 낳게 되기도 한다.

서구 주도의 세계 체제가 형성되면서 한의학은 한반도의 '전통의학'으로 규정되고, 다른 지역의 전통의학들과 함께 보호되고 육성되어야 할 대상으로 인정받게 된다. 대표적인 사례가 2009년 『동의보감』이 유네스코 세계기록유산으로 등재된 것이다. 이는 『동의보감』이 단지 한반도, 혹은 동아시아 내에서만 의의를 갖는 의서가 아니라 세계의학사적인 측면에서도 보존 및 기억의 가치가 있음을 국제적으로 인정받은 사례라고 할 수 있다. 또한 20세기 이후의 전통의학은 지역이나 국가 단위에서 관리하는 차원을 벗어나 세계보건기구(WHO)와 같은 국제기구에서 협의하는 대상으로 지역적 성격과 국제적 성격을 동시에 갖게 된다. 한의학도 마찬가지로 대한민국 내에 WHO 전통의학협력센터들이 위치하여 한약물의 안전성, 올바른 사용 및 상호작용 등 한의약의 근거기반 향상을 위한 WHO 사업 협력, WHO 전통의학 지역전략 이행 및 전통의학 관련 정보 향상, WHO 서태평양 지역 개발도상국에 교육 기회 확대 및 전통의학 전문 인력 개발에 대한 지원 협력 등 다양한 활동을 추진하고 있다.

아래의 첫 번째 글은 한의학[동의]과 서양의학[서의]의 특성을 밝히고 그 둘의 병행을 위해 1924년 도진우가 저술한 『동서의학요의』 서문의 일부이다. 두 번째 글은 『동의보감』이 2009년 유네스코 세계기록유산에 등재되면서 『동의보감』의 등재 의의를 설명한 유네스코 홈페이지의 게시글이다. 마지막 세 번째는 WHO에서 전통의학에 대한 전략을 수립하면서 전통의학을 어떻게 규정하고 있는지, 그리고 지구적인 맥락에서 그 역할 및 중요성은 어떠한지에 대해 설명한 글이다.

① 의학의 道에는 두 가지가 있으니 하나는 理이고 다른 하나는 術이다. 東醫는 이치에 밝으나 기술이 갖추어지지 못하였고, 西醫는 기술에 민첩하나 이치가 갖추어지지 못하다는 말이 있는데, 그것은 모두 지나친 말이다. 내가 보기에 醫라고 하는 것은 먼저 理를 궁구한 후에 術을 베푸는 것이니 동서고금에서 이 전범을 바꾸지 않았다. … 의료계에 종사하는 사람들이 풍토와 기후와 복식과 거처가 발병의 요인과 크게 관계있음을 살피지 않아 전도하고 착오함이 한둘에 그치지 않으니, 본회에 있는 석학 都鎭羽 군이 염려하고 두려워하여 십수서를 열람하고 연구하고 경험하여 한 책을 펴내기를 이름하여 東西醫學要義라고 하였으니 바로 이 책이다.

- 都鎭羽, 『東西醫學要義』 「序」.

② 『동의보감』은 조선 선조의 명으로 당시 어의였던 허준(1546-1615)에 의해 편찬되었다. 그것은 16년의 지속적인 노력이 필요했고, 심지어 왕조의 변화나 일본의 침략에 의해서도 방해받지 않았다. 그렇게 해서 수 세기 동안 사상가와 예술가들에게 영감을 주고 있는 25권의 진정한 의학 백과사전이 탄생했다.

『동의보감』은 한국 문화의 고전 중 하나이다. 의학계를 위한 가치 외에도, 『동의보감』은 또한 17세기 초 동아시아에 대한 철학적 비전을 제공한다. 이 의학 백과사전의 근본적인 메시지는 자연에서 관찰할 수 있는 것과 같이 몸에서 에너지[기]의 균형을 유지함으로써 몸을 건강하게 유지하는 것이 가능하다는 것이다. 실제로, 『동의보감』은 몸[소우주]의 작용을 우주의 작용과 비교하는 우주론에 대한 장으로 시작한다.

인류를 행성적 차원으로서 생태계의 한 부분으로 여기는 '심층 생태학'의 성공으로 이러한 원리는 오늘날에도 여전히 받아들여지고 있으며, 그 기원을 도교에서 찾을 수 있고, 행동하지 않는 것[not-acting]과 없는 것[not-being]의 개념으로 거슬러 올라갈 수 있는데, 허준은 모든 질병이 불균형에서 발생한다고 확신했고, 그에게 있어서 가장 본질적인 치료법은 약물이 아닌 수양(修養)이었다.

- 「Donguibogam, precious book of Korean medicine」, https://en.unesco.org/courier/novembre-2009/donguibogam-precious-book-korean-medicine/

③ 전통의학(TM; traditional medicine)은 오랜 역사를 가지고 있다. 설명 가능하든 그렇지 않든 다른 문화권에 토착적인 이론·신념·경험에 기초한 지식·기술·관행의 총합으로, 건강의 유지뿐만 아니라 신체적 정신적 질병의 예방·진단·개선 또는 치료에 사용된다. 보완의학(CM; complementary medicine) 또는 대체의학(alternative medicine)이란 그 나라의 고유한 전통 또는 전통의학의 일부가 아니며, 지배적인 의료체계에 완전히 통합되지 않은 광범위한 보건의료행위를 말한다. 일부 국가에서는 전통의학과 혼용되어 사용된다. 전통의학과 보완의학(T&CM)은 제품, 관행 및 실무자를 포괄하여 TM과 CM이라는 용어를 병합한다.

- WHO, 『WHO Traditional Medicine Strategy』, 2013, p.15.

새로운 전략의 필요성

WHO와 회원국들은 다음과 같은 여러 가지 이유로 인해 현 시점에서 전략을 업데이트하고 강화하는 것이 중요하다고 생각한다.

1) T&CM에 대한 지속적인 수용: 전 세계 대중과 의료 소비자들은 그들의 건강 선택에 T&CM을 계속 포함시키고 있다. 이는 회원국들이 의료 소비자들이 건강 행위를 선택하는 데 있어서 정보에 입각한 결정을 내릴 수 있도록 지원해야 할 의무가 있다.

2) T&CM의 증가하는 경제적 중요성: T&CM은 특히 직접 또는 인터넷을 통해 구입하는 제품과 관련하여 경제적 중요성이 커지고 확대되고 있다. T&CM 부문은 현재 다수 국가의 경제 발전에 중요한 역할을 하고 있다. 이와 동시에, 현재 전 세계에서 전반적으로 나타나고 있는 재정적 제약 조건 하에서 건강 증진, 자가 건강 관리 및 질병 예방을 위해 T&CM을 사용하면 실제로 의료 비용을

절감할 수 있다.

3) T&CM 제품 및 의료 행위의 세계적 성격: 한 지역으로부터 생겨난 T&CM 제품 및 의료 행위는 지역의 의료 서비스 제공을 보완하기 위해 전 세계에 걸쳐 사용되고 있으며, 이는 T&CM을 진정한 글로벌 현상으로 만들고 있다. 이 부문이 안전한 제품 및 의료 행위에 대한 접근을 정의하고 지원하기 위해 노력을 계속함에 따라 회원국 간에 새로운 수준의 협력이 필요하다.

4) T&CM 행위 및 의료인의 교육, 인증 및 규제 수준: 점점 더 글로벌화되고 있는 세계에서 개인은 살고 일하기 위해 국가 간에 자유롭게 이동한다. 이러한 추세를 감안할 때, 전문적인 일관성과 안전을 보장하기 위해 T&CM 행위인을 더 잘 이해할 필요가 있다.

5) 최근 T&CM 연구 개발의 발전: WHO 전통의학 전략 2002-2005 발표 이후, T&CM에 대해 알려진 바와 조직화된 의료 서비스 제공을 위한 기술 표준 및 지침의 발전에 있어 상당한 발전이 있었다.

6) 지적 재산: T&CM이 대중화됨에 따라, T&CM에 대한 접근을 보장하고 연구, 개발 및 혁신을 촉진하는 동시에 원주민과 지역 사회의 지적 재산권과 의료 유산을 보호할 필요성의 균형을 맞추는 것이 중요하다. 모든 조치는 공중 보건, 혁신 및 지적 재산에 대한 글로벌 전략 및 행동 계획을 따라야 한다.

7) 보건 시스템에 T&CM의 통합: T&CM에 대한 수용이 증가함에 따라 보건 시스템에 보다 밀접하게 통합될 필요가 있다. 정책 입안자와 소비자는 T&CM이 환자의 경험과 인구 건강을 어떻게 개선할 수 있는지 고려해야 한다. 인구 및 공중 보건 문제뿐만 아니라 접근성에 대한 중요한 질문도 해결해야 한다.

이 새로운 전략 문서는 지금까지의 성공 및 새로운 도전의 내용들을 포함하여 2002-2005년에 수립되었던 'WHO 전통의학 전략' 이후 전 세계적으로 이루어진 관련 성과를 검토하고 향후 10년 동안의 행동 체계를 제공하여 T&CM을 전 세계적으로 강화할 것이다.

- WHO, 『WHO Traditional Medicine Strategy』, 2013, pp.18-19.

가. 제시문 ①에서 글의 저자는 한의학[동의]과 서양의학[서의]을 어떻게 규정하고 있는가? 그리고 이것들이 서로 어떻게 관계 맺어야 한다고 보고 있는가? 또 이러한 관점은 오늘날에도 유효한 것인지 논의해 보자.

나. 제시문 ②는 『동의보감』의 중요성 및 의의를 어떻게 설명하고 있는가? 그러한 설명 방식은 대한민국 내에서 『동의보감』을 이야기하는 방식과 어떠한 차이가 있는가? 『동의보감』이 한국을 넘어서 다른 문화권에 소개될 때, 어떠한 의의를 가질 수 있을지 논의해 보자.

다. 제시문 ③에서 밝히고 있는 전통의학의 의미와 역할은 무엇인가? 왜 전통의학이 국제적 수준에서 다뤄질 필요가 있는지 논의해 보자.

II. 한의학의 질병관과 치료관

의학 지식은 그것이 존재하는 당대의 사회와 별개로 존재하지 않는다. 다시 말하면, 의학이 실천되던 당시의 세계관, 사회적 가치 기준 등을 반영하여 이론적 체계, 건강 및 치료의 기준 등이 결정된다. 이런 측면에서 볼 때, 동아시아 혹은 한반도에서 형성되어 오랜 기간 전해져 내려온 한의학은 유럽에서 발달되어 전해진 서양의학, 특히 생의학과는 그 고유의 질병관과 치료관에 있어서 차이를 보인다. 본 절에서는 서양의학 등 타 문화권 의학 체계과 구별되는 한의학의 질병관과 치료관에 대해 알아보고, 이를 통해 한의학에서 전제하고 있는 의료와 관계된 도덕, 건강, 윤리 등에 대해 생각할 수 있는 기회를 갖도록 한다.

서양의학의 질병관과 치료관이 대중매체와 사회기구(대형병원, 의료제도 등) 등에서 우세하게 나타나고 있는 대한민국의 현실에서 '한의학'이라고 하는 것이 무엇인지 부가적인 설명이 필요하다. 가족이나 웃어른, 지인 등의 관련 경험담을 듣거나 뉴스나 드라마 같은 매체에서 일부 내용을 접하거나 본인의 개인적인 관심으로 자료를 찾아보지 않는 이상, 서양의학과 구별되는 한의학 '고유'의 질병관과 치료관을 일상생활 속에서 구체적으로 접하는 것은 사실상 쉽지 않다.

'한의학'을 한반도의 독자적인 의학 체계로 상정한다면, 한의학의 인간관이 잘 구현된 것으로 가장 먼저 『동의보감』의 신형장부도(身形臟腑圖)를 꼽을 수 있다. 신형장부도는 서양의학에서의 '해부도'와 달리, 몸의 기능을 유지하는 핵심적인 요소들로 간, 심, 비, 폐, 신, 담, 소장, 위, 대장, 방광과 같은 장부(臟腑)를 상정하고 몸 안에 있는 장부의 위치들을 표시하고 있다. 또한 신형장부도에 나타난 콧구멍의 주름과 열린 입, 배의 주름은 본 그림이 단지 장부의 위치만을 표시한 그림이 아니라 단전으로 호흡하는 살아있고 움직이는 몸을 묘사하려고 한 것임을 보여준다. 또한 한의학의 몸은 '자연'과 구별되고 독립적으로 존재하는 것이 아닌, 자연과 조화를 이루며 살아가고 자연의 질서가 몸 안에서도 같은 방식으로 작동한다고 본다. 이러한 관점이 『동의보감』의 본문 중 가장 처음에 있는 신형(身形) 편 초반부에 잘 나타나 있다.

한의학의 치료관 또한 질병관과 맞물려서 서양의학과 구별되는 인식을 갖고 있다. 다시 말하면, 몸을 어떻게 인식할 것인가의 문제는 몸이 어떻게 질병에 걸리는가, 그리고 몸을 어떻게 치료할 것인가의 문제와 긴밀하게 연결되어 있고, 한의학의 관점은 서양의학의 그것과 구별되는 측면이 있다. 그리고 그렇게 구별되는 측면은 다른 방식의 용어들, 질병의 진단, 치료의 방법들로 구체화된다. 이 장에서는 서양의학과 구별되는 한의학의 관점을 신체관 혹은 질병관, 그리고 치료관이라는 두 가지로 나누어 살펴본다.

1. 한의학의 신체관 및 질병관

우리는 몸을 어떻게 이해할 수 있을까? 인체의 각 조직, 부속기관들의 합이 곧 우리의 몸일까? 이러한 기관들은 어떻게 연결되어 살아있는 몸을 형성할까? 우리의 몸은 또한 어떤 방식으로 세상에 존재할까? 몸을 보는 방식과 세계를 보는 방식은 어떻게 관련되어 있을까? 이러한 질문들에 대한 의료인문학적 대답은 우리가 처한 역사적 맥락, 사회문화적 배경, 세계관에 따라 몸이 존재하는 방식이 다를 수 있다는 것이다. 곧, 우리의 몸은 한 가지로만 설명될 수 있는 것이 아니라 다양한 방식으로 존재하는 복수의 몸이다. 이러한 관점에서 본다면 근대 서양의학의 해부학적 관점에서만 몸을 바라보는 것에서 벗어나 새로운 가능성들로 우리의 몸을 생각해 볼 수 있다. 한의학적인 몸을 그려보는 것도 비록 그 관점은 예부터 있었지만 오늘날 몸의 가능성을 새롭게 모색하는 하나의 대안이 될 수 있다.

한의학적 몸이 서양의학의 몸과 구별되는 가장 큰 특징은 인간과 자연을 이원적으로, 혹은 주체적 인간이 수동적 자연을 정복하는 관계로 상정하지 않았다는 것이다. 그보다는 소우주인 인체의 질서는 대우주인 자연의 질서를 닮아있으며, 이것들이 조화를 이룰 때에 비로소 건강할 수 있다는 대원칙을 정립했다. 이러한 질서가 흐트러지는 것이 곧 병이며, 치료는 흐트러진 질서를 바로잡는 것이 목표가 되는 것이다.

한의학에서도 물론 역사적으로 다양한 방식으로 몸을 해석하고 질병과 치료를 논의해 왔다. 대표적으로 부정거사(扶正祛邪)라는 말이 있는데, 몸에 있는 정상적인 기운을 북돋우면 병을 일으키는 나쁜 기운인 사기(邪氣)를 제거할 수 있다는 말이다. 그런데 또한 거사부정(祛邪扶正)이라고 해서 몸 안에 들어온 병을 일으키는 나쁜 기운을 먼저 제거함으로써 몸 안의 정기를 돕는다는 관점도 존재해서 이 두 관점이 때때로 서로 대립하면서 발전하기도 했지만, 후대의 의사들은 대체로 질병의 성격과 병자의 상태에 따라 이 두 관점에서 발전된 지식들을 적절히 상황에 맞게 적용시켜 치료에 임한다. 특히『동의보감』(1613)에서『동의수세보원』(1901)과 같은 한국 한의학의 대표적인 의서들에서는 후대로 갈수록 몸 안의 정기를 중시하여 외부에서 침범하는 사기를 감수(感受)하여 생기는 외감병(外感病)보다는 몸 안의 균형이 깨어지고 상해서 생기는 내상병(內傷病)에 좀 더 치중하는 경향을 보인다.『동의보감』과『동의수세보원』의 글들을 통해서 그러한 관점 및 변화 과정을 살펴볼 수 있다.

　아래의 첫 번째 글은『동의보감』본문 가장 앞에 있는 신형장부도(身形臟腑圖) 그림과 함께 제시된 설명이다. 제시된 설명을 통해서『동의보감』에서 제시하고 있는 몸이 정지되고 하나의 표본으로 상정된 해부학적 몸에 주목하기보다는, 자연과 공명하고 살아 움직이는 다양한 기의 표현으로서의 몸에 집중하고 있다는 것을 알 수 있다. 두 번째 글은 사상의학을 창시한 동무 이제마가 저술한『동의수세보원』에서 사상인을 감별하는 방법에 대해 서술한 사상인변증론(四象人辨證論)의 일부이다.『동의수세보원』은 기존의 한의학적 인식을 인간의 마음과 도덕 실천에 집중한 유학적 관점으로 재인식하여 인간을 태양인, 태음인, 소양인, 소음인의 네 분류로 나눈 사상의학을 처음으로 논의하였다. 여기에 발췌된 글들은 이제마가 인식한 사상의학적 인간관은 어떠한지에 대한 구체적인 모습을 보여준다.

　　① 손진인이, "천지에서 존재하는 것 가운데 사람이 가장 귀중하다. 둥근 머리는 하늘을 닮았고 네모난 발은 땅을 닮았다. 하늘에 사시가 있듯이 사람에게는 사지가 있고, 하늘에 오행이 있듯이 사람에게는 오장이 있다. 하늘에 육극(六極)이 있듯이 사람에게는 육부가 있고, 하늘에 팔풍(八風)이 있듯이 사람에게는 팔절(八節)이 있다. 하늘에 구성(九星)이 있듯이 사람에게는 구규(九竅)가 있고, 하늘에 십이시(十二時)가 있듯이 사람에게는 십이경맥이 있다. 하늘에 이십

사기(二十四氣)가 있듯이 사람에게는 24개의 수혈이 있고, 하늘에 365도가 있듯이 사람에게는 365개의 골절이 있다. 하늘에 해와 달이 있듯이 사람에게는 두 눈이 있고, 하늘에 밤과 낮이 있듯이 사람은 잠이 들고 깨어난다. 하늘에 우레와 번개가 있듯이 사람에게 희노(喜怒)가 있고, 하늘에 비와 이슬이 있듯이 사람에게는 눈물과 콧물이 있다. 하늘에 음양이 있듯이 사람에게는 한열(寒熱)이 있고, 땅에 샘물이 있듯이 사람에게는 혈맥이 있다. 땅에서 풀과 나무가 자라나듯 사람에게는 모발이 생겨나고, 땅속에 금석(金石)이 묻혀 있듯이 사람에게는 치아가 있다. 이 모든 것은 사대(四大)와 오상(五常)을 바탕으로 하여 잠시 형(形)을 빚어 놓은 것이다"라 하였다.

주단계가, "사람의 형(形)은 긴 것이 짧은 것만 못하고 큰 것이 작은 것만 못하며 살진 것이 마른 것만 못하다. 사람의 색은 흰 것이 검은 것만 못하고 옅은 것이 짙은 것만 못하며 엷은 것이 두터운 것만 못하다. 더욱이 살찐 사람은 습이 많고 마른 사람은 화가 많으며, 흰 사람은 폐기가 허하고 검은 사람은 신기(腎氣)가 넉넉하다. 사람마다 형색이 이미 다르면 오장육부 역시 다르기 때문에, 외증이 비록 같더라도 치료법은 매우 다르다"고 하였다.

- 許浚, 『東醫寶鑑』「身形臟腑圖」 (한의학고전DB mediclassics.kr).

『동의보감』의 신형장부도(공공누리1유형, 국립중앙박물관,
https://www.museum.go.kr/site/main/relic/search/view?relicId=28101)

② 화타(華佗)가 말하기를 양생의 방법은 적당한 노력(小勞)을 할 것이고 공연히 과로는 하지 말 것이다. 한 노인이 말하기를 사람은 하루 두 번만 먹고(再食) 4, 5번씩 먹지 말아야 하며 또 이미 먹고 난 후에는 더 먹지 말아야 할 것이다. 이렇게만 하면 반드시 장수하지 않을 수가 없다.

나는 이것을 보충하여 말하겠다. 태음인은 밖을 살펴 항상 겁내는 마음(怯心)을 안정시키고 고요히 할 것이며, 소양인은 안을 살펴 두려운 마음(懼心)을 안정시키고 고요히 할 것이며, 태양인은 한 걸음 물러서서 항상 급박한 마음(急迫之心)을 안정시키고 고요히 할 것이며, 소음인은 한 걸음 나아가서 항상 불안정한 마음(不安定之心)을 안정시키고 고요히 할 것이니 이렇게만 하면 반드시 장수하지 않을 수가 없을 것이다.

또 말하겠다. 태양인은 항상 노여운 마음과 슬픈 마음을 경계할 것이며, 소양인은 항상 슬픈 마음과 노여운 마음을 경계할 것이며, 태음인은 항상 즐거운 마음과 기쁜 마음을 경계할 것이며, 소음인은 항상 기쁜 마음과 즐거운 마음을 경계할 것이니 이렇게만 하면 장수하지 않을 수 없을 것이다.

대순(大舜)이 밭을 갈고 심고 질그릇을 굽든지 고기 잡는 일을 하든지 모든 것을 대중 속에서 배워 선을 행하였고, 공자는 말하기를 세 사람만 동행하면 반드시 나의 스승이 있다고 하였다. 이것으로써 연구하여 보면 천하에 대중의 재능을 성인이 반드시 널리 배우고 자세히 물어서 다 소유하였다. 그러므로 집대성한 것이다. 태소음양인의 식견과 재능은 각각 장점이 있다. 문필(文筆)·사어(射御)·가무(歌舞)·읍양(揖讓)으로부터 장기와 바둑, 그리고 작은 기능과 세세한 동작에 이르기까지 온갖 행동이 각각 같지 않으며 다 그 묘한 것이 다르니 실로 대중의 재능이란 자연 조화의 가운데 아주 많은 것이다.

- 李濟馬, 『東醫壽世保元』「四象人辨證論」 (한의학고전DB mediclassics.kr).

학습활동

가. 제시문 ①에서 인간과 자연의 관계를 어떻게 설정하고 있는가? 이것은 서양의학에서
  몸을 보는 방식과 어떠한 차이가 있으며 양자는 어떠한 장점과 단점을 갖고 있는지 논
  의해 보자.
나. 제시문 ②에서 기술하고 있는 몸은 어떠한 요소를 강조하고 있는가? 또 이것은 제시문
  ①에서 묘사하고 있는 몸과 어떤 점에서 같고 다른가? 그리고 왜 제시문 ②와 같은 몸
  이해 방식이 등장하게 되었는지, 또 이러한 이해 방식은 어떤 의의를 가질 수 있는지 논
  의해 보자.

2. 한의학의 치료관

앞의 한의학의 신체관과 질병관 부분에서 살펴본 것과 같이, 몸을 어떻게 바라보는가는 질병을 어떻게 바라보고 그것을 치료하는가에까지 연결된다. 몸 안에서 장부 및 그에 따른 각 기능의 조화가 어그러진 것, 장부와 체표 사이를 이어주는 경락에 흐르는 기 흐름이 고르지 못한 것을 병이라고 일컫는다면 조화를 바로잡고 흐름을 순조롭게 하는 것이 곧 치료의 방침이 된다. 한의학에서는 이러한 치료를 위해 침과 약을 대표적인 수단으로 사용해 왔다. 이번 절에서는 이 대표적인 치료수단인 침과 약을 어떠한 식으로 운용하는지 살펴본다.

첫 번째 글은 한의학에서 침구에 관한 대표적인 서적이라고 할 수 있는『침구경험방』의 서문으로 침구치료가 어떻게 진행되는지, 침구치료를 시행하는 이의 마음가짐이 어떠한지 살펴볼 수 있다. 두 번째 글은『동의수세보원』에서 태음인을 치료한 의안(醫案) 기록의 일부로, 사상인의 질병이 어떠하고 치료를 어떻게 시행하는지 엿볼 수 있다.

①『내경(內經)』에 "사기(邪氣)가 모이는 곳에는 정기(正氣)가 반드시 허하다."
고 하였으니 어떤 이치인가. 사람의 질병은 모두 음식을 규칙적으로 먹지 않고
술과 성생활을 지나치게 하여 풍·한·서·습의 사기가 정기가 허한 틈을 타고

침입하여, 경락의 영혈(營血)과 위기(衛氣)가 흐르지 못하여 생겨난다. 이것을 치료하는 방법은 오로지 발병한 부위를 분명히 알아서 침과 뜸으로 허한 것을 보하고 실한 것을 사하여 경락의 기혈을 각각 조화시키는데 있다. 병변 부위의 색을 보아 푸른색이 돌면 아픈 것이고, 검은색이 돌면 풍비가 있는 것이며, 흰색이 돌면 한사(寒邪)가 있는 것이고, 누렇거나 붉은 빛이 돌면 열사(熱邪)가 있는 것이다. 풍·습·한·열이 모두 5가지 색으로 드러나지만 또 한이 많으면 힘줄이 당기고 뼈가 아프며, 열이 많으면 힘줄이 늘어지고 뼈가 약해진다. 오한이 나면서 몸이 찬 경우는 냉증이고, 오한이 나면서 몸에 열이 나는 경우는 열증이다. 또 머리는 냉증으로 아픈 법이 없고, 배는 열증으로 아픈 법이 없다. 아픈 부위가 잘 이동하고 자주 증상이 변하는 경우는 풍사(風邪)로 인한 것이오, 아픈 부위가 한곳에 머물러 있으면서 피부가 붉어지고 열이 나는 경우는 곪으려는 조짐이다. 피부가 바깥쪽으로 부으면서 가렵지도 아프지도 않은 경우는 담이 있는 것이오, 머리와 눈이 아찔하고 어지러운 경우는 담이 풍을 낀 것이다. 담이 심규(心竅)로 들어가면 의식이 혼미하고 두서없이 말하고, 비위가 조화롭지 못하면 음식을 먹을 수 없다. 또 풍사에 적중되면 말이 어눌해지고, 담궐에 걸리면 머리가 아프고 구토한다. 대개 아프고 가려우며 부스럼 생기는 증상은 모두 심에 속하는 병이다. 풍으로 몸이 떨리고 어지러운 증상은 모두 간에 속하는 병이다. 습으로 붓고 창만한 증상은 비에 속하는 병이다. 기침하고 숨이 가쁜 증상은 모두 폐에 속하는 병이다. 힘줄과 뼈가 아픈 증상은 모두 신에 속하는 병이다. 관절의 문제는 모두 담에 속하는 병이다. 이것은 옛 의가들의 큰 강령이오, 병을 살피는 지름길로서 나 역시 평생 사용한 요결이다.

사람의 손과 발에는 각각 삼음삼양의 경맥이 있어 모두 12경락이 된다. 손의 삼음경은 장에서 손으로 향하고, 손의 삼양경은 손에서 머리로 향한다. 다리의 삼양경은 머리에서 발로 향하고, 발의 삼음경은 발에서 위로 올라 배로 향한다. 이렇게 경맥(經脈)과 낙맥(絡脈)의 흐름이 두루 끊이지 않기 때문에 경맥은 음과 양을 이어주어 온 몸을 충만하게 하는 것이다. 경락은 중초에서 처음 시작하여 수태음경·수양명경으로 흐르고, 수양명경은 족양명경·족태음경으로 흐르고, 족태음경은 수소음경·수태양경으로 흐르며, 수태양경은 족태양경·족소음경으로 흐르고, 족소음경은 수궐음경·수소양경으로 흐르며, 수소양경은 족소양경·족궐음경으로 흐르고, 족궐음경은 다시 수태음경으로 흘러 돌아간다. 경락의 기운은 늘 해 뜨는 아침을 기준으로 하여, 낮에 25번 유주하고 밤에 25번 유주한다. 이것은 물시계에서 하루를 100각으로 보는 것과 짝이 된다. 밤낮으로 흐르는 것은 하늘의 운행과 같아서 마치면 다시 시작한다. 힘줄과 뼈, 피부와 주리 사이를 흘러다니는 것은 물이 계곡을 흘러다니다가 장애물이 있으면 물이 흐르지 못하고 막힌 것을 틔워준 이후에야 흐를 수 있는 것과 같다. 우임금[禹王]이 하천을 열고 물을 인도한 뜻을 본받아 병의 증상과 세력을 보아 때에 따라 치법을 변화시켜 정체된 것을 틔우고 막힌 것을 뚫어주어야 병을 물리칠 수 있을 것이다.

의서에 "의(醫)는 상황에 맞게 생각하는 것이다."라고 하였다. 만약 아교로 붙인 듯 얽매여 치법을 변화시킬 줄 모른다면 함께 병을 논의할 수 없다. 병을 의논할 수도 없는데 병 치료를 기대할 수 있겠는가? 반드시 마음으로 치료의 이치를 얻고 손으로 그것을 능숙히 펼친 뒤에 생각을 이리저리 움직여 증상에 맞는 경락을 따라 양에서 음을 바로잡고 음에서 양을 바로잡으며 왼쪽으로 오른쪽을 치료하고 오른쪽으로 왼쪽을 치료하여 침과 뜸을 이렇게 사용하면 반드시 효과가 있을 것이다. 『맹자(孟子)』에 "남에게 본보기를 줄 수 있어도, 남에게 기술을 줄 수는 없다."고 하였다. 음양으로 말하자면 등은 양이 되고 배는 음이 되며 왼쪽은 양이 되고 오른쪽은 음이 되며 밖은 양이 되고 안은 음이 된다. 여자는 이와 반대여서 등이 음이 되고 배가 양이 되며 왼쪽이 음이 되고 오른쪽이 양이 되며 밖은 음이 되고 안은 양이 된다. 병을 치료할 때에 반드시 병변 부위와 경락의 정혈·형혈·수혈·경혈·합혈 및 해당 장부의 모혈·원혈·회혈을 살피고 맥동을 진찰하여 비비고 꼬집어 기를 열어준 뒤에, 양을 먼저하고 음을 뒤로 하는 방법과 보사하고 영수하는 방법을 시행하면 그 효과가 메아리가 응답하는 것과 같을 것이다.

'보(補)'라는 것은 5푼 찔러야 하는 경혈의 경우, 2푼 자침하고 잠시 머물렀다가 다시 2푼 밀어 넣고 또 잠시 머물렀다가 다시 1푼 밀어 넣고서 환자에게 숨을 들이마시게 하고 침을 뽑는 것이다. 발침 즉시 손으로 침구멍을 눌러 환자의 진기를 보존한다. 이것을 '보법(補法)'이라고 한다. '사(瀉)'는 5푼 찔러야 하는 경혈의 경우, 5푼을 자침하고 잠시 머물렀다가 2푼 뽑아내고 또 잠시 머물렀다가 2푼 뽑아내고 또 잠시 머물렀다가 환자에게 숨을 내쉬게 하고 침을 뽑는 것이다. 환자의 사기를 끌어당겨 맞아들였다가 없애버리는 방법이다. 이것을 '사법(瀉法)'이라고 한다. 뜸에도 '보법'과 '사법'이 있다. 뜸불이 피부에 닿아 저절로 꺼지기를 기다리는 것을 '보법'이라고 하고, 뜸불이 저절로 꺼지기를 기다리지 않고 빨리 제거해 버리는 것을 '사법'이라고 한다. 옛날부터 수기법(手技法)이 상세하지 않은 것은 아니었는데, 후대 사람들이 그 의미를 다 알지 못하고 한갓 경혈의 푼이나 촌만 따지고 손으로 맥동을 느끼는 것에는 밝지 못하였다. 또 병에 맞는 주효한 경혈을 취혈하지 않고 경맥의 경혈들을 여기저기 찔러 병의 근원을 제거하지 못하고 헛되이 환자의 진기만 새나가게 하였다. 이것이 바로 옛 사람이 "넓은 들판에 그물을 치고, 토끼 1마리가 잡히기를 기다린다."라고 말한 것이다. 이렇게 치료할 수 있겠는가?

나는 우둔한 재주를 가지고 있으나 어려서 부모님이 병환을 앓아 의학에 전념하게 되었고, 오랜 세월 노력하여 의학의 문호를 대충이나마 알게 되었다. 이제 노쇠하여 바른 치료법이 전해지지 못하는 것이 염려되어 평소에 듣고 본 것을 가지고 대충 편을 묶고 차례를 만들었다. 먼저 병을 살피는 요지를 보이고 아울러 때에 따라 치법을 변화시키는 기틀을 설명하였으며, 보사의 방법을 밝히고 취혈의 잘못을 바로잡았다. 또 이런저런 의론을 약간 적고, 써보고 효과를 본 중요한 경혈들과 합당한 약들을 기록하여 한 권으로 묶었다. 감히 옛 사람들의 저술에 견주려 한 것이 아니라, 단지 일생 동안 노력하여 마음으로 얻은 것을 차마 버릴 수 없었던 것이다. 이 책을 보는 자가 마음을 쏟는다면 급한 환자를 구하고 목숨을 살리는 일에 조금이나마 도움이 될 수 있을 것이다.

- 許任, 『鍼灸經驗方』「鍼灸經驗方序」(한의학고전DB mediclassics.kr).

② 내가 일찍이 태음인이 조열증(燥熱證)을 앓아 손가락이 타버린 듯 까맣게 되는 반창병(癍瘡病)을 치료한 적이 있다. 처음에 왼손 가운뎃손가락이 탄 듯 검게 되고 힘이 없더니 2년이 채 못 되어서 한 손가락이 검은 피가 탄 것처럼 엉키어서 손바닥을 지나고 손등까지 부어 있는 것이다. 칼로 손가락을 잘라버렸더니 또 1년이 채 못 되어서 반창(癍瘡)이 몸 전체에 두루 퍼진 것이다. 큰 것은 큰 엽전과 같고 작은 것은 작은 엽전만큼 되어 있다. 이런 악한 병에 잡힌 지 이미 3년이나 지내었다. 병을 얻은 지 이미 3년이 되었고, 이 사람은 장년의 나이에 손에 힘이 없어 불과 반 시간도 일할 수 없고, 다리 힘이 없어서 1일에 30리도 걷지 못했다. 열다한소탕(熱多寒少湯)에 고본 2돈, 대황 1돈을 가하여 20첩을 썼더니 대변이 비로소 묽어지다가 겨우 하루나 이틀을 지나더니 굳어졌다. 그리하여 다시 20첩을 썼더니 대변이 심한 설사가 아니고 묽게 나감으로써 얼굴에 반창이 조금 차도가 있고 손의 힘 다리의 힘이 조금 효과가 있었다. 다시 20첩을 쓰고 그 병이 쾌차하였다.

- 李濟馬, 『東醫壽世保元』 「肝受熱裏熱病論」 (한의학고전DB mediclassics.kr).

학습활동

가. 제시문 ①에서 이야기하는 침구 치료는 결국 무엇을 위한 것이라고 이야기할 수 있는가? 또한 제시문에 나온 보(補)와 사(瀉)는 무엇이며 어떤 의미를 갖고 있는지 논의해 보자.

나. 제시문 ②에서 환자의 증상은 무엇인가? 그리고 의사인 저자는 그것을 어떻게 분석하고 어떤 치료를 시행하고 있는가? 또 그것은 어떻게 효과를 발휘하였는가? 이러한 스타일의 글쓰기를 의안(醫案, 혹은 case histories)이라고 하는데, 이것은 독자에게 어떤 교훈을 주는가?

III. 한국의 한의학

　20세기 이후로 서양 및 타 국가들과의 교류가 활발해지면서 한의학도 이전과는 다른 방식과 정도의 변화에 직면하게 되었다. 한의학은 1910년 한일 병합 전후 서구의 의료체계와 만나 새로운 전기를 맞게 된다. 서구의 의학 지식은 한의학에서 다루어왔던 약용 식품에 대한 과학적 접근을 시도하는 계기를 만들기도 했고, 당시 설립되기 시작한 서양식 병원과 학교에서 활용되기 시작했다. 1950년 한국 전쟁은 서양의 의학지식이 대대적으로 영향을 끼친 계기가 되었다. 전쟁 기간에 의료부대를 파병한 국가들에 의해서 응급의료와 외상의학에 대한 지식이 전달되었고 전후 재건과정에서 국립의료원을 비롯해 서양식 지식이 한의학의 지식과 경쟁하여 대체하거나 혹은 상호 영향 속에서 이중 의료체계가 만들어지게 되었다. 특히 해방 이후 1951년 국민의료법이 제정되면서 한의학은 생의학과 병존하는 상황에 놓이게 되었다. 20세기 이후 한반도가 중국을 중심축으로 하는 동아시아문화권이 아닌 서구 주도의 세계 질서 속에서 외부의 영향을 받은 것처럼, 한의학도 마찬가지로 새로운 구도의 역학관계 속에서 영향받고 변화하게 된다. 이는 오늘날 우리가 접하는 한의학의 모습을 갖추는데 직접적으로 관련되어 있으며, 과거 한의학이 변화하고 발전했던 방식과는 다른 양상을 가진다. 이러한 인식을 기반으로 본 절에서는 오늘날 한국에서의 한의학에 대해 알아보도록 한다. 특히 이번 장에서는 한의학의 제도적 진입, 새로운 의료영역의 개척이라는 측면과 이에 수반하여 나타나게 된 한의학계와 서양의학계의 갈등의 문제를 다루어보기로 한다.

1. 한의학의 제도화

　해방 이후 반포된 국민의료법에 의해 한의학이 대한민국의 보건의료체계의 공식적 의료로 인정받으면서 한의계는 현대(혹은 근대적) 보건의료체계에서 온전한 정착 및 발전을 꾀하게 된다. 이 과정에서 나타난 요구 중의 하나가 한의학의 제도화이다.

그전의 한의학은 대체로 사적 영역에서 지식과 실천 체계가 전승되고 발전되어온 경향이 있었다. 하지만 한의계는 지속적으로 국가의 지원을 받기 위해 제도화라는 과정을 통해 국가의 인정 및 그를 통한 발전을 꾀하게 된다. 이에 대한 대표적인 사례라고 할 수 있는 것이 바로 한의약육성법의 제정이다. 여기에는 '한의약'이라고 하는 것이 무엇인지에 대한 정의, '한의약의 육성'이라고 하는 것이 무엇인지 법으로 정의하고 있다. 길지 않은 짧은 분량의 글이지만 이 법령에 들어가는 내용들을 둘러싸고 수많은 토론과 논쟁의 과정이 있어왔다. 이를 통해 오늘날의 한의계가 지향하는 것은 무엇인지, 앞으로 어떤 방향으로 한의학이 변화될 것인지 가늠해 볼 수 있다.

첫 번째 글은 '의료법'에서 의료인의 범위와 역할을 규정한 조문의 일부이다. 두 번째 글은 2003년 제정되어 수차례 개정을 거친 '한의약육성법'의 본문의 일부이다. 이를 통해 한의약 제도화의 수준과 방향을 살펴보도록 하자.

① 의료법

제2조(의료인) ❶이 법에서 "의료인"이란 보건복지부장관의 면허를 받은 의사·치과의사·한의사·조산사 및 간호사를 말한다. 〈개정 2008. 2. 29., 2010. 1. 18.〉

❷의료인은 종별에 따라 다음 각 호의 임무를 수행하여 국민보건 향상을 이루고 국민의 건강한 생활 확보에 이바지할 사명을 가진다. 〈개정 2015. 12. 29., 2019. 4. 23.〉

1. 의사는 의료와 보건지도를 임무로 한다.

2. 치과의사는 치과 의료와 구강 보건지도를 임무로 한다.

3. 한의사는 한방 의료와 한방 보건지도를 임무로 한다.

4. 조산사는 조산(助産)과 임산부 및 신생아에 대한 보건과 양호지도를 임무로 한다.

5. 간호사는 다음 각 목의 업무를 임무로 한다.

　　가. 환자의 간호요구에 대한 관찰, 자료수집, 간호판단 및 요양을 위한 간호

　　나. 의사, 치과의사, 한의사의 지도하에 시행하는 진료의 보조

다. 간호 요구자에 대한 교육·상담 및 건강증진을 위한 활동의 기획과 수
행, 그 밖의 대통령령으로 정하는 보건활동
라. 제80조에 따른 간호조무사가 수행하는 가목부터 다목까지의 업무보
조에 대한 지도

- 법률 제18468호 「의료법」 (https://www.law.go.kr/법령/의료법/; 2023년 10월 8일 검색)

② 한의약육성법
제1장 총칙

제1조(목적) 이 법은 한의약(韓醫藥) 육성의 기본방향 및 육성 기반의 조성과
한의약기술 연구·개발의 촉진에 필요한 사항을 정함으로써 국민건강의 증진
과 국가경제의 발전에 이바지함을 목적으로 한다.

제2조(정의) 이 법에서 사용하는 용어의 뜻은 다음과 같다.
1. "한의약"이란 우리의 선조들로부터 전통적으로 내려오는 한의학(韓醫學)
을 기초로 한 한방의료행위와 이를 기초로 하여 과학적으로 응용·개발한 한방
의료행위(이하 "한방의료"라 한다) 및 한약사(韓藥事)를 말한다.
2. "한약사"란 한약의 생산(한약재(韓藥材) 재배를 포함한다)·가공·제조·조제·수
입·판매·감정·보관 또는 그 밖에 한약학 기술에 관련된 사항을 말한다.
3. "한의약기술"이란 한의약을 포함하여 한약제제(韓藥製劑, 한약을 한방 원리
에 따라 제조한 것을 말한다. 이하 제5호에서 같다) 및 한약재 재배(우수 품종 개발을 포
함한다)·제조·유통·보관 등 한의약과 관련한 모든 상품 및 서비스에 관련된 기
술로서 대통령령으로 정하는 것을 말한다.
4. "한약"이란 동물·식물 또는 광물에서 채취된 것으로서 주로 원형대로 건
조·절단 또는 정제된 생약(生藥)을 말한다.
5. "한약재"란 한약 또는 한약제제를 제조하기 위하여 사용되는 원료 약재를
말한다.

제3조(국가 등의 책무)

❶ 국가는 한의약기술의 발전을 위한 종합적인 시책을 세우고 추진하여야
한다.

❷ 지방자치단체는 국가의 시책과 지역적 특성을 고려하여 한의약기술 진흥
시책을 세우고 추진하여야 한다.

제4조(한의약기술의 과학화·정보화 촉진 등)

❶ 국가와 지방자치단체는 한의약기술의 과학화·정보화를 촉진하기 위하여
필요한 시책을 세우고 추진하여야 한다.

❷ 국가와 지방자치단체는 한의약기술정책의 투명성과 합리성을 높이기 위
하여 정책 개발 및 집행 과정에 민간전문가 또는 관련 단체 등이 폭넓게 참여하
도록 하여야 한다.

제2장 한의약 육성 기본정책의 수립 등

제5조(한의약 육성의 기본방향) 국가와 지방자치단체는 다음 각 호의 기본방향
에 따라 한의약 육성을 위한 각종 시책을 마련하고 관리·운용하여야 한다.

1. 한의약 특성의 보호 및 계승 발전

2. 한의약에 대한 발전 기반 조성

3. 한의약기술의 정보화

4. 한의약에 대한 체계적 관리 및 국제기준 규격화

5. 한약재의 안정적 생산 기반 조성

6. 한의약 관련 산업의 국제경쟁력 강화 및 국제 협력의 촉진

7. 한약시장의 지원·육성

제6조(한의약 육성 종합계획의 수립)

❶ 보건복지부장관은 한의약의 육성·발전 등에 관한 종합계획(이하 "종합계

획"이라 한다)을 제3항에 따른 한의약육성발전심의위원회의 심의를 거쳐 5년마다 수립하여야 한다.

❷ 종합계획에는 다음 각 호의 사항이 포함되어야 한다.

1. 한의약 육성·발전에 관한 기본목표와 방향

2. 한의약 연구의 기반 조성에 관한 지원제도

3. 한의약 인력의 양성 및 그 활용 방안

4. 한의약기술 향상과 지원 방안

5. 한의약의 세계화를 위한 방안

6. 한의약 분야의 남북 교류협력 촉진

7. 그 밖에 한의약의 육성·발전에 관한 사항

❸ 종합계획을 심의하게 하기 위하여 보건복지부장관 소속으로 한의약육성발전심의위원회를 둔다.

❹ 제3항에 따른 한의약육성발전심의위원회는 위원장 및 부위원장 각 1명을 포함한 20명 이내의 위원으로 구성한다. 이 경우 공무원이 아닌 위원이 전체 위원의 과반수가 되도록 하여야 한다.

❺ 제3항에 따른 한의약육성발전심의위원회의 구성 및 운영에 관하여 그 밖에 필요한 사항은 대통령령으로 정한다.

❻ 보건복지부장관은 제2항 각 호에서 규정한 사항 중 일부가 다른 중앙행정기관의 직무와 관련된다고 판단하는 경우에는 해당 중앙행정기관의 장과 협의한 후에 종합계획을 수립하여야 한다.

제7조(주요 시책 추진 방안의 수립·시행) 보건복지부장관과 관계 중앙행정기관의 장은 종합계획이 확정된 때에는 이를 기초로 하여 소관 주요 시책의 추진 방안을 매년 수립·시행하여야 한다.

제8조(한의약 육성 지역계획의 수립·시행 등)

❶ 지방자치단체의 장은 종합계획이 확정된 때에는 관계 법령에서 정하는

바에 따라 지방자치단체의 실정을 고려하여 한의약 육성 지역계획(이하 "지역계획"이라 한다)을 수립·시행하여야 한다.

❷ 지방자치단체의 장은 제1항에 따라 수립한 지역계획을 보건복지부장관에게 제출하여야 한다.

❸ 지방자치단체의 장은 기관 또는 단체를 지정하여 지역계획을 수행하게할 수 있다.

제9조(계획수립의 협조)

❶ 보건복지부장관, 관계 중앙행정기관의 장 및 지방자치단체의 장은 종합계획, 소관 주요 시책의 추진 방안 및 지역계획의 수립·시행을 위하여 필요하면 관계 기관·단체 등에 자료 제공 등의 협조를 요청할 수 있다.

❷ 제1항에 따른 협조 요청을 받은 관계 기관·단체 등은 특별한 사유가 없으면 이에 협조하여야 한다.

제3장 한의약 기술개발사업의 촉진 등

제10조(한의약 연구·개발 사업의 추진 등)

❶ 국가와 지방자치단체는 한방의료와 한약을 이용한 보건의료산업기술의 연구·개발을 장려하고 한의약기술 및 한의약 관련 제품의 보건의료산업화와 국제경쟁력을 강화하기 위한 지원시책을 마련하여야 한다.

❷ 국가와 지방자치단체는 한의약 연구 및 기술개발을 효율적으로 육성하기 위하여 학계, 연구기관 및 산업계 간의 공동 연구 및 협동 연구를 촉진하여야 한다.

❸ 국가와 지방자치단체는 한방의료 및 한의약 관련 제품에 관한 임상시험 및 검정체제를 확립하여야 한다.

❹ 국가와 지방자치단체는 제1항에 따른 연구·개발 등의 효율적인 추진을 위하여 필요하다고 인정하면 기관 또는 단체를 지정하여 연구·개발 등을 수행

하게 할 수 있다.

❺ 국가와 지방자치단체는 제4항에 따라 연구·개발 등을 수행하는 기관 또는 단체에 그에 사용되는 비용을 보조할 수 있다.

제11조(한방임상센터 설치 등)

❶ 보건복지부장관은 제10조 제3항에 따른 한방의료 및 한의약 관련 제품에 관한 임상시험을 위하여 한방임상센터를 설치할 수 있다.

❷ 보건복지부장관은 제1항에 따른 한방임상센터의 효율적인 운영을 위하여 필요하다고 인정하면 한방의료 기관 또는 단체를 한방임상센터로 지정하여 운영하게 할 수 있다.

제4장 한방산업의 기반 조성 〈개정 2012. 10. 22.〉

제12조(한방산업단지의 조성 등)

❶ 국가와 지방자치단체는 한방산업의 기반 조성을 위하여 산업입지의 조성 및 공급과 한의약산업 기반시설의 지원 등에 필요한 시책을 마련하고, 민간인이 공동으로 한방산업단지를 조성할 경우에는 행정적·재정적 지원을 할 수 있다.

❷ 제1항에 따른 한방산업단지 조성 지원에 관한 사항은 제6조 제3항에 따른 한의약육성발전심의위원회의 심의를 거쳐야 한다.

❸ 제1항에 따른 한방산업단지의 조성에 관하여는 「산업입지 및 개발에 관한 법률」 제6조, 제7조, 제7조의4, 제10조부터 제13조까지, 제13조의2, 제13조의3, 제16조, 제16조의2, 제17조, 제17조의2, 제18조, 제19조의2, 제20조, 제20조의2, 제21조, 제26조, 제28조, 제37조, 제38조, 제38조의2 및 제5장에 따른다.

❹ 제1항 및 제2항에 따른 한방산업단지의 지원 및 심의에 필요한 사항은 대통령령으로 정한다. 〈개정 2018. 12. 11.〉

제13조(한국한의약진흥원)

❶ 보건복지부장관은 한의약기술의 진흥을 효율적으로 지원하기 위하여 한국한의약진흥원(이하 "진흥원"이라 한다)을 설립한다.

❷ 진흥원은 법인으로 하고, 주된 사무소의 소재지에 설립등기를 함으로써 성립한다.

❸ 진흥원의 정관에는 다음 각 호의 사항이 포함되어야 한다. (세부내용생략)

❹ 진흥원이 정관의 기재사항을 변경하려는 경우에는 보건복지부장관의 인가를 받아야 한다.

❺ 진흥원은 다음 각 호의 업무를 수행한다. 〈신설 2018. 12. 11.〉

1. 제4조에 따른 한의약기술의 과학화 및 정보화 촉진

2. 제14조에 따른 우수 한약재의 재배 및 한약의 제조·유통의 지원

3. 전통 한약시장의 전승·발전 지원 및 한약재 품종의 보존·연구

4. 한의약 육성 관련 정책 개발 및 제6조에 따른 종합계획 수립 지원

5. 한의약 관련 국내외 공동 협력 및 국제경쟁력 강화 사업

6. 한의약기술의 과학화 관련 홍보 및 콘텐츠 개발 사업

7. 한의약기술의 산업화 지원 사업

8. 한의약기술 관련 산업 육성을 위한 전문인력 양성 사업

9. 그 밖에 한의약의 육성·발전에 관한 사업으로서 보건복지부장관, 관계 행정기관의 장 또는 지방자치단체로부터 위탁받은 사업

❻ 정부는 예산의 범위에서 진흥원의 사업과 운영을 위하여 필요한 경비를 출연할 수 있다.

❼ 진흥원에 관하여 이 법에서 규정한 사항 외에는 「민법」 중 재단법인에 관한 규정을 준용한다.

제5장 한약의 품질 향상 등

제14조(우수 한약 관리기준)

❶ 보건복지부장관은 한약의 적정한 품질 관리를 위하여 필요하면 우수 한약재의 재배와 한약의 유통 및 제조관리에 관한 기준(이하 "우수 한약 관리기준"이라 한다)을 마련하여 시행할 수 있다.

❷ 보건복지부장관은 우수 한약 관리기준에 맞는 한약재와 한약을 의약품제조업자와 한방의료기관으로 하여금 사용하게 할 수 있다.

제15조(한약의 품질 향상 및 유통 선진화 등)

❶ 보건복지부장관은 한약의 품질 향상을 위하여 한약재의 생산 및 한약의 제조·유통 등의 각 단계별로 필요한 시책을 마련하여야 한다.

❷ 보건복지부장관은 한약의 품질 향상 및 유통·보관 등의 선진화와 한약의 국제통상 협력에 필요한 관련 정책·제도 및 현황 등에 관한 조사·연구를 하여야 한다.

- 법률 제19556호 「한의약 육성법」 (https://www.law.go.kr/LSW/lsInfoP.do?lsiSeq=252721&viewCls=lsRvsDocInfoR#; 2023년 10월 8일 검색)

학습활동

가. 제시문 ②에 나온 한의약육성법에서는 법률에 의거 한의약과 한의학에 대한 정의를 제공하고 있다. 한약사, 한의약기술, 한의학 등에 대한 정의를 살펴보고 연관법률이라고 할 수 있는 제시문 ①에 있는 의료법에 정의된 의료인의 정의와 비교하고, 그 차이점 혹은 유사점 등을 논의해 보자.

나. 제시문 ②에 기술된 "한의약"의 정의에 '과학적으로 응용·개발한 한방의료행위'라는 용어를 새롭게 추가하는데 많은 논의가 있었다. 이러한 추가는 "한의약"의 정의에 어떠한 의의를 가질 수 있는가? 한의약에 등장하는 본초 약재, 혹은 생약 내지 천연물들을 신약으로 개발하였을 경우 그것을 "한의약"의 범위에 둘 수 있는가? 이에 대해 논의해 보자.

다. 한의약육성법 조문을 통해서 알 수 있는 한의약의 육성 방향은 무엇인지, 그것의 의의 내지는 한계에 대해 논의해 보자.

2. 신의료기술의 출현 및 서양의학계와의 갈등

한의학의 제도화 및 외연 확장과 더불어 한의학에 있어서도 새로운 의료기술이 출현하게 된다. 서양의학과 협진하여 중풍이나 암을 전문으로 다루는 클리닉이 출현하거나 비만, 피부, 미용등과 같은 쪽에 한의학 치료기술을 접목하는 시도들이 나타나게 된 것이다. 이러한 흐름은 한의학의 제도화, 과학화와 더불어 대한민국의 보건의료계에 전반적으로 영향을 미친 민영화, 산업화의 경향과도 관련이 있다고 볼 수 있다. 이러한 시도들이 나타나면서 대한민국의 이중 의료체계에서 공존하고 있는 서양의학계와의 충돌이 불가피하게 되었다. 상대방을 존중하는 건설적인 토론은 상호 학문체계의 발전에 도움을 줄 수도 있겠지만, 지나친 상호 비방과 무시는 두 의료를 이용하는 환자들에게 혼란과 피로를 줄 수 밖에 없다. 이 장에서는 이에 대해 간략히 살펴보기로 한다.

첫 번째 글은 한양방 협진으로 중풍센터를 개소한 소식을 다룬 신문기사의 내용이다. 두 번째 글은 한의사가 초음파기기를 사용하여 진료한 것에 대한 대한의사협회 쪽의 기사이고, 세 번째 글은 같은 사안에 대한 대한한의사협회 측의 기사이다.

> ①「中風(중풍)센터」開所(개소) 국내 最初(최초) - 漢方(한방) 곁들여
> 慶熙(경희)의료원부속「中風(중풍)센터」가 18일 문을 열었다. 국내에서는 처음으로 東西(동서)의료진이 공동으로 참여하는 이 중풍센터는 현대의학에서도 난치병으로 꼽고 있는 동맥경화증 고혈압 등으로 오는 반신불수 또는 전신마비의 중풍환자를 중점적으로 치료하게 된다.
> 현대의학의 과학적인 정밀진단 및 치료와 침·한방을 곁들이게 될 이 중풍센터는 예방에서부터 再活(재활)까지 새로운 시스템으로 환자들을 돌보게 된다는 점에서 관심을 모으고 있다. 1백50병상의 수용능력을 가지고 있으며 고성능 안저카메라 중환자집단검진장치 등 특수시설과 경환자실, 중환자실, 기능조정실, 기능회복실 등 다양성 있는 체제를 갖추고 있다.
> - 『경향신문』, 1974년 5월 18일.

② 대법원 한의사 초음파 허용? "확대 해석 금물"

최근 파기환송심이 진행 중인 한의사의 초음파기기 사용 의료법 위반 관련 판결을 두고 법조계와 의료계, 한의계가 한자리에 모여 대법원 전원합의체 판결을 고찰했다. 한국의료변호사협회(의변)는 4월 26일 서울지방변호사회관 1층 회의실에서 '한의사 초음파기기 사용 관련 대법원 전원합의체 판결에 관한 고찰'을 주제로 토론회를 열었다. 김경수 변호사(법무법인(유한) 바른)가 주제발표를 했고, 김진환 대한영상의학회 법제이사(충남의대 영상의학 교수)와 한홍구 대한한의사협회 법제부회장이 열띤 토론을 벌였다. 좌장은 이미영 의변 의약품 의료기기안전위원회 위원장이 맡았다.

사건의 본말은 이렇다.

한의사인 피고인 A씨는 2010년 3월 2일부터 2012년 6월 16일까지 68회에 걸쳐 초음파 진단기기로 환자의 신체 내부를 촬영하면서 진료 행위를 했다. 1심과 2심에서는 한의사 A씨가 의료법을 위반(무면허의료)했다고 판단했다.

대법원 전원합의체는 2022년 12월 22일 의료법 위반이 아니라면서 원심을 파기환송했다. 파기환송심은 지난 4월 6일과 4월 20일 두 차례 공판에 이어 오는 6월 22일 마지막 공판을 앞두고 있다.

토론회 발제를 맡은 김경수 변호사는 대법원이 제시한 새로운 판단 기준(▲관련 법령에 한의사의 사용을 금지하는 규정이 있는지 ▲한의사가 진단의 보조수단으로 사용했을 시 의료행위에 통상적으로 수반되는 수준을 넘어서는 보건위생상 위해가 생길 우려가 있는지 ▲한의학적 의료행위 원리에 입각해 이를 적용 또는 응용하는 행위와 무관함이 명백한지 등)과 관련해 "한의학의 과학화를 촉진하고 의료소비자의 선택권을 확장함으로써 국민 건강 증진에 기여하려는 취지로 보인다"면서 "향후 같은 취지의 판결이 나올 가능성이 있다"고 밝혔다.

김 변호사는 "대법원이 한의대의 초음파 진단기기 교육과 국가시험 출제 등 교육 제도를 허용 근거로 든 것은 의학·한의학·치의학 모든 영역에서 서로 간 의료행위를 넘어서는 여지를 줄 우려가 있다. 교육과 평가가 면허 범위에 영향을 준다면 어떤 수준까지 이뤄져야 충분한지도 모호하다"면서 "초음파를 청진기로 비유한 것 또한 적절한 판시인지 의문"이라고 지적했다.

김 변호사는 "대법원 판결은 죄형법정주의 관점에서 진단용 의료기기가 한 의학적 의료행위 원리와 무관함이 명백한 경우가 아니라면 형사적 처벌을 하지 않겠다는 것일 뿐, 한의사의 현대 의료기기 사용을 허용한다는 취지는 아니다"라고 설명했다.

대법원이 초음파 판결을 내리기 직전 혈액검사와 소변검사를 지시한 한의사의 유죄를 확정한 판례를 예로 들었다.

대법원은 지난 2021년 9월 9일 한방병원에 재직한 B 한의사가 의사를 대신해 간호사들에게 입원 전 환자의 혈액검사와 소변검사를 지시한 것을 한의학적 원리에 근거하지 않았다면서 면허된 것 이외의 의료행위로 판단했다(2021도 6110 판결).

김 변호사는 "'한의사가 현대과학에 기본 원리를 둔 진단방법을 제한 없이 사용한다면 서양의학적 진단 결과에 의존하는 폐단을 가져올 수 있다'는 당시 대법원 판시는 이번 토론에서 다루는 판결과 매우 상반된 것"이라면서 "전통적인 한의학의 이론이나 원리에 기초하지 않은 의료기기 등의 사용을 허용하는 것이라 쉽게 확대 해석해서는 안 된다"고 밝혔다.

김 변호사는 "보건위생상 위해 우려는 추상적 위험으로도 충분한 의미로, 환자에게 구체적 위험이 발생하지 않았다고 해서 위해가 없다고 할 수 없다"면서 "한의사의 현대의료기기 사용 허용 여부는 현실적인 편의성이 아닌 국민 보건위생상 위해 발생 가능성을 신중히 고려해 결정해야 할 사안이다. 사회 각계각층의 의견 수렴은 물론 과학기술 발전에 따라 충분한 논의를 거쳐 입법 정책적으로 결정돼야 한다"고 조언했다.

'한의사가 일정한 범위 내에서 서양의학의 관점 및 지식을 갖췄음을 전제로 설명의무를 다하기 위해 초음파 진단기기를 사용 필요성이 인정된다'는 판시에 대해서는 "일정한 범위라는 것이 어느 정도를 말하는 것인지 모호하나, 적어도 그 '일정한 범위' 내에서는 현대의학 의사와 같은 수준과 책임을 담보해야 한다"고 지적했다.

패널토론에서 김진환 대한영상의학회 이사와 한홍구 한의협 부회장은 '초음파 진단기기 원리의 근간'을 두고 뚜렷한 의견 차이를 보였다.

김진환 영상의학회 이사는 "어군탐지기를 사람 몸에 대서 진단할 수 있나? 초음파 진단기기는 의사들이 의학적 지식을 적용하며 의료초음파를 연구한 덕에 진단과 치료에 이용할 수 있게 된 것"이라며 "초음파 검사는 시술자의 전문성과 지식에 크게 좌우된다. 기기 자체의 안전성과 의료 진단 적용의 안전성은 별개 문제"라고 짚었다.

특히 "새로운 진단기기를 인체에 적용하기 전에 실험실에서 임상적·과학적 증명이 필요한 것은 국제적 규칙이다. 일단 사용하면서 데이터를 확보하는 것이 아니라, 사용 전에 데이터를 충분히 수집하고 안전성을 검증해야 한다"면서 "진료와 실험은 구별해야 한다"고 강조했다.

한홍구 한의협 부회장은 "초음파는 물리학 원리에 기초한 것일뿐 서양의학에 기초한 것이 아니다"라고 반박하며, 발제자에게도 "한의사에게 진단기기를 허용한다는 취지의 판결은 아니라고 했는데 저는 허용한 것이 맞다고 생각한다"고 반론을 폈다.

"한의학의 과학적 발전은 국민건강 증진으로 돌아갈 것"이라고 짚은 한 부회장은 발제자에게 △과학기술 발전에 따라 출시된 일명 '셀프 측정기기'를 한의원에서 쓰는 데 문제가 없을지 △한의학적 진단명이 아닌 의학적 진단명을 사용해 진단서를 발급하는 것에 문제가 없을지 △간단한 미용 등을 한의사가 할 수 있게 된다면 의사들이 필수의료 영역으로 배치되는 데 도움이 되지 않겠는지 등을 질문했다.

김 변호사는 "심전도 측정 스마트워치 등을 한의학적 원리와 연결해 쓸 수 있다면 가능하지만, 연관이 없다면 적어도 지금 판례로는 사용하기 어렵다. 의학 진단명을 사용해 서류를 발급할 때는 서류를 어디로 보낼지에 따라 문제가 달라질 수 있고, 특히 '의심'이나 '의증' 표현을 붙이는 것이 아닌 최종적 진단에는 주의해야 한다"면서 "필수의료란 사람이 적은 문제가 아니라 유입이 적은 문제다. 배우고 경험을 쌓는 과정이 필요하기에 배치 문제가 아니다. 필수의료

분야에서 근본적인 문제해결이 필요하다"고 답했다

- 『의협신문』, 2023년 4월 27일.

③ 법조계가 바라본 한의사 초음파 진단기기 대법원 판결은?

　지난해 12월 한의사가 초음파 진단기기를 사용해 진료하더라도 의료법 위반으로 볼 수 없다는 대법원 전원합의체의 판단이 나왔다. 이와 관련해 한국의료변호사협회(이하 의변)는 지난 26일 서울변호사회관에서 '한의사 초음파기기 사용 관련 대법원 전합판결에 관한 고찰'을 주제로 토론회를 개최했다.

　이날 토론회는 이미영 의변 의약품의료기기안전위원회 위원장이 좌장을 맡은 가운데 김경수 법무법인 바른 변호사가 발제자로, 한홍구 대한한의사협회 부회장과 김진환 대한영상의학회 법제이사가 토론자로 나섰다.

　먼저 발제를 맡은 김경수 변호사는 "이번 대법원 전원합의체 판결은 진단용 의료기기를 진단의 보조목적으로 사용할 때에 관한 것으로, 진단용 의료기기라도 그 외의 경우나 치료용 의료기기를 사용하는 경우까지 이번 대법원 판결의 판시내용이 직접 적용되지는 않을 가능성이 높다"고 평가했다.

　이어진 토론에서 김진환 법제이사는 "초음파는 물리학을 기반으로 발전했고, 초음파 진단기기는 서양의학을 기반으로 발전했다"고 강조했다.

　이에 한홍구 부회장은 "인터넷 등에 보면 이번 한의사 초음파 관련 대법원 판결 사건의 당사자인 한의사가 오진해 해당 환자가 피해를 보았다는 주장들이 간혹 보이는데, 재판 전 단계에서 검사는 의료과실 내지 업무상과실치상에 해당하는지 여부를 검토했고 해당 환자가 한의원 내원 당시 산부인과에도 방문해 진료를 받은 적이 있는 점 등을 들어 불기소 처분을 한 바 있다"며 "법원에서 논의가 된 부분은 그와 별개로 '초음파 진단기기 사용이 한의사의 업무 범위에 속하는지 여부'였으며, 작년 12월 한의사가 초음파 진단기를 사용해 진료했더라도 의료법 위반으로 볼 수 없다는 대법원 전원합의체의 판단이 내려졌다"고 말했다.

　한 부회장은 이어 "초음파 진단기기 등 의료기기를 사용하게 되면 진단의 객관화를 이룰 수 있고 양질의 의료서비스를 환자에게 제공할 수 있게 된다"고 강조했다.

한 부회장은 "현재 한의사들은 대학에서 예과 1년~본과 2년 총 4년 동안 약리학·해부학·생리학·조직학·예방의학·법의학·생화학·진단학·방사선학 등 많은 자연과학, 기초의학을 학습하고 이는 국가고시에도 포함돼 있는 영역"이라며 "졸업 후 진료 현장에서도 환자들에게 설명의무와 주의의무를 다하기 위해 계속해서 자연과학, 기초의학을 공부하고 있으며, 한의사들은 과학적으로 응용 개발된 진단기기를 사용하는데 충분한 능력이 있다"고 말했다.

특히 한 부회장은 "이원화된 의료체계에서 대한민국의 환자들이 서양의학 치료를 받고 만족스럽지 못하고 효과가 없을 때 한의학은 그러한 환자에게 치료 기회를 한 번 더 줄 수 있다"며 "건강과 생명은 가장 소중하기 때문에 치료 기회를 한 번 더 갖는다는 것은 매우 중요하며, 물론 한의사들의 그러한 치료에는 매우 막중한 책임이 따라야 한다"고 강조했다.

◇ "의료 중첩영역, 넓어질 수밖에 없다"

이어 진행된 질의응답 시간에는 한홍구 부회장이 질문하고, 발제자였던 김경수 변호사가 답변하는 시간을 가졌다.

한 부회장은 "의료인은 그 대상이 사람으로 동일하기 때문에 진찰·진단·치료 등 업무 영역에 있어서 중첩영역이 존재할 수밖에 없다"면서 "현대 의료 기술 내지 도구가 급격하게 다양화되고 있으므로 그 중첩영역도 점점 넓어질 수밖에 없다고 생각되는데 이러한 의견에 대해 어떻게 생각하느냐"고 물었다.

김 변호사는 "법적으로 한 번 허용된 영역은 다시 돌리기 어렵다고 본다"면서 "이번 한의사의 초음파 허용 대법원 판결도 있었지만, 적어도 형사법적 관점에서 보면 즉 무면허의료행위 여부를 판단하는 관점에서 보면 중첩영역은 점점 넓어질 수밖에 없다고 보인다"고 답했다.

이어 한 부회장은 "과학기술의 발달로 갈수록 환자 본인이 셀프 측정할 수 있는 진단기기들이 점점 더 많아지고 있는데, 이러한 셀프 측정 진단기기들이 많아지는 것이 국민들의 건강관리 측면에서 바람직하다고 보는지"에 대해 질의했다.

　김 변호사는 "결국 데이터를 최종 분석하는 것은 의료 전문가가 해야 한다고 생각한다"면서도 "다만 최근 스마트워치에서 심박동을 체크하는 것처럼 평상시 건강을 관리하고 위험시 경고하는 기능을 하는 셀프 진단기기들은 국민들에게 도움이 된다고 생각하고, 물론 이러한 셀프 진단기기가 의료진을 대체할 수 있다고 생각하지 않는다"고 설명했다.

　이에 대해 한 부회장이 셀프 측정 진단기기를 한의사들이 의료기관 안에서 사용하는 것에 대해 문제점이 있다고 생각하는지 묻자, 김 변호사는 "금번 한의사의 초음파 허용 대법원 판결에서 언급한 바와 같이 한의 진료와 연결된 목적으로 사용된다면 문제가 없다고 생각한다"고 말했다.

　한 부회장은 진단 영역에 있어서 한의사가 본인이 진찰한 환자에게 기존의 '어혈요통', '담음요통' 식의 진단명이 아닌 '요추의 염좌 및 긴장', '상세불명의 추간판장애' 등과 같은 진단명을 작성해 진단서를 발급하는 것에 대해 문제점이 있다고 생각하시는지에 대해서도 질의했다.

　김 변호사는 이에 "한의사는 한의 진단명을 사용하는 것이 원칙이고 양의 진단명을 사용하는 것은 전원 조치 등 필요한 경우에 최종 진단이 아닌 의증의 형태로 사용 가능하지 않을까 생각한다"고 답했다.

　현재 대한민국 한의사들은 지난 2009년 7월 통계청에서 공고한 '한국표준질병사인분류(한의)' 고시에 의거해 2010년부터 의사와 동일한 상병명으로 진료 기록을 하고 진단서를 발급하고 있다.

　한편 이날 토론회에 참관한 황건순 대한한의사협회 총무이사는 "1990년대 대한민국에 초음파 진단기기가 처음 들어올 때부터 한의사들은 의사들과 함께 연구 목적으로 초음파 진단기기를 사용해 왔다"면서 "대표적으로 1995년 한의사가 출간한 초음파 진단에 관한 서적이 지금도 서점에서 판매되고 있다"고 강조했다.

　황 총무이사는 이어 "전문의나 일반의에게 기대하는 주의의무의 수준이 동일하지 않을 수 있고, 시설이 더 좋은 대학병원 의사와 지역 의원급 의사에게 기대하는 주의의무의 수준이 동일하지 않을 수 있다"며 "지역 의원급 의원에 근무하는 산부인과 전문의와 지역 의원급 한의원에 근무하는 한방부인과 전문의가 자궁 등 부인과 초음파 검사를 하면서 암 등 중요한 질환을 놓치고 전원 조치를 안할 확률이 차이가 날 것이라고 보시는지 발제자의 의견을 듣고 싶다"고 질의했다.

이에 김 변호사는 "통계가 없는 상황에서 뭐라고 말하기 어려운 상황이며, 결국은 개인별 숙달 내지 숙련도가 중요할 것"이라고 답변했다.

- 『한의신문』, 2023년 4월 27일.

학습활동

가. 제시문 ①은 각각 한의계에서 새롭게 생겨난 치료형태에 대한 기사이다. 한의학으로 중풍과 눈 밑 주름을 치료하기 위한 시도의 공통점과 차이점은 무엇인지 논의해 보자. 또한 한의학의 신의료기술 개발 및 치료방향은 어떤 식으로 진행되는 것이 좋을지 토론해 보자.

나. 제시문 ②과 ③은 한의사의 초음파기기 사용 관련하여 열렸던 같은 행사를 서로 다른 직능단체에서 발행하는 신문기사에서 보도한 글들이다. 이 두 제시글에서 느껴지는 차이가 있다면 무엇인가? 이 문제를 어떻게 보아야 할지 토론해 보자.

다. 오늘날의 의료 현장에서 직역 간의 정치적 충돌 및 갈등은 제시문에 소개된 사례 이외에도 다양하게 발견된다. 이에 해당하는 대표적인 사례를 하나 찾아보고, 해당 사례에 대한 자신의 입장을 간략하게 서술해 보자.

제4강

의료와 윤리

<학습목표>

가. 생명윤리, 의료윤리와 생명의료윤리의 개념을 이해하고, 그 차이와 다양한 윤리학적 접근법에 대해 설명할 수 있다.

나. 생명의료윤리 4원칙이 등장한 직접적 배경과 생명의료윤리의 강령, 선언 등의 의미를 이해하고 설명할 수 있다.

다. 현대 한국 사회에서 생명의료윤리와 관련하여 발생했던 사건들을 생명의료윤리의 원칙과 관련하여 설명할 수 있다.

2003년 4월 '인간 유전체 프로젝트(HGP)'의 인간 유전체 지도와 여전히 해독되지 않았던 8퍼센트를 채워 30억 개 염기쌍 전체의 서열 정보를 담은 2022년 3월의 유전체 지도에 이르기까지, 생명과학은 근 수십 년 사이에 큰 진보를 이루었다. 그 지식을 구현할 수 있는 기술적 뒷받침도 가능해졌다. '생명윤리(Bioethics)'와 '생명의료윤리(Biomedical Ethics)'의 용어가 고안되어 등장할 당시와 상황은 매우 달라졌다. 이에 새로운 윤리적 문제들이 등장하게 되었다. 『생명의료윤리의 원칙들(*Principles of Biomedical Ethics*)』이 1979년 초판 발행 이후, 2019년 8판까지 개정이 이루어진 이유를 짐작할 수 있는 대목이다. 제4강에서는 생명윤리와 생명의료윤리의 개념을 이해하고, 그 차이와 다양한 윤리학적 접근법을 함께 살펴본다. 다음으로 터스커기 매독 실험과 생명의료윤리 4원칙, 생명의료윤리와 강령, 선언, 법의 제정을 통해 생명의료윤리의 강화를 검토하고, 나아가 현대 한국 사회에서 생명의료윤리와 관련하여 발생했던 사건들을 통해 생명의료윤리의 실제에 대해 살펴보겠다.

제4강

I. 생명윤리와 생명의료윤리

생명윤리와 생명의료윤리는 응용윤리학의 한 유형으로 미국에서는 1970년 전후로 관련 연구소들 또한 설립되었으며, 그 중 뉴욕의 헤이스팅스센터(Hastings Center)와 워싱턴 D.C.의 조지타운대학 부설 케네디윤리연구소(Kennedy Institute of Ethics)는 지금까지도 널리 알려져 있다.

히포크라테스(Hippocrates, BCE. 460-377)로부터 2천 년 넘게 이어진 전통적 의료윤리는 주로 전문직인 의사의 의료행위와 관련된 규범에 초점을 맞추고 있었다. 또한 의학의 발전은 약물학의 영역이나 동물실험의 경우들을 제외하면, 대부분 인간 사체의 조사를 통해 얻은 지식들에 힘입은 바가 크다. 7백 환자의 증상과 사후 해부를 통한 관찰을 통해, 일정한 위치를 점유하고 장기의 변화를 일으킨 것을 질병의 원인이라 본 현대 병리학의 아버지 모르가니(Giovanni Battista Morgagni, 1682-1771)의 『질병의 장소와 원인에 관한 해부학적 연구(The seats and causes of diseases investigated by anatomy)』(1761)가 대표적이다. 진료를 받던 환자들의 사후에 기증을 받아 병력과 개별 기관의 이상을 살핌으로써 질병의 원인을 찾아온 병리해부학은 이처럼 해부학과 임상의학 사이의 교량 역할을 수행함과 동시에, 자연계에 실재하는 질병 원인 물질 탐색이라는 서양의학의 발전 방향을 제시하였다.

제2차 세계 대전은 인간 사체 해부를 통해 견인했던 의학 지식의 발전과 다른 길을 걷는 계기를 제공했다. 독일과 일본에 의해 자행된 비인도적 인체 실험들은 살아 있는 인간을 대상으로 행해졌기 때문이다. 이때 획득되었던 의학 지식들이 기존 인간 사체 해부를 통한 것과 어떻게 달랐는지 우리는 다음과 같은 상상을 통해 확인할 수 있다. '인간의 몸에서 체중의 몇 퍼센트 혈액이 유실되어야 사망에 이를까?'와 같은 질문을 떠올려보자. 오스트리아 출신의 병리학자 카를 란트슈타이너(Karl Landsteiner, 1868-1943)가 수혈의 보편화를 가져온 ABO식 혈액형 분류법을 발견해 1930년 노벨 생리학·의학상을 받았음에도 이러한 질문은 당시 혈액이 상당량 유실되었거나 유실이 지속되고 있는 환자가 출혈사 하지 않기 위해 체중에 대비하여 최소한도로 요구되는 수혈량의 정보를 제시해줄 수 있었을 것이다. 가령, 날붙이에 의한 자상이나 총상 등 16세기 프랑스 군의관에 의해 퍼진 혈관 결찰법으로도 출혈이 지속되는 상황에서 그러할 것이다. 제2차 세계 대전 시기 이전까지 약물이나 단순한 절단과 봉합에 의한 치료가 주를 이루었다는 점을 상기하면, 인간의 사체를 해부하여서는 결코 얻을 수 없는 이러한 정보의 획득은 적절한 수혈량이 요구되는 외과 수술의 성공률을 높일 수 있는 중요한 지식으로서 그 역할을 수행할 수 있다. 따라서 얼마든지 비인도적 인체 실험을 행할 수 있는 그러한 상황에서 피험자들을 결박하여 앉히거나 눕혀놓고 미리 측정한 체중에 대비하여 몇 퍼센트에 해당하는 혈액이 유실되어야 출혈사에 이르는가를 국적, 성별, 연령대 등 조건을 달리해가며 알아냈을 가능성은 충분히 있다.

제2차 세계 대전 시기 비인도적 인체 실험을 통해 획득된 새로운 의학 지식들과 더불어 1956년 상업적으로 출시된 인공신장기(Dialysis System), 1958년 병원에 판매되기 시작한 의료용 인공호흡기(Medical Respirator) 등 의료공학 발전의 산물 등 과학기술과 결합된 의료의 영역은 전통적 의료윤리로는 모두 담아낼 수 없었다. 1970년 전후로 생명윤리와 생명의료윤리의 관심이 높아지고 논의가 활발하게 전개되기 시작된 배경의 하나로 살아있는 인간을 대상으로 자행된 비인도적 인체 실험과 그것을 통해 획득된 새로운 의학 지식이 지목될 수 있는 이유이다.

이 장에서는 생명윤리와 생명의료윤리의 개념 이해로부터 여러 윤리학적 접근법에 대해 살펴본다.

1. 생명윤리와 생명의료윤리의 개념

독일의 개신교 신학자 프리츠 야르(Fritz Jahr, 1895-1953)는 1926년 논문 「생명과 윤리의 과학(Wissenschaft vom Leben und Sittenlehre)」에서 학교의 과학 교육에 도덕적 가치의 도입을 주장함으로써 윤리와 과학을 결합시켰다. 그리고 다음 해인 1927년 그는 「생명윤리: 동식물과 인간의 윤리적 관계에 대한 검토(Bio-Ethik: Eine Umschau über die ethischen Beziehungen des Menschen zu Tier und Pflanze)」에서 인간만이 아닌 모든 생명 존재를 위한 도덕적 의무를 칸트의 도덕 명령을 빌어 '모든 생명 존재를 그 자체 목적으로 간주하고 가능한 한 그에 따라 대우하라'는 명령으로 확장함으로써 넓은 의미의 생명윤리(Bioethics)로 발전시켰다. 비록 그가 인간 종이 아닌 동물과 식물로 도덕적 행위의 대상을 확장시키고는 있으나, 생명윤리의 명령은 모든 상황에서 보편타당성을 지니는 정언명령이 아니었다. 이에 그는 '항상 목적으로서 그리고 동시에 수단으로만 대우하지 않는 방식으로 행동하라'고 하지 않고, '그 자체 목적으로 간주하고 가능한 한 그에 따라 대우하라'고 하였다. 야르의 생명윤리는 서양의 사상계가 전통적으로 지지해 온 인간중심주의(anthropocentrism)를 반성할 수 있는 성찰의 기회를 제공했지만, 아쉽게도 크게 주목받지는 못했다. 또한 리처드 루들리(Richard Routley; 1935-1996)의 1973년 논문 「새로운 환경윤리가 필요한가?(Is There a Need for a New, an Environmental, Ethic?)」에 의해 논쟁이 활발해진 환경윤리(Environmental ethics)가 그 성격의 유사성으로 인해 야르가 제시했던 '생명윤리'의 용어 또한 대체했다.

오늘날 널리 알려진 학문으로서의 '생명윤리(Bioethics)'라는 용어는 미국의 생화학자이자 종양학자였던 반 렌셀러 포터(Van Rensselaer Potter, 1911-2001)가 1971년 출판한 저서 『생명윤리: 미래로의 가교(Bioethics: Bridge to the Future)』를 통해서였다. 그는 가장 넓은 의미에서 인간의 윤리가 생태학의 실제적 이해와 나뉠 수 없다는 것이 이제 우리가 마주해야만 하는 사실이며, 윤리적 가치가 생물학적 사실로부터 분리될 수 없다고 이해하였다. 이에 그는 인간의 생존이 생물학적 지식에 근거한 윤리에 의존할지도 모른다는 점에서 생명윤리(Bioethics)를 '생존의 과학(The science of survival)'이라 칭하고, 생명윤리를 통해 인간의 생물학적 본성 그리고 생물학적 세계에 대한 실제적 지식으로부터 사회적 선(good)을 위한 지식을 어떻게 사용해야 하는가에 대한 지혜, 지식을 산출함으로써 생물권의 보존을 목적으로 하고자 학제적 연구를 기도했다. 새로운 학문 영역으로서의 생명윤리에 대한 포터의 이러한 주장은 식물, 동물, 인간, 자연환경 사이의 관계인 생태학(Ecology)의 기초를 생물학으로 이해한 데 말미암으며, 이런 점에서 그가 제시했던 생명윤리는 지금의 환경윤리 내지는 생태학적 윤리(생태윤리)에 근접해있다. 포터 또한 이러한 비판을 의식했기 때문인지, 1988년 출판한 저서 『지구적 생명윤리(Global Bioethics)』에서는 생명윤리를 통해 생태학적 생명윤리(Ecological Bioethics)와 의료적 생명윤리(Medical Bioethics)의 두 측면을 아울러서 논의하고 있다.

1973년 미국 의회는 '생명의료 및 행동 연구의 인간 피험자 보호를 위한 국가위원회(The National Commission for the Protection of Human Subjects of Biomedical and Behavioral Research; NCPHSBBR)'를 구성하여 연구대상자인 인간 피험체의 권리와 이익을 보호하는 규정을 정하도록 하였다. 해당 규정들은 대부분 구속력 있는 법으로 제정되었으며, 이 위원회 보고서 중 하나인 벨몬트 보고서(Belmont Report)는 실험 및 연구를 규제하는 윤리 원칙들을 명확하게 제시하였다. 이 원칙들은 1979년 초판이 발행된 『생명의료윤리의 원칙들(Principles of Biomedical Ethics; PBE)』에서 구체화되어 생명윤리학은 물론이고, 생명의료윤리학(Biomedical Ethics)에도 큰 영향을 미쳤다.

보건과 생명의료과학에서 발생하는 윤리적 문제들에 대한 관심의 증대와 특히 관련되었던 생명윤리학은 임신중지, 보조생식이나 산전선별검사와 복제, 유전자 치료나 유전자 선별검사, 뇌사, 자발적 안락사나 자살, 의사 조력 자살, 의료 자원의 분배, 장기이식을 비롯하여 인간 배아에 대한 실험, 동물실험, 환자의 자율성 등의 문제에 대해 생명의 가치, 인간의 의미, 인간이 된다는 것은 무엇인가와 같은 윤리학의 본질에서 심오한 철학적 질문을 제기하고 공공정책의 문제와 과학의 방향과 통제를 아울러 심도 있는 이해를 추구한다. 이런 점에서 생명윤리학은 생명의료윤리학과 주된 관심 영역 및 논의 주제가 상당 부분 중첩되고, 두 용어는 동의어로 사용되는 경우도 많다. 한편, 그것은 주로 의사와 환자의 관계, 전문의료직이 지녀야 할 덕에 초점을 두는 전통적 의료윤리학과는 차별점을 드러낸다.

아래의 첫 번째 글은 생명윤리와 생명의료윤리의 차이에 대해 서술하고 있다. 두 번째 글은 생명의료윤리학에서 제기되는 물음들이 규범윤리학적 질문에 한정될 수도, 사회철학·정치철학·법철학의 논의와도 한데 얽힐 수도 있음을 보여주고 있다. 세 번째는 의료용 인공호흡기를 발명한 포레스트 버드(Forrest M. Bird)의 M8형 'Bird Medical respirator'의 사진이다. 버드의 인공호흡기는 환자의 몸을 음압으로 낮춰 공기가 흘러들어오게 하는 것이 아니라, 기도에 꽂은 관을 통해 외부의 고압 공기를 직접 폐 안으로 넣는 방식으로 양압형 인공호흡기라고 불린다. 네 번째 이미지는 미국

국립생명공학정보센터(NCBI) 데이터베이스에서 유전체 데이터 뷰어로 추출한 '인간 유전체 참조 지도(GRCh38)'의 염색체 기호이다.

① 생태윤리 안에 생명윤리를, 생명윤리 안에 생명의료윤리를, 생명의료윤리 안에 전통적 의료윤리가 포함된다고 보는 이해를 통해 알 수 있듯이, 윤리공동체의 범위는 점차 좁아진다. 이에 생명윤리는 인간을 비롯하여 동물권과 같은 생명 존재의 고유한 가치에도 주목하는 반면, 생명의료윤리는 배아를 비롯하여 태아나 인간 존재에 주목하여 생명의료과학의 연구와 임상의료 실천, 보건 정책 수립의 방향 등에 대해 옳고 그름의 문제를 다룬다. 또한 생명의료윤리는 사회 철학, 정치철학, 법철학 등과 학제적 연구가 요청되고, 국가마다 법률들에 차이가 존재하는 까닭에, 연구의 결과들도 그러한 영향에서 자유로울 수 없게 된다.

- 저자 집필

② 철학자들은 흔히 윤리학을 규범윤리학과 메타윤리학으로 나눈다. …(중략)… 규범윤리학은 다시 이론규범윤리학과 응용규범윤리학으로 나뉜다. 이론 규범윤리학의 과제는 도덕적 의무에 대한 이론적 정당화를 통해 무엇이 도덕적으로 옳고 그른가라는 질문에 대답하는 하나의 이론을 세우는 것이다. 반면에 응용규범윤리학은 특정한 도덕적 문제들을 해결하는 것을 과제로 삼는다. 예를 들면 이런 문제가 응용규범윤리학의 대상이 된다. '임신중절이 도덕적으로 정당화되는가? 만약 정당화된다면, 어떤 조건에서 그렇게 되는가?

위의 구분에 따르면, 생명의료윤리학은 응용규범윤리학의 한 분야이다. 생명의료윤리학의 과제는 의료행위나 생명의료 연구와 관련해서 생기는 윤리적 문제를 해결하는 데 있다.

…(중략)…

생명의료윤리학에서 전형적으로 제기되는 물음들은 다음과 같다.

· 의사는 불치병에 걸린 환자에게 '당신은 곧 죽을 겁니다'라고 말해줘야 할

도덕적 의무를 지니는가?

　· 환자의 의료기밀(medical confidentiality)을 유출하는 것이 도덕적으로 정당화될 수 있는가?

　· 안락사가 도덕적으로 정당화되는가?

　· 대리모가 도덕적으로 정당화되는가?

위의 규범윤리학적 질문들이 개별 행위와 관행에 관한 것인데 반해, 다음 물음들은 생명의료윤리학이 법률의 도덕적 정당화 가능성에 초점을 맞추고 있음을 보여준다.

　· 한 사회가 인공임신중절을 제한하는 법률을 제정할 때 그 사회는 정당화될 수 있는가?

　· 의사조력자살을 금지하는 법률을 제정해야 하는가?

　· 한 개인이 자신의 의지와는 상관없이 타인에 의해 정신병원에 수용될 수도 있다는 것을 법률로 정해야 하는가?

두 번째 유형의 물음들은 생명의료윤리 논의가 이론규범윤리학뿐만 아니라 사회철학·정치철학·법철학의 논의와도 한데 얽혀 있음을 보여준다.

- 구영모 엮음, 『생명의료윤리』(제4판), 동녘, 2023, 25-27쪽.

③
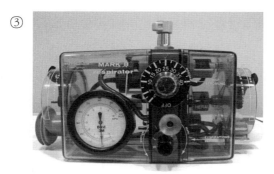

- Bird Mark 8 Medical respirator, Wikimedia Commons

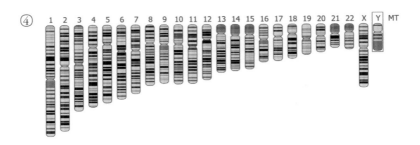

④ 1 2 3 4 5 6 7 8 9 10 11 12 13 14 15 16 17 18 19 20 21 22 X Y MT

- Human genome assembly GRCh38 chromosomes ideogram NCBI, Wikimedia Commons

학습활동

가. ①에서 언급된 윤리공동체의 범위가 다르다는 말의 의미에 대해 토론해 보자. 각자가
   지지하는 윤리공동체의 범위를 발표하고, 다른 범위의 윤리공동체 지지자 사이에 발생
   할 수 있는 갈등에 대해서도 고민해 보자.
나. 고성능, 저비용에 대량생산이 가능한 의료용 인공호흡기의 발명과 도입이 초래하였을
   생명의료윤리적 질문의 상황에 대해 발표해 보자.
다. 23쌍의 인간 염색체 염기서열은 2022년까지 대부분 밝혀졌지만, Y 염색체는 절반 이상
   알려지지 않았다. 2023년 8월 25일 CNN은 100명의 과학자들로 구성된 텔로미어-텔
   로미어라는 국제 과학자그룹이 인간의 Y 염색체 염기서열을 완전히 분석하는 데 성공
   했다고 보도했다. 인간 유전체 지도의 완성과 염색체 염기서열의 완전한 분석이 생물학
   적 측면의 인간 생명과 건강, 질병 이해에 어떤 시사점을 줄 수 있을지 이야기해 보자.

2. 생명의료윤리의 윤리학적 접근법

생명윤리학과 생명의료윤리학은 특정한 도덕적 문제를 다룬다. 그러나 그 윤리학
적 접근법은 다양하다. 『생명의료윤리의 원칙들(*Principles of Biomedical Ethics*)』의 저자
인 비첨(Tom L. Beauchamp)과 칠드레스(James F. Childress)는 근원성을 지녀 보다 일반
적인 도덕규범이나 도덕적 행위지침을 제시하고자 규칙(rules)이 아닌 원칙(principles)
개념을 통해 원칙에 기초한 의무론적 접근의 한 전형을 보여주고 있다. 이에 자율성

존중의 원칙, 악행 금지의 원칙, 선행의 원칙, 정의의 원칙인 네 가지 주요 원칙과 함께 몇 가지 파생적 규칙인 '진실을 말하라', '약속을 지켜야 한다', '타인의 프라이버시를 보호하라', '당신에게 비밀리에 제공된 정보를 타인에게 누설하지 말라' 등을 또한 제시한다. 이들의 옹호자들은 이를 '4대 원칙 접근'이라 부르고, 비판가들은 '원칙주의(principleism)'라 부른다. 이것이 원칙에 기초한 접근이 아닌, 원칙에 기초한 의무론적 접근의 한 전형인 이유는 결과주의 윤리이론인 공리주의적 접근 또한 행위나 규칙을 평가함에 그것이 기초하는 '유용성의 원칙(principle of utility)'으로 도덕추론을 전개할 수 있어 구분되어야 하기 때문이다.

공리주의 접근법은 행위나 행위가 따르는 규칙과 무관하게, 행위의 결과가 관련된 모든 당사자들의 복리(welfare)의 총집합(aggregation)을 극대화할 때, 행위가 도덕적으로 옳다고 이해한다. 의료자원의 분배, 인류의 난치병 극복을 위한 배아 연구나 유전자 조작 연구 등의 규제 완화 요구의 논의처럼 생명윤리와 생명의료윤리학에서 공리주의적 접근은 쉽게 찾아볼 수 있다.

절대적인 규칙 접근법은 칸트의 도덕철학이나 가톨릭의 자연법 전통에 뿌리를 두고 있으나, 오늘날 생명윤리학과 생명의료윤리학에서 그리 대중적인 접근법은 아니다. 그러나 절대적 규칙은 예외 없는 규칙으로 무고한 자를 의도적으로 죽이는 것에 대한 가톨릭의 금지나 거짓말에 대한 칸트주의적 금지는 각각 자비로운 죽임, 임상 및 연구에서 진실 말하기와 같은 논쟁의 경우에 그 특징을 잘 드러내고 있다.

덕(virtues)에 기초한 윤리학적 접근은 결과주의 이론과 칸트주의 이론에 대한 불만의 표출이기도 하다. 덕윤리의 옹호자들은 그들 주류 이론들이 모든 행위들을 '옳은', '그른', '의무인' 또는 '허용가능한'의 용어로 평가하고 우리에게 무력한 도덕적 어휘만 남겼다고 비판하며, '용기 있는', '무정한', '정직한', '의로운'과 같은 평가적 용어들을 사용했다. 생명윤리학과 생명의료윤리학에서는 공리주의가 생명윤리학 내의 일부 이슈들을 지나치게 단순화시켰다는 비판, 의료전문가의 성품이 갖는 도덕적 중요성, 허스트하우스(Rosalind Hursthouse)의 낙태의 윤리, 풋트(Philippa Foot)의 안락사에 대한 논의 등 주목할 지점이 있다.

이 외에도, 추상적인 원칙, 중간 수준의 원칙, 공리 또는 규칙을 구체적인 특정 사례에 적용하는 '하향적인(top-down)' 방법과 다르게, 구체적인 사례에 대한 바람직한 혹은 반드시 필요한 우리의 반응과 그 축적으로부터 해당 도덕원칙의 진리를 분명하고 강력하게 보여주는 다양한 패러다임 사례(paradigm cases)를 개발하고, 유비추론을 통해 새롭고 곤란한 상황에 대한 적용을 주장하는 '상향적인(down-top)' 방식의 '결의론적(casuistical)' 접근법은 사례 접근법에 속한다.

생명윤리와 생명의료윤리 논의는 다양한 윤리적 접근법에도 불구하고, 가치중립적 태도나 신념을 견지하는 과학자들에게 어떠한 영향력을 행사하기 어렵다. 그나마 그것이 사회 혹은 윤리적 공동체의 다른 구성원들에게 끼칠 영향의 중대성을 고려하여 사회철학·정치철학·법철학의 논의와도 한데 얽혀 있고, 이에 관련 법률의 제정을 통해 특정 행위들을 법률적으로 제한하고 있음에도, 가속화되는 생명공학의 발전 속도를 법 제정이 따라잡지 못하거나 제정된 법 조항이 미비함으로써 제한력을 행사할 수 없는 경우도 발생한다.

아래의 첫 번째와 두 번째 글은 「생명윤리 및 안전에 관한 법률(생명윤리법)」의 일부이다. 세 번째 글은 「첨단재생의료 및 첨단바이오의약품 안전 및 지원에 관한 법률(첨단재생바이오법)」의 일부이다. 네 번째 이미지는 CRISPR-Cas9이다. 다섯 번째 글은 대리출산 관련 문제점을 지적한 내용이다.

① 제1장 총칙

제1조(목적) 이 법은 인간과 인체유래물 등을 연구하거나, 배아나 유전자 등을 취급할 때 인간의 존엄과 가치를 침해하거나 인체에 위해(危害)를 끼치는 것을 방지함으로써 생명윤리 및 안전을 확보하고 국민의 건강과 삶의 질 향상에 이바지함을 목적으로 한다.

…(중략)…

제4장 배아 등의 생성과 연구

제1절 인간 존엄과 정체성 보호

제20조(인간복제의 금지) ❶ 누구든지 체세포복제배아 및 단성생식배아(이하 "체세포복제배아등"이라 한다)를 인간 또는 동물의 자궁에 착상시켜서는 아니 되며, 착상된 상태를 유지하거나 출산하여서는 아니 된다.

❷ 누구든지 제1항에 따른 행위를 유인하거나 알선하여서는 아니 된다.

제21조(이종 간의 착상 등의 금지) ❶ 누구든지 인간의 배아를 동물의 자궁에 착상시키거나 동물의 배아를 인간의 자궁에 착상시키는 행위를 하여서는 아니 된다.

❷ 누구든지 다음 각 호의 행위를 하여서는 아니 된다.

1. 인간의 난자를 동물의 정자로 수정시키거나 동물의 난자를 인간의 정자로 수정시키는 행위. 다만, 의학적으로 인간의 정자의 활동성을 시험하기 위한 경우는 제외한다.

2. 핵이 제거된 인간의 난자에 동물의 체세포 핵을 이식하거나 핵이 제거된 동물의 난자에 인간의 체세포 핵을 이식하는 행위

3. 인간의 배아와 동물의 배아를 융합하는 행위

4. 다른 유전정보를 가진 인간의 배아를 융합하는 행위

❸ 누구든지 제2항 각 호의 어느 하나에 해당하는 행위로부터 생성된 것을 인간 또는 동물의 자궁에 착상시키는 행위를 하여서는 아니 된다.

- 법률 제17783호 「생명윤리 및 안전에 관한 법률(생명윤리법)」

② 제6장 유전자치료 및 검사 등

제47조(유전자치료 및 연구) ❶ 유전자치료에 관한 연구는 다음 각 호의 어느 하나에 해당하는 경우에만 할 수 있다. 〈개정 2015. 12. 29., 2020. 12. 29.〉

1. 유전질환, 암, 후천성면역결핍증, 그 밖에 생명을 위협하거나 심각한 장애

를 불러일으키는 질병의 치료를 위한 연구

2. 현재 이용 가능한 치료법이 없거나 유전자치료의 효과가 다른 치료법과
비교하여 현저히 우수할 것으로 예측되는 치료를 위한 연구

- 법률 제17783호 「생명윤리 및 안전에 관한 법률(생명윤리법)」

③ 제1장 총칙

제1조(목적) 이 법은 첨단재생의료의 안전성 확보 체계 및 기술 혁신·실용화
방안을 마련하고 첨단바이오의약품의 품질과 안전성·유효성 확보 및 제품화
지원을 위하여 필요한 사항을 규정함으로써 국민 건강 및 삶의 질 향상에 이바
지함을 목적으로 한다.

제2조(정의) 이 법에서 사용하는 용어의 뜻은 다음과 같다.

1. "첨단재생의료"란 사람의 신체 구조 또는 기능을 재생, 회복 또는 형성하
거나 질병을 치료 또는 예방하기 위하여 인체세포 등을 이용하여 실시하는 세
포치료, 유전자치료, 조직공학치료 등 대통령령으로 정하는 것을 말한다. 다만,
세포·조직을 생물학적 특성이 유지되는 범위에서 단순분리, 세척, 냉동, 해동
등의 최소한의 조작을 통하여 시술하는 것으로서 대통령령으로 정하는 것은
제외한다.

2. "인체세포 등"이란 인체에서 유래한 줄기세포·조혈모세포·체세포·면역
세포, 이종세포 등 대통령령으로 정하는 세포, 조직 및 장기를 말한다. 다만,「인
체조직안전 및 관리 등에 관한 법률」 제3조 제1호에 따른 인체조직과 「장기등
이식에 관한 법률」 제4조 제1호에 따른 장기 등은 제외한다.

3. "첨단재생의료 임상연구"란 환자의 삶의 질 향상 및 질병 치료 기회 확대
를 목적으로 사람을 대상으로 첨단재생의료에 관하여 실시하는 연구로서 다음
각 목의 구분에 따라 대통령령으로 정하는 연구를 말한다.

가. 사람의 생명 및 건강에 미치는 영향이 불확실하거나 그 위험도가 큰 임상

연구

나. 사람의 생명 및 건강에 부정적인 영향을 미칠 우려가 있어 상당한 주의를 요하는 임상연구

다. 사람의 생명 및 건강에 미치는 영향이 잘 알려져 있고 그 위험도가 미미한 임상연구

4. "연구대상자"란 대체치료제가 없거나 생명을 위협하는 중대한 질환, 「희귀질환관리법」 제2조 제1호에 따른 희귀질환, 그 밖에 난치질환 등을 가진 사람으로서 첨단재생의료 임상연구의 대상이 되는 사람을 말한다.

5. "첨단바이오의약품"이란 「약사법」 제2조 제4호에 따른 의약품으로서 다음 각 목의 어느 하나에 해당하는 것을 말한다.

가. 세포치료제: 사람 또는 동물의 살아있는 세포를 체외에서 배양·증식하거나 선별하는 등 물리적, 화학적 또는 생물학적 방법으로 조작하여 제조한 의약품. 다만, 생물학적 특성이 유지되는 범위에서 단순분리, 세척, 냉동, 해동 등의 최소한의 조작을 통하여 제조된 것으로서 총리령으로 정하는 것은 제외한다.

나. 유전자치료제: 유전물질의 발현에 영향을 주기 위하여 투여하는 것으로서 유전물질을 함유한 의약품 또는 유전물질이 변형·도입된 세포를 함유한 의약품

다. 조직공학제제: 조직의 재생, 복원 또는 대체 등을 목적으로 사람 또는 동물의 살아있는 세포나 조직에 공학기술을 적용하여 제조한 의약품

라. 첨단바이오융복합제제: 세포치료제, 유전자치료제, 조직공학제제와 「의료기기법」 제2조 제1항에 따른 의료기기가 물리적·화학적으로 결합(융합, 복합, 조합 등을 포함한다)하여 이루어진 의약품. 다만, 주된 기능이 의료기기에 해당하는 경우는 제외한다.

마. 그 밖에 세포나 조직 또는 유전물질 등을 함유하는 의약품으로서 총리령으로 정하는 의약품

- 법률 제18853호 「첨단재생의료 및 첨단바이오의약품 안전 및 지원에 관한 법률(첨단재생바이오법)」

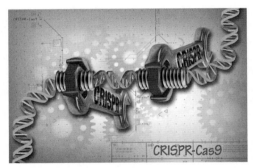

- CRISPR-Cas9 Editing of the Genome, CC BY 2.0, ©National Human Genome Research
Institute (NHGRI) from Bethesda, MD, USA - CRISPR-Cas9 Editing of the Genome, https://
commons.wikimedia.org/wiki/File:CRISPR-Cas9_Editing_of_the_Genome_(26453307604).jpg

⑤ '아기공장'을 비롯한 불법적 대리출산의 문제 외에 다음과 같은 놀랄 만한 일도 발생하고 있다. 네덜란드에서는 불임 치료 산부인과의가 인공수정을 시술하면서 여성들의 의도와 다르게, 제3자가 아닌 자신의 정자를 사용해 최소 17명의 아이를 출산하게 한 사건이 전해졌는데, 심지어 이러한 사건은 네덜란드에서조차 처음이 아니었다.

- 김현수, 「상업적 대리출산의 상품화 문제에 대한 철학적 고찰」, 『출산의 인문학』, 모시는사람들, 2022, 240-241쪽.

학습활동

가. 쥐나 인간의 경우와 관련하여 줄기세포를 이용해 인공으로 합성해 배아를 만든 최근 실험 성과를 알아보자. 제시문 ①에서 체세포 복제와 단성 생식을 통해 얻은 배아의 경우와 비교하여 어떤 생명의료윤리적 질문이 제기될 수 있는가에 대해 이야기해 보자.

나. 제시문 ③과 ⑤를 통해 인체에서 유래한 줄기세포 · 조혈모세포 · 체세포 · 면역세포, 이종세포 등 대통령령으로 정하는 세포, 조직 및 장기를 말하는 '인체세포 등'에 대해 연구를 수행하는 기관의 관리 감독 문제와 관련하여 어떤 생명의료윤리적 질문이 제기될 수 있는가에 대해 발표해 보자.

다. 제시문 ②와 ④를 통해 편집의 유전자 편집 안정성에 대한 우려, 변형의 위험성, 디자인된 아기를 만들기 위한 기술 사용으로 이어질 수 있는 미끄러운 경사길 원칙, 비윤리적인 우생학적 사유의 발흥, 부유층의 이익을 위한 기술의 불평등한 제공 등 유전자 편집 기술과 관련한 생명의료윤리적 질문에 대해 토론해 보자.

II. 생명의료윤리의 강화

생명의료윤리의 기원은 고대 그리스의 히포크라테스까지 거슬러 올라간다. 「히포크라테스 선서」에는 환자에게 해를 끼치지 말고 선을 베풀라거나 환자의 비밀을 지키라는 등 의사가 갖춰야 할 윤리가 나온다. 동양에서도 중국 당초(唐初)의 손사막(孫思邈, 581-682)은 「대의정성」에서 자비심을 갖고 환자의 치료에 임하고 모든 환자를 차별 없이 대하며 가급적 동물성 약재 사용을 피하라고 한다. 인간의 생명은 물론이거니와 동물의 생명까지도 소중히 여기는 생명의 수호자로서의 의사의 윤리에 대해 말하고 있는 것이다.

근대적 생명의료윤리는 영국의 토마스 퍼시발(Thomas Percival, 1740-1804)이 1803년 발표한 『의료윤리: 내과 및 외과 의사가 전문직으로서 수용해야 할 원칙과 권고에 관한 강령』이 그 기원이라 할 수 있다. 이 책에서 퍼시발은 진료를 할 때 의사가 준수해야 할 의료 행위 준칙을 제시했다. 미국의사협회(AMA)는 1847년 「의료윤리강령(Code of Ethics)」을 개발했다. 그러나 20세기 초 개정을 여러 번 하면서 윤리 규칙들의 수는 줄어갔고 점점 의사 집단의 결속과 의학의 의료행위 독점 수단으로 변질되었다.

제2차 세계대전 중 의사들의 비윤리적 행위는 의료인들과 사회가 생명의료윤리의 필요성과 중요성을 절감하게 된 계기였다. 전쟁이 끝난 후 1947년 8월 10일 독일 뉘른베르크에서는 나치의 유대인 학살과 생체실험에 가담한 의사들을 단죄하는 재판이 열렸다. 판결문에는 의학실험이 의사의 윤리에 부합해야 한다며, 도덕적, 사회적, 법적 개념들을 만족시키기 위해 준수해야 하는 기초 원칙 10가지가 명시되었다. 이것이 「뉘른베르크 강령(Nuremberg Code)」이다. 강령에는 피험자의 자발적 동의, 실험하는 동안 불필요한 신체적, 정신적 고통이 가해져서는 안 된다는 등의 내용이 포함되었다. 1948년 세계의사회는 「히포크라테스 선서」를 시대적 변화에 맞게 간추린 「제네바 선언」을 발표했다. 1964년 세계의사회 총회에서는 「헬싱키 선언」이 채택되었다. 선언에는 의학연구를 할 때 의사가 지켜야 할 윤리적 원칙이 담겼다. 이러한 강령과 선언에도 불구하고 1972년 세상에 드러난 미국의 터스커기(Tuskegee) 매독 실험은 큰 충격을 주었고, 미국을 비롯해서 전 세계적으로 생명의료윤리의 연구와 교육을 더욱 강화하는 계기가 되었다.

한편 생명의료윤리는 의사의 윤리나 의학연구에서의 윤리 외에도 출생과 죽음에 관련된 윤리 문제를 포괄한다. 임신과 생식을 조작하고 죽음을 지연시키는 기술이 발전함에 따라 이를 둘러싼 윤리적 문제들에 대한 논의도 더욱 복잡하고 심각해지고 있다. 또한 1997년 복제양 돌리의 탄생은 생명윤리에 새로운 과제를 부여했고, 한국의 경우 황우석 사건은 한국 사회에서 생명의료윤리의 문제를 부각시켰다. 과학 및 의료기술의 발달은 이제 치료를 넘어서 인간 강화(enhancement)를 이야기하게 되었다. 이에 따라 최근에는 인간강화를 둘러싼 문제들이 생명의료윤리 분야에서 많이 다루어지고 있다.

이 장에서는 생명의료윤리 분야에서 중요한 사건인 터스커기 매독 실험과 이것이 생명의료윤리 4원칙의 제시로 이어지게 된 것을 살펴볼 것이다. 그리고 생명의료윤리 강령, 선언, 법 제정의 계기와 현황에 대해 알아볼 것이다.

1. 터스커기 매독 실험과 생명의료윤리 4원칙

터스커기 매독 실험은 1932-1972년까지 앨라배마 터스커기에서 흑인 매독 환자를 대상으로 한 일종의 생체실험으로, 1972년 『뉴욕 타임즈』의 폭로로 세상에 알려졌다. 실험자들은 피험자들에게 치료해준다고 속이고 실제로는 치료하지 않고 병의 진행 경과를 연구했다. 1943년 페니실린이 매독 치료에 획기적인 효과가 있다고 밝혀졌음에도 불구하고 고의로 치료하지 않고 환자들을 방치해서 7명이 매독으로 사망하고 154명이 관련 합병증으로 사망했다. 이에 1974년 미국의회는 「의학연구대상이 되는 인간을 보호하기 위한 위원회」를 조직했다. 그 결과로 1979년 인간 피험자 대상 연구의 윤리적 원칙과 지침에 관한 보고서인 《벨몬트 보고서》가 작성되었다. 보고서에는 3대 기본 윤리 원칙인 인간 존중, 선행, 정의와 이 윤리 원칙을 연구에 적용하기 위한 3대 요구사항인 충분한 정보에 근거한 동의, 위험과 이득의 평가, 피험자 선정이 제시되었다.

보고서의 많은 부분을 집필했던 비첨(T. L. Beauchamp)은 칠드레스(J. F. Childress)와 함께 『생명의료윤리 원칙들(Principles of Biomedical Ethics)』을 집필, 발간했다. 각각 윤리 이론으로서는 공리주의와 의무론을 지지하는 비첨과 칠드레스는 이 책에서 낙태와 안락사 등 생명의료 문제에 적용할 수 있는 도덕 원칙들을 제시했다. 이것이 생명의료윤리 4원칙인 자율성 존중의 원칙, 악행 금지의 원칙, 선행의 원칙, 정의의 원칙이다. 자율성 존중의 원칙은 의료진이 환자보다 더 많은 정보를 갖고 더 전문적 훈련을 했음에도 불구하고, 환자에게 자신의 삶에 영향을 미칠 수 있는 결정을 할 권리를 부여하는 것이다. 악행 금지의 원칙은 해악을 입히지 않는 것이다. 선행의 원칙은 해악을 방지하고 적극적 이득을 제공하는 것이다. 정의의 원칙은 공정하고 평등하며 적절하게 각자에게 상응하는 몫을 돌려주는 것이다.

아래의 첫 번째와 두 번째 자료는 터스커기 매독 실험에 대해 설명하는 글과 실험하는 장면을 촬영한 사진이다. 세 번째 자료는 벨몬트 보고서이다. 네 번째 자료는 생명의료윤리 4원칙을 설명한 글이다. 다섯 번째 자료는 제2차 세계대전 중 일본 731부대의 생체실험 만행에 대한 연구와 윤리적 반성이 부족하다는 것을 비판하는 글이다.

① 1972년 7월 26일, 『뉴욕 타임즈』는 "40년 동안 미국공중위생국은 매독에 걸린 사람들을 기니피그처럼 피험자가 되도록 권유한 후 병을 치료하지 않은 채 방치하는 연구를 시행해왔다… 이 연구는 이 병이 인간의 신체에 어떠한 영향을 끼치는가를 (피험자가 사망한 다음에) 부검을 통해 알아보기 위한 것이었다." 라고 보도하였다. 이 연구의 피험자들은 "앨라배마 주 터스커기(Tuskegee) 출신으로 대부분이 가난하고 교육을 받지 않은 600명의 흑인 남성"이었다. 이 사람들은 "병원을 오가는 무료 차량의 제공, 따뜻한 공짜 점심, 매독 이외의 모든 질병의 무료 치료, 부검 후의 무료 매장" 등의 약속을 받았다. 그 후 거의 매일같이, 몇 주 동안 계속해서 터스커기 연구의 자세한 내용이 언론에 폭로되었다. 600명의 피험자 중에서 400명이 매독 진단을 받았으나 아무도 그런 사실에 관

해서 들은 적도, 치료를 받은 적도 없었다. 그들은 자신들이 피험자라는 것, 그리고 자신들의 병을 치료받을 수도 있었다는 사실에 관해 전혀 모르고 있었다. 매독에 걸리지 않은 나머지 200명은 대조군이었다. 이들은 모두 환자건 대조군이건, 자신들이 '나쁜 피'를 가지고 있어서 정기적으로 척추천자를 포함한 의학적 검사가 필요하다는 이야기를 들었다. 1972년에 이 이야기가 공개되었을 때 74명의 치료받지 않은 피험자들이 아직 생존해 있었다.

이 매독 연구는, 그보다 수년 앞서 앨라배마 주 메이컨 군에서 시작된, 공중위생국에 의한 성병치료계획의 연구비가 중단된 이후인 1932년에 시작되었다. 미국 내에서 매독 유병률이 가장 높은 지역 중의 하나였던 메이컨 군의 주민들이 치료하지 않은 환자의 자연경과를 연구하기 위한 둘도 없는 기회를 제공해 줄 것이라는 생각이 치료계획의 책임자이자 공중위생국의 간부였던 탈리아페로 클라크(Taliaferro Clark) 박사의 머릿속에 떠올랐던 것이다. 당시의 비소와 수은 약물요법을 사용하는 표준적 치료법은 번거롭고 효과도 의심스러운 것이었다. 미국 최고의 아프리카계 미국인의 교육시설 중의 하나였던 터스커기 연구소의 병원이 연구에 협력했다. 이 연구는 첫 한 해만 수행할 예정이었으나 페니실린으로 효과적 치료가 가능해진 이후에도 40년 동안 지속되었다. 공중위생국 간부가 여러 차례 이 연구를 평가하였고, 과학적 가치가 있으므로 연구를 계속하는 것이 정당하다는 결정을 내렸다.

1972년 8월 24일, 미국 보건교육복지부는 9명으로 구성된 '터스커기 매독연구 특별위원회'를 설치하였다. 이 위원회의 임무는 터스커기 연구가 연구를 개시하던 시점에서, 혹은 페니실린이 사용 가능하게 된 이후에, 정당화될 수 있는 것인지를 결정하고, 또 이 연구를 계속해야 하는지, 만약 그렇지 않다면 이 연구를 '남은 환자의 권리와 건강상의 필요가 조화를 이루는 방향으로' 어떻게 종결할 것인지를 권고하고, 보건교육복지부가 후원하는 연구에 참여하는 환자의 권리가 적절히 보호되고 있는지를 검토하는 것이었다. 특별위원회의 최종보고서는 1973년 4월 28일에 발표되었는데, 터스커기 연구가 개시 시점부터 비윤리적이었다고 결론을 내리면서, 효과적인 치료법이 나타났을 때 연구를 종료하지 않았던 것을 비판하고 의학연구에 대한 엄격한 감독을 권고하고 있었다.

- 앨버트 존슨, 이재담 역, 『의료윤리의 역사』, 로도스, 2014, 202-203쪽.

- 터스커기 매독 실험 사진(출처: National Archives Catalog, https://catalog.archives.gov/id/956104)

③ **벨몬트 보고서(The Belmont Report)**
인간 피험자 보호를 위한 윤리 원칙과 지침

생명의료 및 행동 연구의 인간 피험자 보호를 위한 국가위원회, 1979년 4월 18일

차 례

인간 피험자 대상 연구의 윤리적 원칙과 지침
A. 시술과 연구의 경계
B. 기본적 윤리 원칙들
　1. 인간 존중
　2. 선행
　3. 정의
C. 적용
　1. 충분한 정보에 근거한 동의
　2. 위험과 이익의 평가
　3. 피험자 선정

④ 1) 자율성 존중의 원칙: '환자가 자기의 가치관이나 신념에 의거한 생각을 가지고 선택을 하며, 행위하는 권리를 인정하는 것'이라는 원칙. 의료현장에서의 자율이란 타인의 가치관이나 지시에 따르지 않고 의료방침에 대한 결정을 환자 자신이 정하는 것이다.

자율성 존중 원칙은 2가지 측면을 가진다. 하나는 '환자가 의사결정을 하는 데 있어서 타인에 의한 지배적 통제를 받지 않는 것'(소극적 의무)이며 또 하나는 '의료인은 의료방침 결정에 필요한 정보를 개시하고 환자의 자율적인 의사결정을 촉진하기 위해 지원할 것'(적극적 의무)이다. 여기서 중요한 것은 자율적인 선택은 어디까지나 환자의 권리이지 의무가 아니라는 점이다. 즉 자율적인 선택을 위해서 필요한 정보를 얻거나 선택하는 것 그 자체를 부정하는 권리도 환자에게 부여해야 한다.

이 원칙의 지지를 받는 도덕규칙에는 진실을 말할 것, 프라이버시를 존중할 것, 비밀유지의무를 지킬 것, 개입할 필요가 있을 때는 동의를 얻을 것, 중요한 결단을 내리는 상황에서 타인의 요구가 있다면 지원을 할 것 등이 있다.

2) 해악금지의 원칙: '타자(환자나 가족)에게 위해(危害)가 되는 행동 및 위해의 위험을 지게 하는 일을 의도적으로 삼갈 것'이라는 원칙이다. 이 원칙의 원초적인 형태인 '해를 끼치지 않는다'는 말은 히포크라테스 전집 『유행병』제1권에 나오며, 이후에 라틴어로 'Primum non nocere(영어로는 First, do no harm)'로 번역된다. 무엇이 해가 되는지의 판단은, 각각의 사례에서 구체적으로 생각하려고 하면 종종 곤란한 경우를 겪게 된다.

이 원칙이 지지하는 도덕규칙은 죽이지 않을 것, 고통이나 괴로움을 주지 않을 것, 능력을 빼앗지 않을 것, 침습하지 않을 것 등이다.

3) 선행의 원칙: '타자의 이익을 위해서 행위할 것'이라는 원칙. 이익을 주는 것 이외에 위해가 미치지 않게 예방하거나 해당 행위로 인해 야기될 가능성이 있는 좋은 면과 나쁜 면을 비교해서 감안하는 것이 포함된다. 연민의 마음을 가지고 타인을 도와야 한다는 유대교, 그리스도교, 이슬람교의 가르침에서 유래한다고 한다. 해가 무엇인지가 문제인 것처럼 이익이란 무엇인가라는 물음에 대해서도 많은 설이 존재한다. 의료현장에는 병의 치료를 목적으로 신체적·심리적 고통을 가능한 한 최소화하는 것, 경제적 이익을 추구하는 것 등 다양한 이익을 생각할 수 있다. 여기서 어떠한 이익을 우선시할 것인지 문제가 된다.

비첨과 칠드레스의 주장에 따르면, 이 원칙이 지지하는 규칙은 타인의 권리를 보호·옹호할 것, 타인에게 위해가 미치는 것을 방지할 것, 타인에게 위해를 줄 것으로 예상되는 조건을 제거할 것 등이 있다.

4) 정의의 원칙: '사회적 부담이나 이익을 정의에 따라서 적정하게 분배할 것'이라는 원칙. 이 원칙은 형식적 요소와 실질적 요소로 구성되어 있다. 형식적 요소는 '동등한 것은 동등하게 다룬다'라는 의미이며, 실질적 요소는 '동등한 취급이라는 평가를 받기 위해서는 무엇이 동등해야 하는지를 특정한다'라는 것이다. 이 원칙은 누군가 두 명 이상의 사람에게 한정된 의료자원을 배분할 때 문제가 된다. 한 사람 한 사람에게 같은 양만 분배하는 것이 평등인가, 각자의 필요도에 따라서 차이를 둔 배분이 평등인가, 아니면 사회에 대한 공헌도나 노력·공적에 따른 배분인가.

- 핫토리 켄지·이토 타카오, 김도경·정신희 역, 『의료윤리학의 이론과 실제』, 로도스, 2016,
259-261쪽.

⑤ 서양에서 의료윤리의 필요성과 중요성이 대두된 배경에는 그들이 경험했던 의료인들의 비윤리적 행위와 이에 대한 반성이 있었다. 그런데 일본은 제2차 세계대전 중 731부대의 생체 실험이라는 경험이 있음에도 불구하고, 일본 의학철학·윤리학회를 포함해서 일본의 주류 의학계와 철학계는 이에 대해 언급을 꺼린다. 일부 문제의식을 지닌 의료인과 학자들이 모여 2000년에는 〈15년 전쟁과 일본의 의학의료연구회〉, 2009년에는 〈전쟁과 의료윤리 검증추진회〉를 설립해서 731부대를 비롯해 전쟁 중에 일본 의료인들이 행한 비인도적 행위를 연구하고 반성하고 있는 실정이다. 현실의 문제를 해결하지 못하는 공허한 연구가 되지 않으려면 우선 일본의 의료계가 행한 과거의 비인도적 행위에 대해 일본의 주류 학계가 철저히 연구하고 반성하는 작업을 할 필요가 있다.

- 이은영, 「일본 의철학과 의료윤리 연구 동향」, 『의철학과 의료윤리 연구의 현황과 과제』,
모시는사람들, 2022, 102-103쪽.

2. 생명의료윤리와 강령, 선언, 법의 제정

　제2차 세계대전 중의 나치의 만행과 이에 가담한 의사들의 죄를 묻는 뉘른베르크 재판의 판결문에는 피험자의 동의 등 의학실험이 지켜야 할 10가지 원칙이 명시되었다. 이것을 「뉘른베르크 강령(Nuremberg Code)」이라 한다. 1964년 핀란드 헬싱키에서 개최된 제18회 세계의사회 총회에서는 오늘날 생명의료윤리 연구 분야에서 전 세계적으로 가장 많이 알려져 있고 활용되고 있는 「헬싱키 선언(Declaration of Helsinki)」이 채택되었다. 선언의 정식 명칭은 「인간 대상 의학 연구 윤리 원칙」이며, 그 후 몇 차례 수정, 보완되었다. 선언은 의학 연구가 모든 피험자를 존중하며, 그들의 건강과 권리를 보호하는 윤리 기준을 따라야 한다는 내용을 담고 있다. 구체적으로 의사는 연구 피험자의 생명, 건강, 존엄성, 자기결정권, 개인정보 등을 보호해야 한다. 선언에서는 이를 위해 피험자에게 충분한 정보를 제공하고 피험자의 동의하에 실험을 진행해야 한다는 등의 원칙을 말한다.

　생명공학기술이 발달하면서 생명의료윤리 문제는 새로운 국면을 맞이하게 되었다. 1997년 복제양 돌리의 탄생은 인간 복제에 대한 우려로 이어졌다. 국내에서 생명의료윤리 논의가 심화하고 관련 법률이 제정 및 강화된 계기는 2005년 황우석 사건이다. 황우석 교수의 인간배아복제와 줄기세포 연구는 난자 매매와 연구원 난자 이용, 논문 조작 등 심각한 윤리적 문제가 있었다. 황우석 교수의 연구 및 윤리적 문제는 국내 생명윤리법 제정과 강화의 계기가 되었다.

아래의 첫 번째 자료는 뉘른베르크 강령 전문이다. 두 번째 자료는 헬싱키 선언(인간 대상 의학연구 윤리 원칙) 2013년 제7차 개정본의 서문과 일반 원칙이다. 세 번째 자료는 황우석 사건에 대해 설명하는 글이다. 네 번째 자료는 한국 생명의료윤리 역사의 주요 사건과 논의를 다룬 글이다.

① 뉘른베르크 강령(The Nuremberg Code)

허용되는 의료 실험: 사람에 대하여 행하는 의료 실험은 합리적으로 적절히 한정된 범위 안에서 실시할 때에만 의료 직업 윤리에 부합함을 유념해야 한다. 사람을 대상으로 하는 실험을 옹호하는 입장은 다른 연구 방법이나 수단을 통해서는 얻을 수 없는 사회적 이익을 그러한 실험을 통해 얻을 수 있다는 점에 근거하고 있다. 그러나 도덕과, 윤리관, 법 관념에 부응하기 위해서는 다음과 같은 일정한 기본 원칙이 준수되어야 함은 물론이다.

1. 실험 대상이 되는 사람의 자발적인 동의(voluntary consent)는 절대 필수적이다.

즉, 관련 당사자는 동의할 수 있는 법적 능력이 있어야 하고, 강압, 사기, 기망, 강박, 기만, 기타 이면의 강제나 강압의 개입 없이 자유로이 선택권을 행사할 수 있는 상황에서 관련사안의 주된 요소를 충분히 숙지하고 이해하여 이에 근거한 사리에 합당한 결정을 할 수 있어야 한다. 마지막 요건을 만족시키기 위해서는 실험 대상자가 긍정적인 결정을 승낙하기에 앞서 그에게 당해 실험의 성격, 기간 및 목적, 당해 실험을 행하는 방법 및 수단, 예상되는 모든 불편 및 위험 사항, 그리고 실험에 참여함으로써 야기될지 모르는 건강 또는 신상의 영향에 대하여 고지받아야 한다.

동의의 적정성을 확인할 의무와 책임은 실험을 주도, 지시, 관장하는 각 개인에게 있다. 이는 타인에게 위임할 수 없는 일신전속적 의무이며 책임이다.

2. 실험은 다른 연구방법·수단에 의해서는 얻을 수 없는 사회적 이익을 위해

유익한 결과를 낳을 수 있는 것이어야 하며, 성질상 무작위로 행해지거나 불필요한 것이어서는 아니된다.

3. 실험은 그로 인하여 기대되는 결과가 당해 실험의 실행을 정당화할 수 있도록 동물 실험의 결과와 연구대상이 되는 질병의 자연발생사 및 기타 문제에 관한 지식에 근거하여 계획해야 한다.

4. 실험을 할 때는 모든 불필요한 신체적·정신적 고통과 침해를 피해야 한다.

5. 사망 또는 불구의 장해가 발생할 수 있으리라고 추측할 만한 이유가 있는 경우에는 실험을 행할 수 없다. 단, 실험을 하는 의료진도 그 대상이 되는 실험의 경우는 예외로 한다.

6. 실험으로 인하여 감수해야 하는 위험의 정도나 그로 인하여 해결되는 문제의 인도주의적 중요성 정도를 초과하여서는 아니 된다.

7. 상해, 불구, 사망의 어떠한 일말의 가능성으로부터도 실험대상자를 보호하기 위하여 적절한 준비와 적당한 시설을 갖추어야 한다.

8. 실험은 과학적으로 자격을 갖춘 자에 의해서만 행해져야 한다. 실험을 시행하고 이에 참여하는 사람에게는 실험의 모든 단계를 통하여 최고도의 기술과 주의가 요구된다.

9. 실험이 진행되는 동안 실험 대상자는 실험의 계속이 불가능하다고 보이는 신체적·정신적 상태에 이르게 된 경우 실험을 자유로이 종료시킬 수 있어야 한다.

10. 실험이 진행되는 동안 당해 과학자는 그에게 요구되는 선의, 고도의 기술 및 주의력으로 판단해 볼 때, 실험의 계속이 실험 대상자에게 상해, 장애 또는 죽음을 야기하리라고 믿을 만한 상당한 이유가 있는 경우에는 어느 단계에서든 실험을 중지할 준비가 되어 있어야 한다.

- 〈뉘른베르크 강령〉, 국가생명윤리정책원 홈페이지 https://www.nibp.kr/xe/info4_5/4780

② 세계의사회 헬싱키 선언: 인간 대상 의학연구 윤리 원칙

서문

1. 세계의사회는 헬싱키 선언을 통하여 개인을 식별할 수 있는 인체유래물이나 정보를 이용하는 연구를 포함한 인간 대상 의학연구의 윤리 원칙을 제안하고 발전시켰다. 이 선언은 전문을 포괄적으로 이해하여야 하며 각 조항은 관련된 다른 조항을 고려하여 적용하여야 한다.

2. 세계의사회에 위임된 권한에 따라 이 선언은 의사에게 우선적으로 적용한다. 세계의사회는 인간 대상 의학연구에 관련된 다른 연구자들도 이 원칙을 준수하도록 권장한다.

일반 원칙

3. 세계의사회 〈제네바 선언〉은 "환자의 건강은 의사의 최우선 직무이여야 한다."로 의사의 의무를 촉구하며, 〈의료윤리에 관한 국제 강령〉은 "의사는 진료에 임할 때 환자의 최선의 이익에 입각하여 진료하여야 한다."고 선언한다.

4. 의사의 의무는 의학연구와 관련된 사람을 포함하여 환자의 건강, 안녕 및 권리를 증진시키고 보호하는 것이다. 의사는 지식과 양심에 따라 이 의무를 다하여야 한다.

5. 의학의 발전은 궁극적으로 인간 대상 의학연구를 포함하는 연구에 기반을 둔다.

6. 인간 대상 의학연구의 근본적인 목적은 질병의 원인, 발생 과정, 경과를 이해하고, 예방법, 진단절차, 치료법을 향상시키는 데 있다. 입증된 최선의 시술일지라도 안전성, 효과, 효능, 접근성, 질에 대한 지속적인 연구로 재평가하여야 한다.

7. 의학연구는 모든 연구대상자에 대한 존중을 함양하고 보장하며 그들의 건강과 권리를 보호하는 윤리기준을 따라야 한다.

8. 의학연구의 근본적인 목적이 새로운 지식의 창출이지만 이러한 목적이 결코 연구대상자 개인의 권리와 이익보다 우선할 수는 없다.

9. 의학연구를 수행하는 의사는 연구대상자의 생명, 건강, 존엄, 완전성, 자기결정권, 사생활 및 개인정보의 비밀을 보호할 의무가 있다. 연구대상자 보호의

책임은 항상 의사 또는 다른 의료전문가들에게 있으며 비록 그들이 동의를 하였다고 하더라도 결코 그 책임이 연구대상자에게 있지 않다.

10. 의사는 인간 대상 연구에 있어서 적용 가능한 국제적 규범과 기준뿐 아니라 자국의 윤리적, 법적, 제도적 규범과 기준을 동시에 고려해야 한다. 어떤 국가적 또는 국제적 차원의 윤리적, 법적, 규제 요건도 이 선언에서 제시하는 연구대상자에 대한 보호조치를 축소하거나 없애서는 안 된다.

11. 의학연구는 환경에 미칠 수 있는 위해를 최소화하는 방법으로 수행하여야 한다.

12. 인간 대상 의학연구는 적절한 윤리적·과학적 교육과 훈련을 받은 자격이 있는 사람이 수행하여야 한다. 환자나 건강한 자원자에 대한 연구는 적절한 자격을 갖추고 숙련된 의사나 관련 의료전문가가 감독하여야 한다.

13. 의학연구에서 그 대표성이 부족할 수 있는 집단에게 연구에 참여할 수 있는 적절한 기회가 제공하여야 한다.

14. 의학연구와 진료를 겸하는 의사는 잠재적 예방, 진단 및 치료의 가치에 의해 연구가 정당화 될 수 있는 범위에서만, 그리고 연구 참여가 연구대상자가 되는 환자의 건강에 부정적으로 영향을 미치지 않을 것이라는 믿을 만한 충분한 근거를 가지고 있는 경우 자신의 환자를 연구에 참여하게 해야 한다.

15. 연구에 참여한 결과로서 해를 입은 연구대상자에게 적절한 배상과 치료를 보장해야 한다.

- 「세계의사회 헬싱키 선언: 인간 대상 의학연구 윤리 원칙」, *Journal of the Korean Medical Association* 57(11), Korean Medical Association, 2014, 899-900쪽.

③ 서울대학교 수의대 교수 황우석은 2002년부터 2003년까지 연구한 핵이식을 통한 인간배아복제연구를 2004년 『사이언스(Science)』지에 발표하였다. 인간배아복제연구 자체에 대한 윤리적 논란이 국내에 일어났지만, 2004년 1월 24일 「생명윤리 및 안전에 관한 법률」이 제정되었고, 2005년 1월 1일부터 발표됨으로써, 일정한 요건하에서 인간배아복제연구가 허용되었다. 황우석은 2005년

동 학술잡지에 핵치환 기술을 이용한 두 번째 인간배아복제연구를 발표하였다. 황우석은 당시 11개의 환자 맞춤형 줄기세포를 만들었고, 복제 성공률을 획기적으로 높이게 되어 현실적으로 사용 가능한 기술이 되었다고 하였다.

2005년 11월 22일, MBC 방송의 PD수첩 프로그램에서 2004년 연구 과정에서 난자 매매와 연구원의 난자를 이용한 윤리적 문제가 있다는 점을 보도하였다. 이에 대하여 황우석은 공식적인 사과를 하였지만, 국내의 반응은 연구는 계속되어야 한다는 것이었으며, 윤리적 이슈를 제기하는 것은 연구를 방해하는 쓸데없는 소리, 또는 엄청난 경제적 부를 창출한 기술에 대하여 시비를 거는 비애국적 행위로 취급되었다. 또한 MBC PD수첩 취재 과정에서 불거진 연구원에 대한 강압적 발언 등이 문제가 되어 황우석을 지지하는 대규모 시위에 의하여 해당 프로그램 폐지가 결정되는 등 상황은 황우석에게 더욱 유리하게 진행되었다. 그러나 2005년 12월 5일 생물학연구정보센터(BRIC)의 과학자들이 『사이언스』지 논문의 조작 가능성을 제기하였고, 해당 논문에 사용된 사진들이 조작되거나 중복되어 사용되었다는 증거가 제시되었다.

연구부정 문제가 나타나자, 서울대는 2005년 12월 15일 자체조사위원회를 구성하였고, 약 한 달간의 조사를 통해 2005년 5월 『사이언스』지에 발표한 맞춤형 줄기세포 11개는 모두 존재하지 않으며 아울러 2004년 2월 『사이언스』지 논문의 줄기세포 역시 핵이식에 의해 수립된 것이 아니라 단성생식에 의한 것이라는 가능성을 배제할 수 없다는 결론을 내렸다. 위 두 논문은 모두 철회되었고, 황우석과 연구진은 파면 등의 중징계를 받았다. 또한 연구비 횡령 등의 혐의에서 유죄 판결을 받았다. 이 사건은 위조(존재하지 않은 줄기세포를 11개까지 부풀림), 변조(사용한 난자 개수 누락, 사진조작 등), 명예 저자(연구에 기여 없는 자들의 논문등재), 생명윤리 위반(난자 불법매매), 연구비 부당사용 등 모든 종류의 연구윤리 위반이 총체적으로 드러난 심각한 연구부정행위였다.

- 김장한, 「연구진실성과 연구부정행위」, 『의료윤리학』, 정담미디어, 2015, 349-350쪽.

④ 1997년은 '한국 생명윤리 역사의 전환점'으로 자리매김하였다. 그해 2월

영국에서 복제양 돌리가 탄생하면서 인간 복제(human cloning) 우려는 생명윤리에 관한 논의를 촉발하는 계기가 되었다. 한편, 1997년 12월에는 보라매병원 사건이 발생, 병원에서 죽음을 맞는 것을 당연하게 만드는 법적 결정이 이루어지면서 임상윤리(clinical ethics)를 다루는 것은 당면 과제가 되었다.

복제양 돌리의 탄생과 그 배경인 체세포 핵이식(somatic cell nuclear transfer)은 이전에 생식세포 핵이식(germ cell nuclear transfer)을 연구하던 서울대학교 황우석 교수의 탐구 방향을 돌려놓는 사건이 되었다. 한편, 보라매병원에서 환자 보호자의 요청으로 환자를 퇴원시켰다가 환자가 사망하고, 주치의에게 살인방조죄가 선고되는 사건이 발생하자, 더 이상 치료가 무의미하다고 판단되었을 때 환자를 퇴원시켜 집에서 사망 과정을 겪던 문화는 급속도로 바뀌기 시작했다.

…(중략)…

2000년 의약분업, 2005년 황우석 사건은 생명의료윤리학이 단과대학의 교육을 넘어 사회, 제도와 어떻게 연결되고 작용할 수 있을지에 관한 구체적인 논의를 요구하였다. 2005년 「생명윤리 및 안전에 관한 법률」(「생명윤리법」), 2016년 국회를 통과한 「호스피스·완화의료 및 임종과정에 있는 환자의 연명의료결정에 관한 법률」(「연명의료결정법」)이 2018년 시행되면서 생명의료윤리의 문제가 법적 규제의 틀에서 어떻게 다루어지는지가 구체화되기 시작하였다. 21세기, 점차 의학과 의료의 사회적 영향력이 커지고 있으며 따라서 관련된 법에 관한 논의도 확충되고 있다.

2020년, 전 세계는 코로나바이러스감염증-19(코로나19) 팬데믹의 충격에 휩싸였으며, 코로나19 백신 접종이 시행되고 있는 2021년 현재 아직 그 해결은 요원한 상태다. 코로나19 사태는 오랫동안 잊었던 감염병의 힘과 생명의료윤리적 문제의 사회적 파급력을 모두에게 각인시킨 사건이다. 이에 사회는 생명의료윤리 담론의 확장을 요청하고 있다

- 김준혁, 「국내 생명의료윤리 연구의 양적 분석」, 『의철학과 의료윤리 연구의 현황과 과제』, 모시는사람들, 2022, 44-46쪽.

가. ③에서 설명한 황우석 사건과 관련하여 연구자가 왜 연구 부정을 저지르게 되는지 생각해 보자. 이러한 연구 부정이 생명을 다루는 연구에서는 왜 특히 문제가 되는지 토의해 보자.

나. 황우석 사건 당시 한국에서는 그의 연구를 비판하는 이들뿐만 아니라 지지하는 이들도 많았다. 양측 입장의 이유들에 대해 논의해 보자.

다. 강령이나 선언, 법의 제정이 생명의료윤리 문제를 해결하는 데 도움이 될 수 있을까? 이러한 것들의 제정이 가져오는 효과와 한계에 대해 논의해 보자.

라. 코로나19 팬데믹 상황에서 국내외에 어떠한 생명의료윤리 문제가 있었는지 이야기해 보자.

III. 생명의료윤리의 실제

생명이 소중하다는 것은 너무나 당연하게 받아들여지는 명제이지만, 생명을 둘러싼 논쟁은 생명의 소중함이라는 말만으로 해답을 찾기 어려운 경우가 많다. 무엇이 언제부터 생명이라 부를 수 있게 되는가, 어떤 생명이 더 소중한가, 어떤 생명을 살리기 위해서 감당할 수 있는 것과 감당할 수 없는 것은 무엇인가, 생명을 유지하는 것과 존엄한 삶을 산다는 것 중 무엇이 더 중요한 것인가와 같은 문제는 결코 간단하지 않다.

앞서 살펴본 것처럼 의료 과학이 생명을 소중하게 지키기 위해 더욱 발전하는 것은 필료하지만, 터스커기 매독연구나 나치 독일이나 일본제국주의가 수행했던 물리적 인체실험이 '생명의 소중함을 위한 것'이라고 말할 수 있을까.

2차 세계대전 이후 1947년 뉘른베르크 강령을 만들고, 미국 정부가 터스커기 매독연구 이후 생명의학과 임상연구에 대한 윤리적 원칙을 만들려고 했던 것은 생명의료윤리의 당위성을 뛰어넘어 방향성과 한계를 설정하는 것이 중요함을 깨달았기 때문이었다.

1993년 유엔(UN) 산하 국제기구인 유네스코 안에 국제생명윤리위원회가 설치되었고, 2005년 제33차 유네스코 총회에서는 '생명윤리 및 인권에 관한 보편선언'이 채택되었다. 보통 '유네스코 생명윤리선언'으로 불리는 그것이다. 여기에서는 각국이 국가생명위원회를 설립하고 인간생명과 그와 관련된 윤리를 지키기 위해 노력할 것을 권고하고 있다. 이에 따라 한국에서도 2003년 생명윤리 및 안전에 관한 법률, 즉 보편적으로 '생명윤리법'이라 불리는 법률 제정을 위한 논의가 본격화되었고 2005년에 발효되었다. 그리고 이 법률에 따라 2005년 국가생명윤리심의위원회가 설립되었다.

이미 한국에서는 1997년 이른바 '보라매병원' 사건, 2000년 의약분업 논쟁과 의사파업 사태, 2005년 황우석 사건을 겪으면서, 생명의료윤리에 대한 사회적 논쟁이 적지 않게 일어났다. 의학기술과 생명공학 기술은 나날이 발전하고 있고, 인공지능기술과 빅데이터 기술도 급속도로 확산되고 있다. 코로나19를 겪으면서 질병이 사회를 통제하고 의료가 사회적 활동을 규제하는 현실을 체험하면서, 생명의료윤리의 중요성은 누구에게나 강력하게 각인되어 있다.

2005년 생명윤리법이 처음 발효되었을 때만해도, 배아와 유전자 연구에 대한 규율에 초점이 맞춰져 있었지만, 2010년대 이후로는 인간을 대상으로 한 연구 전반과 인체유래물 연구에 대한 규율까지 범위가 확장되었다. 생명에 대한 연구를 생명윤리의 측면에서 규제하고 제한하는 것도 중요하지만, 자칫 생명연구 자체에 대한 과도한 통제로 흐를 위험성도 제기되었다. 한편으로는 환자나 피험자의 자율성을 강조하여, 명시적 동의가 있는 경우에는 연구가 진행될 수 있도록 하고 있는데, 경제적이나 정신적으로 취약한 피험자의 경우에는 동의라는 절차만으로 윤리적 위험을 피할 수 있다고 보기는 어렵다는 지적도 많다.

실제 의료적 상황에서는 의사의 진찰, 시술, 처방 등 모든 의료적 행위들이 의학적 판단과 양심에 따라 이루어지지 않고, 상업적 이익이나 명성에 대한 집착에 따라 이루어질 가능성도 문제가 될 것이다. 이번 장에서는 생명의료윤리와 의료윤리적 문제가 발생한 구체적 사례들을 중심으로 우리 개인과 사회가 갖추어야 할 태도에 대해 성찰해보기로 한다.

1. 생명의료윤리의 쟁점들

한국사회에서 생명의료윤리에 대한 사회적 논쟁이 크게 주목받은 대표적 사건으로 1997년 보라매병원 사건과 2008년 김 할머니 사건을 꼽곤 한다. 이 사건은 의사들과 병원의 관행적 조치에 대한 법적 책임, 환자의 연명의료결정과 관련된 법률의 제정, 환자의 자율성과 병원의 의무에 대한 논란 등, 여러 가지 이슈들을 주목하게 만들었다.

1997년 보라매병원 사건 이전까지, 당시 한국에서는 치료 중단 여부에 대한 결정에 있어서 환자와 보호자의 의사를 절대적으로 중요시하는 것이 관행이었다. 회복 가능성이 희박한 환자가 고가의 연명의료장치에 의해 생명을 연장하거나 고액의 수

술비가 청구될 치료를 하는 것은 환자 측에는 경제적 부담을 주고 병원 측에는 생명을 살릴 수 있는 다른 환자를 치료할 자원을 허비하는 것으로 인식되고 있었다. 환자의 퇴원 요구에 대해 의사가 어떤 절차를 밟아야 하는지에 대한 명확한 규정도 없었다. 보라매병원 사건 당시, 환자 아내의 거듭된 요청에 따라 의사는 퇴원을 허락하였는데, 퇴원을 위해 인공호흡기를 제거하자마자 환자는 사망에 이르렀다. 결국 이 사건은 대법원 판결에서 환자의 아내에게 살인죄를, 퇴원 조치를 취한 의사와 전공의에게 살인방조죄를 적용하는 선고를 받게 된다.

2008년 김 할머니 사건은 세브란스 병원에서 조직검사 중에 심정지가 오면서 뇌사상태에 빠진 환자와 관련된 사건이었다. 김 할머니 가족들은 평상시 기계적 연명치료를 원하지 않던 김 할머니의 뜻에 따라, 연명치료 중단을 요구하였지만 병원 측은 이를 거절하였다. 가족들은 이에 인공호흡기를 제거해달라는 내용의 청구를 법원에 제출한다. 대법원은 이에 대해, 인공호흡기를 제거하라는 판결과 함께 연명치료 중단에 대한 요건을 판시하였다.

이 두 가지 사건은 회복 가능성이 낮은 환자에 대한 연명치료의 중단을 어떻게 결정해야 하는가에 대한 사회적, 의학적, 법률적 논쟁을 불러일으킨 사건이었다. 아래의 첫 번째 글은 두 가지 사건이 어떻게 전개되고 법적인 판결에 도달했는지를 설명해주고 있다.

위의 사건에 대해 살펴볼 때, 환자 생명의 존엄성과 자율적 의지도 중요한 지점이지만 병원 측의 의료자원 활용 문제도 중요한 판단 지점이 될 수 있다. 실제로 대규모 재난적 사고나 급격한 감염병 확산과 같은 일이 벌어지면, 의료자원, 즉 의사나 병실, 의료 장비가 부족해지는 일이 벌어질 수 있다. 사실은 평상시 병원 응급실이나 중환자실에서도 흔히 겪게 되는 일이기도 하다. 이와 같이 한정된 의료자원을 어떻게 배분하고 어떠한 기준으로 우선 순위를 둘 것인가의 판단은 생사를 다투는 것이 될 수 있기에 매우 중요한 문제가 된다. 아래의 두 번째 글은 의료자원 배분에 대한 기준을 정하는 이론들에 대해 요약적으로 설명한 글이다.

① 1997년 12월 4일 시멘트 바닥에 머리를 부딪쳐 다친 남성이 보라매병원으

로 응급후송되어 밤새 경막외출혈로 혈종제거수술을 받았다. 환자는 뇌수술을 받고 의식을 회복하는 추세였지만, 아직 자발적으로 호흡을 할 수는 없는 상태여서 인공호흡기를 착용하였다. 인공호흡기를 제거하면 사망에 이를 것이 충분히 예상되는 상황이었지만 환자의 아내는 경제적인 이유 등을 내세워 지속적이고 완강하게 병원 측에 퇴원조치를 해줄 것을 요구했다. 의료진은 처음에는 만류하였으나, 계속된 환자 아내의 요구에 결국 12월 6일 오후 2시 퇴원할 경우 사망할 수 있다는 점을 충분히 고지한 후 환자를 퇴원시킨다. 예상대로 환자는 자택으로 이송되어 인공호흡보조장치(앰부)를 제거하자마자 사망하였다.

문제는 법원이 이 사건과 관련된 의사 두 명에게 1심에서는 부작위(치료중단)에 의한 살인의 공동정범으로, 2심에서는 작위(퇴원조치)에 의한 살인 방조범으로 각각 유죄판결을 내렸다는 점이다. 그리고 2004년 6월 대법원은 2심의 판결 결과를 받아들여 이 의사 두 명에게 살인방조죄로 최종 유죄판결(집행유예)을 내렸다. 엄밀하게 말해서, '보라매병원 사건'은 임종기환자의 연명의료 중단과 관련된 사건이라기보다는 의학적 권고에 반하는 퇴원과 관련된 사건이었지만, 이러한 법원의 판결은 임종기환자의 연명의료와 관련된 기존 의료계의 관행에 큰 변화를 가져왔다. 의료계가 이 판결을 통해 연명의료를 중단하는 일이 법적인 처벌을 받을 수도 있는 매우 중대한 사안이라는 점을 인식하게 되었기 때문이다. 대부분의 병원에서는 그동안 암묵적으로 행해지던 고령의 노인들이나 말기환자들에 대한 퇴원조치가 엄격하게 금지되었고, 더 이상의 치료가 무의미한 임종기 환자에게조차 연명의료를 계속하는 집착적 의료행태가 보편적 현상이 되었다. 그리고 이것이 '김 할머니 사건'의 배경이 된다.

2008년 2월 세브란스병원에서 김 할머니는 폐암 발생 여부를 확인하기 위해 내시경을 이용한 폐종양조직검사를 받던 중 폐출혈과 심호흡 정지가 일어나 심폐소생술 후 인공호흡기를 부착하게 된다. 김 할머니의 가족들은 이러한 병원의 조치가 치료를 위한 것이 아니라 연명만을 위한 무의미한 것이라고 판단하여 인공호흡기 제거를 병원 측에 요구했으나 거절당한다. 이에 김 할머니의 가족들은 이러한 무의미한 연명의료가 평소 김 할머니가 밝힌 의사에 반하는 것이라는 이유로 소송을 제기했으며, 1심과 2심에서 잇달아 승소한 뒤, 2009년 5월 21일 대법원으로부터 김 할머니에게 부착되어 있는 인공호흡기를 제거하라는 판결을 받아낸다. "회복불가능한 사망의 단계에 이른 후에 환자가 인간으로서의 존엄과 가치 및 행복추구권에 기초하여 자기결정권을 행사하는 것으로 인정되는 경우에는 특별한 사정이 없는 한 연명치료의 중단이 허용될 수 있다"는 것이 대법원 판결의 요지였다. 결국 대법원의 판결에 따라 2009년 5월 인공호흡기를 제거한 김 할머니는 이후 8개월을 더 생존하다가 2010년 1월 10일 사망한다.

연명의료 중단을 인정한 국내 최초의 판례로 평가받는 '김 할머니 사건'의 판결은 연명의료와 관련된 사회적 논의를 촉발하는 한편, 관련 법안을 제정해야 할 필요성을 환기시켰다. 특히 김 할머니의 가족들은 연명의료의 중단에 관한 기준과 절차 및 방법 등에 관한 법률을 제정하지 않은 것이 입법부작위에 의한 헌법 위반이 아닌가를 묻는 헌법소원심판을 또한 청구하였는데, 이 헌법소원은 비록 각하되었지만 그 판결의 과정에서 '연명의료에 대한 거부 또는 중단'이 헌법상 기본권인 자기결정권의 내용임을 헌법재판소를 통해 확인하게 만들었으며, 연명의료의 중단 및 유보에 관한 입법 논의를 실질적으로 추진하도록 만드는 역할을 하였다.

이렇게 '김 할머니 사건'은 연명의료의 중단 및 유보와 관련된 사회적 논의를 촉발하였을 뿐만 아니라, 실질적인 입법을 추진하도록 만든 결정적인 사건이었으나 즉각 가시적인 결과를 이끌어내었던 것은 아니다. 대한의사협회와 대한의학회, 대한병원협회가 '김 할머니 사건'의 대법원 판결이 내려진 이후 "연명치료 중지에 관한 지침 제정 특별위원회"를 구성하여 2009년 10월 1일 『연명치료 중지에 관한 지침』을 제정하였으나, 이 지침은 사회적 합의를 도출하지도 못하였고 의료계의 관심도 받지 못하였다. 또한 보건복지부는 연명의료 중단을 제도화하기 위해 사회적 협의체를 구성하여 2009년 12월부터 2010년 6월까지 운영하였으나 위원들 간에 뚜렷한 인식의 차이가 있다는 점만을 확인했을 뿐, 제도화 및 입법에 대한 노력은 시작조차 하지 못했다. 국회에서의 입법 노력도 마찬가지 상황이었다. 18대 국회에는 김충환 의원이 "호스피스·완화의료에 관한 법률안"을, 신상진 의원이 "존엄사 법안"을, 김세연 의원이 "삶의 마지막 단계에서 자연스러운 죽음을 맞이할 권리에 관한 법률안"을 각각 발의하였으나, 김충환 의원이 발의한 법안의 일부 내용이 "암관리법"에 병합되어 반영되었을 뿐, 다른 법안들은 18대 국회가 끝날 때까지 처리되지 못한 채 2012년 5월 29일 자동 폐기되었다.

- 조태구, 「죽음은 어디까지 허용되는가」, 『죽음의 시공간』, 모시는사람들, 2023, 122-124쪽.

② 인간 장기는 두 개로 나눌 수 없으며, 따라서 장기 이식을 두 사람이 기다리고 있다면 둘 중 한 사람에게 장기를 주는 타당한 근거가 제시되어야 할 필요가 있다. 중환자실 병상은 한정되어 있으며, 병상에 어떤 환자를 들이고 다른 환자를 들이지 않는 결정에는 정당한 이유가 있어야 한다. 여기에 근거가 될 수 있는 것이 의료자원 분배의 원칙이다. 퍼세드 등은 의료자원 분배의 원칙을 네 가지로 분류한다. 그 원칙은 운 평등주의를 제외한 네 가지, 즉 평등한 기회(평등주의), 전체 이익 최대화(공리주의), 최소 수혜자 조력(약자우선주의), 사회적 유용성 촉진(공동체주의)이다. 이들이 다루지 않은 운 평등주의적 접근을 추가하여 의료자원을 어떻게 분배할 수 있는지 정리해 보자. 〈표1〉

〈표1〉 의료자원 분배의 이론과 해당 분배 방식

의료정의론	분배 방식	적용 분야	장점	단점
평등주의	추첨	학교 배정, 입대	신속, 공평	단순함
	선입 선처리	장기 이식, 입원	직관적	유력자 우대
공리주의	최대한의 생명	재난	응급 대처	단순함
	최대한의 생존 연수	건강보험	일반적	불공평함
약자우선주의	위중환자 우선	응급실, 간 이식	활용도 높음	장기적 고려 부족
	낮은 나이 우선	신장투석, 범유행인플루엔자 백신 접종	이론적 타당성	노인 차별? 비직관적
공동체주의	상호성	참전 용사 의료 시설	중요 가치 보상	일부에게만 적용
운 평등주의	도구적 가치	재난	공동체 보호	도구적 가치의 다원성
	눈먼운 보상	간·폐 이식, 건강세	약자우선주의 보강	개념적 모호성

평등주의적 접근에서 볼 때, 의료자원을 가장 확실히 분배할 수 있는 방식은 추첨이다. 추첨은 학교 배정이나 입대 등의 맥락에서 오랫동안 폭넓게 활용되어 온 방식이다. 추첨은 모든 대상자에게 자원을 놓고 같은 권리를 배정하며, 대상자 한 편을 고려하지 않기 때문에 자원을 확실히 분배하는 결정을 세울 수 있다는 장점을 지닌다.

…(중략)…

평등주의적 접근법의 다른 방식으로는 선입 선처리(first-come, first-served)가 있다. 먼저 온 환자에게 우선권을 배정하는 이 방식은 "자연적 추첨(natural lottary)" 이라고 불리며, 외국에서 장기 이식, 인플루엔자 대유행, 입원 최적화에서 응급 환자 배정 방법 등으로 활용되고 있다.

- 김준혁, 「코로나19로 인한 응급상황에서 의료자원 분배 및 백신 접종의 우선순위 설정」, 『생명, 윤리와 정책』 제4권 1호, 2020.4., 73-74쪽.

학습활동

가. 보라매병원 사건과 김 할머니 사건 당시의 논란에 대해 좀 더 조사해 보고, 이러한 판결이 왜 나오게 되었는지, 그리고 그러한 판결에 따른 후속 조치들은 어떤 것들이 있었는지에 대해 설명해 보자.

나. 코로나19 당시 유럽 선진국들에서도 의료자원의 부족이 극심했다. 백신의 개발 이후에는 백신의 안전성과 효과에 대한 논쟁도 있었지만, 백신의 우선 접종 순위 기준과 국가별 보급에 대한 논란도 상당했다. 팬데믹 상황에서의 의료자원 배분이 국가 단위에서, 그리고 세계적 범위에서 어떻게 이루어져야 할 것인지에 대해 토론해 보자.

2. 생명의료윤리의 현장

의학의 아버지라 불리는 고대 그리스의 철학자 히포크라테스는 무엇보다 의사의 윤리를 강조하였다. 지금도 의사의 자격을 얻게 되었을 때, '히포크라테스 선서'는 중요한 의례의 몫을 담당한다. 그것은 "나의 환자의 건강과 생명을 첫째로 생각할 것", "인간의 생명을 수태된 때로부터 가장 중요한 것으로 존중할 것", "위협을 당할지라도 자신의 지식을 인도에 어긋나게 사용하지 않을 것" 등을 다짐하는 내용으로 되어 있다.

그러나 현실의 의사들은 엄청난 의학의 발전에도 불구하고 그 모든 다짐을 지켜 환자의 생명을 수호하기에는 어려움이 많다. 여전히 의사들이 뚜렷한 치료법을 모르는 질병도 많으며, 신체와 건강의 원칙에 대해 해결하지 못한 부분이 많다. 환자의 생명을 구하기 위해 들여야 하는 학습과 노력, 비용이 적지 않은데, 그에 대한 보상이 늘 충분하게 돌아오는 것도 아니다. 성과에 비해 실패가 더 자주, 더 많이 부각되기도 한다.

환자의 입장에서 의사와 병원에 대하여 불만을 가지게 되는 경우도 많을 수밖에 없다. 의사가 전달하는 주의사항과 금기, 가령 '충분히 휴식을 취하고 운동을 할 것'과 같은 지침은 언제나 지키기 쉽지 않다. 건강검진은 건강을 확인하기보다는 질병을 들춰내기 위한 과정처럼 여겨지고, 대부분의 문진 과정은 자신의 생활 습관에 대한 자아비판을 요구하는 것처럼 보이기도 한다. 병원의 진료비는 언제나 부담스러운데, 특히 취약한 계층의 환자들에게는 더욱 그러하다.

반면 병원들은 나날이 값비싸지는 의료장비의 구입유지비와 의사를 비롯한 의료진들의 인건비 부담이 큰데, 전국민 건강보험 제도와 수가제에 따라 수익을 올리는 데에는 한계가 있다. 의사들 역시 환자들과 보호자들의 요구는 점점 까다로워지고, 의학적 지식과 정보를 습득하는 데에 필요한 시간과 노력은 무한히 늘어나고 있다.

이렇다 보니, 병원은 질병을 진단하고 치료하는 장소이기도 하지만, 수많은 갈등이 충돌하는 공간이기도 하다. 코로나19와 같은 팬데믹 상황에서는 의학적 판단이 소수의 환자들에게만 적용되는 것이 아니라, 국가적 정책과 사회적 활동 전체를 좌지우지하는 지침이 되기도 한다.

의료가 감당해야 하는 윤리적, 사회적 책임은 계속 커져가고 있다. 아래의 첫 번째 글은 코로나19 초기 확산 국면에서 국가생명윤리심의위원장이 당시의 사태에 대해 정부와 국민들에게 당부하고 싶은 내용을 성명서로 발표했던 내용이다. 두 번째 글은 가수 신해철 씨가 병원에서 치료를 받다가 사망한 사건을 중심으로, 의료 사고를 둘러싼 환자들과 의사들의 서로 다른 입장에 대해 서술한 내용이다.

두 가지 글을 통해 의사로서 갖추어야 할 사회적 책임감이 무엇일지에 대해 생각해보거나, 혹은 환자나 일반 시민으로서 의학적 전문가들에게 요청하고 싶은 윤리가 무엇인지에 대해 생각해볼 수 있을 것이다. 마지막 제시문은 일반적으로 병원에서 작성하거나 제출하게 되는 '사전연명의료'에 대한 선택적 의향을 미리 적게 하는 서류 양식이다.

① 코로나19 관련 국가생명윤리심의위원장 성명

국가생명윤리심의위원회(위원장 이윤성, 대통령 직속)는 코로나19로 인한 국가적 위기가 중앙재난안전대책본부를 비롯한 정부와 지방자치단체의 협력, 의료 관계자의 헌신, 성숙한 시민의식에 바탕을 둔 국민의 자발적 참여로 함께 극복되어 가고 있다는 점에서 모든 분들의 헌신과 노력에 깊은 존경과 감사의 말씀을 드립니다.

코로나19 첫 환자가 발생한 지 6개월이 되지 않았지만 세계적 대유행(pandemic)이 된 현재의 상황을 보며, 우리는 글로벌 시대의 전염병 관리에 대한 국가별 대응의 한계를 확인했습니다. 하나의 질병으로 인한 위기지만, 각국의 돌봄 환경이나 질병관리체계, 사회 구성원들의 사고와 문화 등이 다양하게 영향을 주고받으며 비대면 문화의 출현이나 차별, 혐오 등의 사회적 문제 발생 등 다양한 변화로 나타나고 있습니다.

안전하고 검증된 치료법이 없어 주로 대증요법에 의존하고 연구를 병행해야 하는 신종 전염병과의 싸움은 미래가 불확실하고 위험이 많을 수밖에 없습니다. 이러한 상황에서 수행되는 연구나 조치는 기존의 과학적 근거나 윤리적 기준 또는 사회·문화적 기반과 다르더라도 종종 정당화될 수 있겠으나 위기나 긴급 또는 다른 방법이 없는 특별한 상황에서만 적용되는 매우 제한적인 조치여야 합니다.

국가생명윤리심의위원회는 코로나19와 같은 세계적 대유행에 대해 생명윤리적 반성과 성찰을 통해 향후 예측되는 문제나 우리 사회의 변화 등에 대해 생명의 가치와 보호에 기반한 대응 방향으로서 정부, 지방자치단체, 제약·바이오 기업, 연구자 및 사회 구성원인 국민 차원에서 고려할 사항에 대한 몇 가지 견해를 밝히고자 합니다.

정부는 사회적 신뢰를 확보할 수 있는 합리적 리더십을 발휘하여 책임 있는 판단을 해야 합니다. 생명윤리와 안전은 특히, 사회적 신뢰 안에서만 확보될 수 있으므로 기본원칙이 준수되어야 합니다. 현재 생명윤리 및 안전에 대한 예외 적용이 필요하다면, 정부는 그 예외적 상황에 대한 판단 기준과 절차 등에 대한 합리적 근거를 제시할 수 있어야 합니다. 또한, 이 과정에서 모든 의사 결정은 전문지식에 근거한 정확한 분석을 바탕으로 명확한 책임의 범위와 한계 내에서 이루어져야 합니다.

정부는 코로나19로 인한 사회의 변화와 요구를 파악하고 적절하게 대비할 수 있어야 합니다. 질병으로 인한 후유증만큼 사회·문화적 사건 후 심리적 충격도 중요하며 이는 미래 사회구성원들의 인식과 문화에 직접적인 영향을 줄 수 있습니다. 따라서 방역 관리와는 달리 사회구성원들의 인식 변화와 반응 등을 살피고 그 영향력 등을 고려해야 합니다. 특히 비상사태로 인한 불가피한 일이 일상의 불신이나 혐오로 이어지지 않도록 주의를 기울여야 하겠습니다. 윤리적 자문을 포함한 다양한 분야의 전문가가 참여하여 의사결정을 돕는 기구의 운영을 고려할 수 있습니다.

정부는 공중보건의 위기 상황에서 생겨나는 새로운 형태의 취약한 집단에 대해 특별한 관심을 가지고 지원해야 합니다. 정부와 지방자치단체는 방역관리체계 내에서 지역사회 구성원의 건강을 지키기 위해 노력하되 지역사회 구성원들의 특징과 반응, 변화 등을 민감하게 살피고 소외 계층이나 위기 상황으로 새롭게 발생하는 다양한 형태의 취약한 집단에 대해 특별한 관심을 가지고 지원해야 할 것입니다. 기존 관리시스템을 적극 활용한 모니터링을 통해 필요한 관심이나 지원이 배제되지 않도록 하며, 지역사회의 취약한 집단뿐 아니라 전염병과 싸우고 있는 의료진도 포함되어야 합니다.

정부와 기업은 백신과 치료제 개발 등에 대한 공적 책임을 인식하고 국내 및 국제적 상황을 고려하여 필요한 노력과 협력에 앞장서야 합니다. 국내외 이동이 제한적이지만 환자가 언제 어디서 발생할지 여전히 예측하기 어렵고 2차 유행 등이 우려되나 검증된 치료법이 없는 상황에서 치료제 개발을 위한 노력은 매우 중요하며, 무엇보다 글로벌 표준 안에서 연구를 위한 협력이 필요합니다. 특히, 치료제를 개발하는 기업들은 전염병 치료제 개발에 대한 사명감과 국제적 협력의 중요성 등을 인지하고 적극적으로 협력해야 합니다.

임상연구는 연구대상자의 안전이 최우선으로 고려되어야 합니다. 정부는 적시에 효과적 연구의 수행과 성과 관리를 위하여 필요한 지원을 해야 합니다. 그러나 아무리 급하고 중요한 목적이라고 해도 안전성이나 정당성이 충분히 확보되지 않는다면, 이는 기본 질서를 위협하는 것으로 결국 또 다른 사회적 불안 요소를 만들게 될 것입니다. 모든 임상연구는 반드시 연구대상자가 감수할 수 있는 위험인지에 대한 과학적·윤리적 판단하에 생명윤리 기본 규범 내에서 진행되고 관리되어야 합니다.

국민은 사회 구성원으로서 책임과 의무를 가지고 자율적 사회적 거리두기와 감염병 예방 수칙 등을 실천하여 공동체의 안녕을 위해 함께 노력해야 합니다.
(후략)

- 코로나19 관련 국가생명윤리 심의위원장 성명, 2020.5.25.

② 신해철 사망 사고에 대해, 2016년 10월 24일 검찰은 '업무상 과실치사' 혐의로 S병원의 집도의 강 모 씨에게 징역 2년을 구형하였다. 1, 2심을 거쳐 2018년 5월 대법원은 징역 1년의 실형을 확정하였고, 강 모 씨의 의사 면허도 취소되었다. 민사 소송도 이어졌다. 2019년 5월 대법원은 신해철의 아내와 두 자녀가 집도의 강 모 씨와 보험사를 상대로 낸 손해배상 청구소송에서 11억 8700만 원 배상 판결을 확정했다.

신해철 의료 사고 판결에 대해, 2018년 6월 MBC 〈판결의 온도〉라는 프로그램이 의뢰해 서울경기권 변호사들에게 설문조사를 했다. 응답자의 과반수인 53.3%는 처벌이 약하다고 응답했고, 26.7%는 합당하다, 8.9%는 지나치다,

11.1%는 모르겠다고 답변했다. 일반 시민 대상의 설문조사에서는 75.4%가 처벌이 약하다는 응답을 하였다. 합당하다는 의견은 12.7%, 지나치다는 의견은 1.4%에 불과했다.

반면 2018년 11월 대한의사협회 기관지 《의협신문》에서는 의사 3천 명을 대상으로 의료사고로 인한 처벌 문제를 다루는 설문조사를 하였다. 역대 《의협신문》 설문조사 중 최고 참여율을 기록했다는 이 설문조사는 신해철 사망 사건과는 또 다른 사건 때문에 실시한 것이었다.

…(중략)…

대법원 사법연감에 따르면 2020년 기준, 최근 5년간 1심 판결 기준으로 의료사고 사건에 대해 원고, 즉 피해자 측이 전부 승소한 경우는 1% 내외에 불과하다. 『보건과 사회과학』(한국보건사회학회) 제54집에 실린 논문 「의료사고 피해 유가족의 울분과 사회적 고통」에는 자녀와 사별한 후 의료 소송을 경험한 부모 7인의 집단심층면접(FGI) 결과가 실려 있다. 사망 사고 피해 유가족들이 느끼는 감정으로는 '죄책감, 억울함, 미안함, 울분' 등이 컸다. 소송이 진행되면서, 가해자들에 대한 처벌 수준이 경미하거나, 패소 판결이 나거나, 혹은 재판이 지연되면서 유가족들은 법을 믿고 기다릴 수는 없다는 판단을 하게 된다고 말한다. 미취학 아이가 사망한 유가족은 매년 3월이면, 초등학교 입학도 못한 아이가 떠올라 가슴이 아프다고 하고, 20대 자녀를 먼저 떠나보낸 한 아버지는 7개월 만에 충격으로 인한 뇌경색을 겪기도 했다. 이들 유가족이 소송을 통해 아이가 되살아날 것으로 기대하는 것은 아니지만, 이들은 의료소송의 절차와 결과가 불공정하고 부당하다는 생각에 더욱 고통스럽다고 말한다.

현대 사회의 사람들 대부분은 병원에서 태어나서 병원에서 죽는다. 그 과정에서 의사들은 그 의술로써 사람의 생명을 살리기도 하고, 때로는 죽음으로 가는 길을 환자와 함께 맞서는 든든한 우군이 되기도 한다. 의사의 역할이 커지고 의술의 범위가 커질수록, 의사의 사소한 실수가 생명을 좌우하는 일도 많아진다. 대부분의 의사들은 환자의 생명을 지키기 위해 열심히 공부하고 노력하며, 헌신적으로 환자를 대한다. 그러나 그렇다고 해서 실수나 사고를 막을 수는 없다. 의사 역시 사람이기 때문이다.

문제는 의사가 실수를 할 가능성이 없지 않음에도 불구하고, 환자가 그 가능성을 미리 짐작하기는 어렵다는 점이다. 실제로 사고가 벌어진 이후에도, 의학적 지식과 정보가 많지 않은 환자나 그 가족들이 사고의 원인을 밝혀내기란 매우 힘들다. 신해철 사건처럼 의사의 과실이 법원 판결을 통해 명백히 밝혀지고, 민형사상 책임이 지워진 사례는 그리 흔하지 않다.

우리나라와 달리 미국의 경우에는 의료소송이 매우 빈번하다. 과도한 의료소송은 방어적 진료를 야기하고, 의료사고 보험료의 인상으로 이어져 가입자의 부담이 커지는 한편, 환자에 대한 진료가 부실해지고 의료비도 계속 상승하게 된다. 환자들의 소송을 부추기는 의료소송 전문 변호사들도 득세한다. 이에 따라 의사들도 변호사에 의지하게 되는데, 그들의 가장 중요한 전략은 '방어하고 부인하라'이다. 분쟁이 발생했을 때, 모든 발언은 법정에서 불리하게 작용할 수 있으므로 의사들은 치료 과정에 있었던 일들에 대해 일체 함구하도록 변호사들에게 권유받는다.

- 최성민, 「신해철의 죽음과 의료사고」, 『어떤 죽음1 : 연예인편』, 모시는사람들, 2022, 40-44쪽.

③

사전연명의료의향서		
등록번호		
작성자	성 명	주민등록번호
	주 소 ||
	전화번호 ||
호스피스 이용	[ ] 이용 의향이 있음	[ ] 이용 의향이 없음
사전연명의료의향서 등록기관의 설명사항 확인	**설명 사항**	[ ] 연명의료의 시행방법 및 연명의료중단등결정에 대한 사항 [ ] 호스피스의 선택 및 이용에 관한 사항 [ ] 사전연명의료의향서의 효력 및 효력 상실에 관한 사항 [ ] 사전연명의료의향서의 작성·등록·보관 및 통보에 관한 사항 [ ] 사전연명의료의향서의 변경·철회 및 그에 따른 조치에 관한 사항 [ ] 등록기관의 폐업·휴업 및 지정 취소에 따른 기록의 이관에 관한 사항
	확인	위의 사항을 설명 받고 이해했음을 확인합니다. 년 월 일 성명 (서명 또는 인)

환자 사망 전 열람허용여부	[　] 열람 가능　　　[　] 열람 거부　　　[　] 그 밖의 의견	
사전연명의료 의향서 등록기 관 및 상담자	기관 명칭	소재지
	상담자 성명	전화번호

본인은 「호스피스·완화의료 및 임종과정에 있는 환자의 연명의료결정에 관한 법률」 제12조 및 같은 법 시행규칙 제8조에 따라 위와 같은 내용을 직접 작성했으며, 임종과정에 있다는 의학적 판단을 받은 경우 연명의료를 시행하지 않거나 중단하는 것에 동의합니다.

작성일

작성자

등록일

등록자

유의사항

1. 사전연명의료의향서란 「호스피스·완화의료 및 임종과정에 있는 환자의 연명의료결정에 관한 법률」 제12조에 따라 19세 이상인 사람이 자신의 연명의료중단등결정 및 호스피스에 관한 의사를 직접 문서로 작성한 것을 말하며, 호스피스전문기관에서 호스피스를 이용하려는 경우에는 같은 법 제28조에 따라 신청해야 합니다.
2. 사전연명의료의향서를 작성하고자 하는 사람은 보건복지부장관이 지정한 사전연명의료의향서 등록기관을 통하여 직접 작성해야 합니다.
3. 사전연명의료의향서를 작성한 사람은 언제든지 그 의사를 변경하거나 철회할 수 있으며, 이 경우 등록기관의 장은 지체 없이 사전연명의료의향서를 변경하거나 등록을 말소해야 합니다.
4. 사전연명의료의향서는 ① 본인이 직접 작성하지 않은 경우, ② 본인의 자발적 의사에 따라 작성되지 않은 경우, ③ 사전연명의료의향서 등록기관으로부터 「호스피스·완화의료 및 임종과정에 있는 환자의 연명의료결정에 관한 법률」 제12조제2항에 따른 설명이 제공되지 않거나 작성자의 확인을 받지 않은 경우, ④ 사전연명의료의향서 작성·등록 후에 연명의료계획서가 다시 작성된 경우에는 효력을 잃습니다.
5. 사전연명의료의향서에 기록된 연명의료중단등결정에 대한 작성자의 의사는 향후 작성자를 진료하게 될 담당의사와 해당 분야의 전문의 1명이 모두 작성자를 임종과정에 있는 환자라고 판단한 경우에만 이행될 수 있습니다.

가. 의료는 환자를 치료하는 것이지만, 우리 사회에서 의료가 감당해야 하는 책임과 권한은 개인 환자를 대하는 수준보다 훨씬 큰 범위에 존재한다. 의료의 사회적 책무와 관련해서, 히포크라테스 시대와 다른 현대 사회에 알맞은 선언을 한다면, 어떤 내용의 조항들이 필요할 것인가에 대해 논의해 보자.

나. 의사도 사람이다보니, 의료사고는 불가피하게 일어날 수 있다. 의사 입장에서는 의료사고와 그에 따른 법적 책임에 대한 부담이 커지게 되면, 지나치게 방어적이거나 소극적인 진료를 하게 될 수도 있다. 반면 환자들은 의료사고가 일어나도 원인을 잘 알지 못하거나, 사고가 발생했다는 것조차 알지 못할 수 있다. 의료사고의 가능성과 후속 대책에 대해 의사와 환자가 모두 공감할 수 있는 윤리적 가이드라인을 마련한다면 어떤 논의가 필요할지에 대해 생각해 보자.

다. 사전연명의료의향서는 연명의료 결정이 매우 급박한 응급상황이나 인지 능력이 떨어진 상태에서 이루어질 경우, 환자 본인의 판단이 반영되기 어렵기 때문에, 평상시 사전에 미리 작성해 두고 위급 상황에 제출할 수 있도록 만들어둔, '연명의료결정법'에 따른 서류이다. 그러나 실제로는 임종과정에 있는지에 대한 판단이나 연명의료라고 볼 수 있는 의학적 조치의 범위가 명백하게 제시되어 있지는 않다는 지적도 있다. 실제 위급 상황에서 사전연명의료의향서가 어떻게 하면 잘 활용될 수 있을지, 그리고 어떤 부분은 보완되어야 한다고 생각하는지에 대해 논의해 보자.

제5강

탄생과 죽음

<학습목표>

가. 출생과 죽음의 의료 인문학적 의의를 이해하고 토론
   할 수 있다.
나. 서양과 동양 사회에서 출생과 죽음의 역사적 변화와
   의미를 비교하고 의료인문학적으로 이해할 수 있다.
다. 삶과 죽음의 철학적 의미를 이해하고 의료 현장에서
   이와 같은 고찰이 어떤 의의를 가질 수 있는지 설명할
   수 있다.

탄생과 죽음은 인간이 벗어날 수 없는 삶의 굴레이다. 동양과 서양 사회는 각자의 방식으로 탄생과 죽음을 삶 속에 받아들였고 우리는 각 사회의 다양한 통과의례를 통해 탄생과 죽음을 받아들이는 다양한 삶의 방식을 확인할 수 있다. 인간은 종교와 의례, 사회제도 등을 통해 새롭게 태어나는 생명을 축복하고 구성원으로 받아들였으며, 죽음을 애도하고 일상생활로 복귀하려고 노력하였다. 이 장에서는 동서양 사회에서의 탄생과 죽음을 의료인문학적 시각으로 고찰하려고 한다. 1장에서는 서양과 동양의 의학과 의료제도 발달이 출산에 미친 영향을 살펴보고 2장에서는 서양과 동양 사회의 사망에 대한 관념과 장례제도를 질병관, 의학의 발달을 통해 살펴볼 것이다. 3장은 탄생과 죽음에 대한 철학적 사유를 확인한다.

I. 출산

출산에 관한 20세기 전반 서양의 대표 저술들(Fasbender, H., *Geschichte der Geburtshulfe*, Jena, Gustav Fischer, 1906; Graham, H., *Eternal Eve*, London, W. Heinemann, 1950; Ricci, J. V., *Development of Gynaecological Surgery and Instruments*, Philadelphia, Blakiston Co., 1949; Ricci, J. V., *The Genealogy of Gynaecology*, Philadelphia, Blakiston Co., 1950)의 내용 중 많은 부분이 그간의 과학적 발전으로 인해 무효화되었지만, 출산의 고통과 태아에 대한 신비감, 생명의 탄생에 대한 경외감 등은 변하지 않았다. 생명의 탄생을 과학적으로 증명하고, 수행하는 것은 분명 태아와 산모의 안전을 위한 것이다. 그러나 이 과정에서 우리가 잊어서는 안 되는 가치가 있다. 출산에 관한 인문학적 성찰, 특히 역사를 살펴보면 출산 자체에 대한 인간의 두려움과 경외감 등을 발견할 수 있고, 작은 생명을 지키기 위한 마음으로 오류를 최소화하기 위해 과학적 발전을 적극적으로 수용, 적용하는 것을 볼 수 있다. 더 나아가, 현대에 이르러서는 과학의 지나친 간섭으로 태아와 생명이 위태로워질 것을 경계하는 세계의 노력을 확인할 수 있다.

출산과 관련된 의학적 발전과 변화는 동아시아 세계에서도 확인할 수 있다. 후손을 잇는 전종접대(傳宗接代)가 중요했던 만큼, 동아시아의 전통의학은 여성의 건강, 특히 임신과 출산에 많은 관심을 가지고 있었고 각종 부인과(婦科) 의학서적이 출판되었다. 각종 권위있는 부인과 저서들을 출판하고 순조로운 출산에 대한 텍스트를 생산했던 것은 남성 의학자나 의료인이었으나, 이들은 유교사회의 젠더질서 아래에서 정작 출산 현장에는 개입할 수 없는 한계가 있었다. 남성 의사 대신 출산 현장을 지휘하고 돕는 역할은 산파(産婆)들이 맡았다. 산파들은 사회적 지위가 낮았고 문맹인 자들이 많았으며, 근대 이후 조산사나 산과의사에게 차츰 밀려나 사라지는 운명을 맞았다. 그러나 산파는 여성의 출산을 보조하는 '의료인'으로서, 출산의례를 주관하는 '의례주관자'로서 중요한 역할을 맡고 있었고, 오랫동안 영향력을 행사하였다.

1. 서양의 임신과 출산

출산에는 큰 고통이 따르며, 위험할 경우 사망에 이를 수 있다. 또한, 태아는 여성의 자궁 안에서 자라므로 관찰이 어렵고, 따라서 이해하기 어렵다. 이러한 이유로 고대로부터 임신과 출산에는 신이 깊게 개입하였다. 고대 그리스에서 출산의 신은 에일레이티이아(Eileithyia)였다. 그녀는 출산을 돕는 여신으로 그녀가 없으면 출산에 위험이 따른다는 믿음이 있었다. 레토가 출산할 때 헤라가 질투 때문에 에일레이티이아를 가지 못하도록 계략을 꾸몄다는 신화는 이러한 믿음을 증거한다. 히포크라테스 등이 임신과 출산에 대해 연구했지만, 과학적인 발전이 이루어지는 것은 로마시대에 와서다. 제왕절개가 보고되며, 소라누스와 갈레노스 등은 특히 산부인과에 관심이 많았다. 그러나 인간 해부가 불가능했던 로마에서 산부인과의 발전에는 한계가 있었다. 해부가 가능해진 것은 15-16세기에 이르러서이며, 안드레아스 베살리우스(1514-1564)는 특히 근대적, 체계적 해부학의 선구자였다. 같은 시기에 레오나르도 다 빈치(1452-1519) 역시 태아 연구에 몰두했고, 다양한 그림을 기록으로 남겼다. 그러나 다빈치, 베살리우스, 에우스타키오(1500/10-1574), 팔로피오(1523-1562) 등에 의해 해부학이 발전했음에도 불구하고 이전의 연구가 여전히 통용되는 부분이 있었다. 17세기에 들어서야 비로소 근대적인 산부인과학이 발달하기 시작한다.

안토니 판 뢰벤후크(1632-1723)는 현미경의 사용으로 정액 안의 정자(spermatozoma)를 관찰했다(1678). 윌리엄 헌터(1718-1783)는 18세기를 대표하는 학자로 비교해부학(comparative)과 병리해부학(pathological)을 발전시켰다. 이때에는 교육용 상아 모형이 개발되기도 했다. 19세기에 로버트 리(1793-1877)는 처음으로 자궁의 신경분포를 묘사했으며, 자크 피에르 메이그리에르(1771-1835)는 양질의 산과 도해서를 출판했다. 요하네스 뮐러(1801-1858)는 시대 최고의 생리학자이자 발생학자로 『생식기에 관한 도해 역사서 Bildungsgeschichte der Genitalien』(1830)를 출판했다. 20세기 이후에는 산부인과의 비약적인 발전이 이루어져 조산사들도 위생적인 조산 도구를 갖추게 되었다. 또한, 1948년 12월 10일 파리에서 열린 제3회 유엔 총회에서 세계 인권 선언이 채택되어 태아와 신생아의 인권이 보장받게 되었다.

아래의 첫 번째 자료는 호메로스계 찬가 중 〈아폴론 찬가〉로 아폴론의 탄생을 시기한 헤라가 레토의 출산 시에 출산의 여신 에일레이티이아가 돕지 못하도록 계략을 꾸몄다는 이야기를 전한다. 두 번째 자료는 대(大) 플리니우스의 『박물지』로 제왕절개를 카이사르와 연관을 지으려 하지만 이는 역사적으로 틀린 서술이다. 세 번째와 네 번째 자료는 여성의 몸을 연구한 것으로 유명한 소라누스의 『부인학』과 갈레노스의 『자연적인 힘에 관하여』의 일부다. 이들은 이전의 연구를 비판, 계승하며 부인과학을 발전시켰다. 다섯 번째 자료는 레오나르도 다 빈치(1452-1519)의 태아 연구 노트이며, 여섯 번째 자료는 윌리엄 헌터(1718-1783)의 태아 연구 노트다. 일곱 번째 자료는 로버트 리(1793-1877)의 자궁의 신경분포를 묘사한 논문의 일부다. 여덟 번째 자료는 하이델베르크 대학교에서 소장하고 있는 현대화 된 조산사의 가방이다. 마지막 자료는 세계 인권 선언 제 1조로 태아와 신생아의 인권을 보장한다.

① 이제 레토가 맹세를 끝냈을 때, 델로스 섬은 활을 멀리 쏘는 신의 탄생을 매우 기뻐했다. 그러나 레토는 보통 이상의 고통으로 9일 낮과 9일 밤을 지새웠다. 그리고 모든 여신들 중에서 가장 뛰어난 디오네와 레아, 이크나이아와 테미스, 크게 신음하는 암피트리테와 다른 불멸의 여신들이 그녀와 함께했다. 구름이 모여드는 제우스의 홀에 앉아 있던 하얗게 무장한 헤라를 제외하고는. 산고의 여신인 에일레이티이아만이 레토의 고난에 대해 듣지 못했는데, 하얗게 무장한 헤라가 그녀를 가까이 두고자 꾀를 내어, 황금빛 구름 아래 올림푸스 꼭대기에 앉아 있었기 때문이다. 헤라는 질투심 때문에 그녀를 가까이 두었는데, 왜냐하면 아름답게 머리를 딴 레토가 곧 결점이 없고 강한 아들을 낳을 것이기 때문이었다.

- 호메로스계 찬가, 〈아폴론 찬가〉, 3,89-100쪽.

② 출산으로 어머니가 목숨을 잃은 그 아이들은 분명히 더 좋은 운을 타고 난다. 첫 스키피오 아프리카누스의 예에서 그렇듯이 말이다. 첫 번째 카이사르(Caesar) 역시 어머니의 자궁을 절개하여 태어났기 때문에 이름이 그렇게 지어

졌다. 비슷한 이유로, 카이소네스(Caesones) 가문도 그 이름을 얻게 되었다. 군대와 함께 카르타고에 입성한 마닐리우스도 비슷한 방식으로 태어났다.

　* 'caedo'는 라틴어로 '자르다'라는 뜻이다. 플리니우스는 카이사르나 카이소네스 가문이 어머니의 배를 가르고 태어나서 이름이 'Caes-'로 시작한다고 설명하는 것이다. 여기서 카이사르가 율리우스 카이사르라는 말은 나오지 않는다.

- 대(大) 플리니우스(서기 23년-79년), 『박물지』, 7.7쪽.

　③ 히포크라테스의 『징후』에 따르면, 아들의 경우, 임신한 혈색이 더 좋고, 더 쉽게 움직인다. 산모의 오른쪽 유방이 더 크고, 더 단단하고, 더 꽉 차며, 특히 유두가 부어있다. 반면에 딸의 경우, 임신한 혈색이 창백하고, 왼쪽 유방이 더 크며, 유두도 왼쪽이 부어있다. 그는 잘못된 가정에서 출발하여 이 결론에 도달했다. 왜냐하면 그는 자궁의 오른쪽에서 수정되면 아들이 되고, 자궁의 왼쪽에서 수정되면 딸이 된다고 생각했기 때문이다. 그러나 우리는 『세대에 대하여』의 생리학적 주해에서 이것이 사실이 아님을 증명했다. 다른 사람들은 만약 태아가 아들이라면, 산모는 태아의 움직임을 더 날카롭고 격렬하게 느낄 것이라고 말한다. 반대로, 딸이라면 태아의 움직임은 더 느리고 부진할 것이라고 한다. 임신한 몸 역시 더 무겁고 구토가 나려고 할 것이라고 한다. 그들이 말하길 태아가 아들일 경우 여자들의 혈색이 좋은 것은 태아의 운동으로 인한 결과이며, 반면 색이 나쁜 것은 딸이 활동을 많이 하지 않기 때문이라고 한다. 하지만 이런 것들은 그럴듯해 보여도 사실이 아닌 경우가 많다. 우리는 때로는 그 반대의 결과를 본다.

- 소라누스, 『부인학』, 1.18.45쪽.

　④ 그러므로 헤로필루스는 그의 글에서 망설이지 않고 말했다. 자궁은 진통이 시작된 시점까지는 자궁에 프루브의 끄트머리도 들어가지 않을 것이다. 즉, 임신이 된 경우에는 아주 조금도 열려 있지 않을 것이다. 사실 생리할 때 자궁

문이 넓게 확장된다. 그의 의견에는 이 주제를 다루는 다른 모든 사람들이 동의한다. 특히 히포크라테스가 그러한데, 그는 모든 철학자와 의사들 가운데 처음으로 임신 중일 때와 감염이 있을 때 자궁이 닫힌다고 주장한 사람이다. 다만, 자궁은 임신 중에 원래의 성질이 변하지 않지만, 감염이 되었을 때에는 딱딱해진다.

- 갈레노스, 『자연적인 힘에 관하여』, 3.3쪽.

⑤

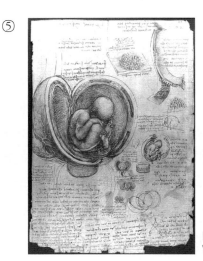

https://commons.wikimedia.org/wiki/File:Da_Vinci_Studies_of_Embryos_Luc_Viatour.jpg

⑥

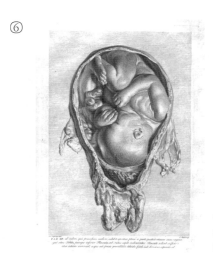

The Anatomy of the Human Gravid Uterus(1774, https://commons.wikimedia.org/wiki/File:Hunterw_table_12.jpg)

⑦ 자궁과 그 주변부는 전적으로 대교감신경과 천골신경으로부터 신경을 공급받는다. 대동맥의 분기점에서, 대교감신경의 오른쪽과 왼쪽의 코드는 대동맥의 앞쪽 부분에 결합하고, 대동맥 신경얼기(aortic plexus)를 형성한다.

- Lee, R., "An appendix to a paper on the nervous ganglia of the uterus, with a further account
of the nervous structures of that organ". Phil Trans 1842.

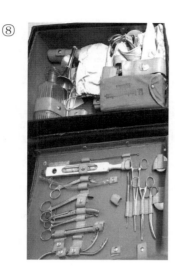

⑧

1930년대 조산사의 가방(하이델베르크 대학교, 의학사와 의료윤리 연구소 소장)

⑨ 모든 인간은 태어날 때부터 자유로우며 그 존엄과 권리에 있어 동등하다. 인간은 천부적으로 이성과 양심을 부여받았으며 서로 형제애의 정신으로 행동하여야 한다.

- 세계 인권 선언 제1조.

학습활동

가. 산부인과학의 발전이 태아와 신생아의 인권을 보장하는데 어떤 역할을 했는지 논의해 보자.

나. 각 시대와 문화에 따른 출산의 의미가 어떻게 다른지를 논의해 보자.

다. 서양의 출산의 특징이 있는지, 있다면 오늘날 우리가 생각하는 출산과는 어떻게 비교될 수 있을지를 논의해 보자.

2. 동양의 출산

동아시아의 전통의학에서 임신과 출산을 어떻게 이해했는지 알기 위해 우선 여성의 신체에 대한 시각을 살펴볼 필요가 있다. 중국의 가장 오래된 의학서인『황제내경』에는 남성과 여성의 신체를 따로 구분하여 논하지 않았다. 그런데 송대 이후 의학의 체계가 분화되고 전문화되면서 여성의 신체와 임신·출산을 보는 시각에 변화가 나타났다. 송대 이래 점차 부인과(婦科)가 독립된 분야로 발전하면서 의학자들이 여성의 질병과 신체에 특별한 의미를 부여하기 시작한 것이다. 진자명(陳自明)을 비롯한 송대의 의학자들은 여성이 음(陰)으로 이루어지고 혈(血)이 주(主)가 되는(以血爲主) 몸이라고 여겼다. 이후 의학자들은 '여성의 신체는 남성의 신체와 다르다'는 생각에서 벗어나기 시작하였지만, "여성은 혈이 주가 된다."는 관념은 여전히 영향을 미쳤다. 명대 이후 의학서의 부인과(婦科)는 임신, 출산, 불임 등 생식(生殖)과 관련된 질환 중심으로 재편되었는데 이때에도 신체적 이상이나 질환이 혈(血)의 상실, 혈의 부족과 관련되었다. 즉, '혈이 위주가 된다'는 여성의 신체관은 수정되었으나 임신과 출산에 있어서는 여전히 '혈'을 중요한 요소로 이해한 것을 볼 수 있다.

전통 의학서적은 여성의 출산과 출산 시의 진통을 매우 자연스러운 현상으로 설명하는 경향이 있는데 이때 자주 쓰이는 표현이 '과숙체락(瓜熟蔕落)'이나 '과중율숙, 기각자개(果中栗熟, 其殼自開)'와 같은 것이었다. 이는 산모가 자연스러운 진통을 참고 견디면 '오이가 익어 꼭지에서 떨어지듯이' 또는 '밤이 익으면 밤송이가 저절로 벌어지듯이' 순조롭게 아이를 출산할 것이라는 뜻이었다.

산모가 출산에 임박하였다면 가장 중요한 것은 진통을 참는 인내심이었다.『달생편』은 산모가 건강하고 세 가지 사항만 잘 지키면 순산할 수 있다고 조언했다. 바로 "진통이 오면 잠을 자고(睡), 분만의 시기가 올 때까지 진통을 참고(忍痛), 되도록 늦게 분만통에 들어가라(慢臨盆)"는 원칙이다. 이러한 '수인통, 만임분'은 글을 모르는 사람들도 쉽게 이해하고 따라 할 수 있는 원리로 널리 알려졌다. '수인통, 만임분'은 산모가 충분한 잠을 자며 마음의 안정을 찾고 체력을 보충하고, 태아가 분만 직전에 체위를 바꾸는 충분한 시간을 주고, 가진통을 진진통으로 오해하지 않고 제때 힘을 주기 위한 방편이었다. 이러한 '수인통, 만임분'은 산모의 가족뿐만 아니라 산모 자신도 따르는 출산 '상식'이자 지침이 되었다.

여성들이 출산할 때에는 가족 중 분만 경험이 있는 나이 많은 여성이나 마을의 산파(産婆)가 중요한 역할을 했다. 당시 유교사회의 젠더질서에서 분만 현장을 통솔하고 산모가 아이를 낳는 과정을 보조하고 지켜보는 일에 남성 의사가 개입할 수 없었기 때문이다. 중국에서 산파는 라오라오(姥姥), 라오냥(老娘) 등 친숙하게 불리기도 했고 혹은 생파(生婆), 좌파(坐婆), 접생파(接生婆), 수생파(收生婆) 등으로 지칭되기도 하였다. 대부분의 산파는 산과의서(産科醫書)는 커녕 『달생편』과 같은 단순한 분만지침서조차 이해할 수 없는 문맹이었다. 때문에 남성 의사들은 산파들이 전문지식이 없으면서 잘못된 방법으로 난산의 위험을 초래하고 탐욕스럽기까지 하다고 비난하였다.

물론 대부분의 산파들은 문맹이었고 산과의서를 통해 분만 지식을 습득하지는 않았다. 그러나 산파들은 자신의 출산은 물론 오랫동안 아이를 받으며 쌓은 경험과 기술이 있었고 종종 대를 이어 이러한 지식을 전수하기도 하였다. 그리고 글을 모르는 산파들도 분만에 필요한 의학·의약지식을 구전(口傳)을 통해 습득하기도 했다. 산파는 출산의 현장에서 분만의 과정을 이끄는 중요한 역할을 맡았다. 집안의 여성 연장자가 분만을 주관하고 산파를 청하면, 산파는 산모의 상태를 보고 맥을 짚기도 하며 분만의 시기를 진단하고 산모를 안심시켰다. 물론 일부 산파는 함부로 약을 써서 분만을 재촉하는 등 산모와 아이를 위험에 빠트린다는 비난을 받기도 했지만, 경험 많고 노련한 산파는 가족을 안심시키고 출산을 순조롭게 이끌었기 때문에 출산 현장에서 산모 가족의 신뢰를 얻었다.

나아가 산파는 출산의례에서도 중요한 역할을 담당했다. 중국에서는 아이가 탄생한 후 삼 일째 되는 날에는 세삼례(洗三禮)를 행했다. 세삼례는 태어난 아이를 씻기고 축원하며 가정의 구성원으로 받아들인다는 의미가 있는데, 이때 출산을 도왔던 산파가 반드시 초대되었고 세삼례를 주관하는 역할을 맡았다. 이때 아이를 씻기는 청결의식을 수행하면서 아이의 건강, 결혼, 과거합격, 부귀영화 등을 예측하였던 산파의 행동은 신생아에게 가족과 사회의 구성원이라는 새로운 자리를 부여하는 의미가 있었다. 즉 당시 산파는 출산을 보조하는 의료인의 역할과 함께 출산 의례의 주관자 역할을 담당하고 있었다고 할 수 있다.

일본에서도 산파는 '오바상(お婆さん)', '온바(穏婆)', '토리아게바바(取り上げ婆)' 등 다양한 이름으로 불렸으며 에도시대 이후에는 산바(産婆)라는 일종의 직업군으로 발전하였다. 중국 및 일본과 비교했을 때 조선 사회에는 전문적인 직업 산파가 없었던 것으로 보인다. 대신 시어머니, 친정어머니, 조산(助産)의 경험이 많은 여성들이 산파의 역할을 수행하였다. 산파는 아이를 받기 전 부정한 기운이 있는 장소를 피하고 한 번에 여러 명의 아이를 받지 않는다는 금기를 지키거나 산모를 눕힐 길한 방향을 결정하고 삼신상을 차리는 역할도 맡았는데, 산파가 새로운 생명의 탄생을 불러오는 주술적 힘이 있는 존재로 여겨지기도 했기 때문이다. 즉 동아시아 각 사회에서 산파는 출산의 조력자였고 종교의식이나 의례를 주관하며 아이를 사회의 일원으로 받아들이고 산모를 부정한 것으로부터 지키는 의료적, 사회적 기능을 담당하고 있었다.

근대 이후 동아시아에서 여성의 출산은 국가가 나서서 관리하고 파악하는 대상이 되었다. 이러한 변화는 동아시아 국가들이 근대 국가건설에 필요한 건강한 국민을 양성하는 것을 가장 우선적인 목표로 삼으면서 나타났다. 당면한 문제는 '산모와 영아의 높은 사망률을 어떻게 낮출 것이며, 국가가 어떻게 산모의 출산에 개입할 것인가'였다. 가장 이상적인 방법은 서양의학의 교육을 받은 조산사와 산과의사를 양성하여 이들에게 분만을 주도할 자격을 일임하는 것이지만, 사실상 이러한 새로운 의료인을 교육하고 훈련시킬 충분한 시간과 재원은 턱없이 부족했다. 그 때문에 동아시아의 각 국가는 '산파학교', '산파강습소' 등을 통해 기존의 산파를 재교육하여 활용하거나, 자격시험과 자격증 제도를 통해 산파를 통제·관리하게 되었다.

일본은 1899년 7월, 산파에 관한 전국적으로 통일된 법규인 「산파규칙」을 최초로 반포하였다. 이후 1910년, 1917년, 1933년에 개정된 '산파규칙'이 발표되면서 산파의 면허자격범위를 확장하였고, 면허를 가진 산파가 증가하는데 영향을 미치게 되었다. 일제강점기 조선에서는 1914년 7월, 산파의 면허를 규정한 '산파규칙'이 반포되었고 1916년과 1920년에는 「조선총독부의원 및 도 자혜의원 조산부, 간호부 양성 규정」을 통해 부족한 조산인력을 보충할 산파육성을 계획하였다. 1931년 6월에는 「조선산파규칙」, 「조선산파시험규칙」을 통해 산파 면허를 강화하고 자격기준을 통일시켰다.

중국의 경우, 남경국민정부가 1928년 8월에 「관리접생파규칙」을 공포하여 산파를 단속하고 재교육시킬 계획을 세웠다. 또한 각 도시를 중심으로 '접생파강습소(接生婆 講習所)' 등의 단기 학교를 개설하여 산파가 의무적으로 수업을 이수하도록 하였다. 산파는 강습소에서 소독하는 방법, 탯줄의 올바른 처리방법, 분만도구의 올바른 사용법, 분만 중 위험한 상황을 식별하는 요령 등을 익혔다. 이러한 산파의 교육과 활용은 조산사와 산과의사의 부족을 보완하는 방편으로 상당 기간 지속되었다.

물론 산파 개조교육과 산파 학교의 궁극적인 목적은 구식 분만법과 구식 산파를 몰아내고 그 자리에 조산사와 산과의사라는 근대적 조산인력을 배치하는 것이었다. 대부분의 산파는 조산사와 산과의사에게 밀려 결국 출산 조력자의 역할을 잃게 되었다. 조산사는 산과 지식과 분만 위생을 대중에게 보급하는 역할을 맡았고, 무지한 산파에 비해 젊고 유능하며 과학과 문명을 상징하는 모습으로 묘사되었다. 하지만 사람들은 여전히 신식 조산사나 산과의사보다 산파를 선택하는 경향이 있었다. 언론에서는 구식 산파의 부정적인 이미지를 재생산하고 의사와 조산사를 통한 분만이 산파를 통한 분만보다 안전하다고 주장하였으나, 일부 도시 지역을 제외하고, 상당수의 여성들은 여전히 산파를 통한 출산을 선호하였다.

아래의 첫 번째, 두 번째 자료는 중국 청나라 시기에 유행한 통속(通俗) 산과의서이자 출산지침서였던 『달생편(達生篇)』의 일부분이다. 달생편에서는 순조로운 출산의 과정을 잘 익은 '오이'에 빗대어 설명하는 것을 볼 수 있다. 또한 산파를 '과숙체락'과 '수인통, 만임분' 등의 지침을 따르지 않고 자연스러운 출산에 개입하고 방해하는 존재로 여기는 당시 남성 의료인의 시각을 보여준다. 세 번째 자료는 중국 명청시대의 대표적인 소설 『금병매』의 일부로 당시 산파와 여성 연장자가 주도했던 출산 현장의 모습이 어떠했을지를 보여준다. 네 번째와 다섯 번째 자료는 근대 이후 산파와 조산사에 대한 중국의 신문기사의 일부이다. 이 자료들은 조산사를 '젊고 유능한' 의료인으로 묘사하는데 비해 산파를 부정적으로 묘사했던 당시 언론의 시각을 보여주는 한편, 실제로는 1930년대 당시 중국의 여성들이 출산 시에 여전히 산파를 선호했던 이유를 설명하고 있다.

① 과숙체락(瓜熟蒂落)이란 네 글자를 살펴보면, 즉 아이가 스스로 빠져나온다는 것을 알 수 있다. 알묘조장(揠苗助長)이란 네 글자를 살펴보면, 가진통을 출산의 징조로 오인하는 폐단을 알 수 있다. 무릇 병아리는 때가 돼서야 스스로 껍질을 깨고 나오니, 어찌 빨리 분만시키는 신약(神藥)과 산파의 절묘한 솜씨가 있을 수 있겠는가? 늦게는 3-4년 후에 낳는 사람도 있다고 했는데, 이는 태아가 나오려고 하지 않을 따름이다. 스스로 나오려고 하지 않는데 누가 강요할 수 있겠는가? 스스로 나오려고 하는데 누가 막을 수 있겠는가?

- 亟齋居士, 『達生編』, 「臨產」, 『續修四庫全書·子部·醫家類』1008冊. (유연실, 「청대 산과(產科) 의서(醫書)와 여성의 출산: 『달생편(達生編)』을 중심으로」, 『의사학』 제24권 제1호, 2015, 144쪽).

② 산파(穩婆)가 필요 없는가? 기왕 이런 사람들이 있으니 사용하지 않을 수 없다. 그러나 내가 그들을 부려야지, 그들이 나를 부려서는 안 된다. 산모의 집에서 모든 과정을 주도해야 하며, 그들의 명령에 따라서는 안 된다. 대체로 이들은 대부분 우매하고, 이치를 알지 못한다. 그들은 집으로 들어오자마자 분만의 시기를 고려하지 않고 곧바로 산모에게 앉아서 힘을 주라고 한다. 그들은 아이의 머리가 이미 여기 있다고 반드시 말하며, 혹은 허리를 주무르고 배를 문지르거나, 혹은 손을 집어넣어 산문(產門)을 더듬어, 많은 손상을 초래한다. 산모는 그들이 애쓰는 것을 보고 가만히 앉아있을 수 없다. 심지어 간사하고 흉악한 부인은 이 기회를 빌려서 폭리를 노리고 사리를 취하니, 그 피해는 이루 말로 다 표현할 수 없다.

- 亟齋居士, 『達生編』, 「方藥」, 『續修四庫全書·子部·醫家類』1008冊. (유연실, 「청대 산과(產科) 의서(醫書)와 여성의 출산: 『달생편(達生編)』을 중심으로」, 『의사학』 제24권 제1호, 2015, 146-147쪽).

③ 월랑(月娘)은 "별일 아니니. 빨리 가서 산파(姥姥)를 모셔와"라고 하였다.

또 한편으로 서문경에서 와서 살피라고 알렸다. 월랑은 "남저(藍姐)야 소리 지르지 마라, 기(氣)가 상한다. 첫 번째 아이라 네가 경험이 없어 그런다. 『달생편(達生編)』의 육자진언(六子眞言)에서 첫째, 진통을 참고(忍痛), 둘째, 잠을 자고(睡), 셋째, 늦게 분만통에 들어가며(慢臨盆), 과숙자락(瓜熟自落)이라고 하지 않던"이라고 말했다. 남저는 "형님, 저의 허리가 끊어질 것 같아요. 아랫배가 아래로 쳐져서 괴로워요"라고 하였다. 월랑은 "괜찮아. 채모모(蔡姥姥)[산파]가 와서 아이를 낳으면 곧 좋아질 거야"라고 하였다.

…(중략)…

산파(姥姥)는 산도(産道)를 만지며 말하길 "때가 되었네요. 아씨들 올라와서 허리를 꽉 끌어안고 빨리 앉게 해 주세요"라고 하였다. 남저의 진통이 더욱 급박해지자, 서문경(西文慶)도 손을 비비며 조급해하였다. 토뇌환(兎腦丸:분만 촉진제-인용자)을 한 알 먹이고 … 낳을 기미가 보이지 않았다. 또 사람을 보내 임의관(任醫官)을 불러오라 했으나, 하필 집에 없었다. 채모모는 마마 자국이 가득한 얼굴에 웃음을 띠며 "어르신 안심하십시오. 아이가 나오려면 좀 더 기다려야 합니다"라고 말했다. 약간의 시간이 지나 한차례 진통을 하더니 "응애" 소리가 들리며 아이가 나왔다. 산파(姥姥)는 "어르신 축하드립니다. 딸을 얻으셨습니다"라고 하였다. … 채모모는 아이를 수습하며, 탯줄을 자르고 불로 지진 후 보자기로 감쌌다. 남저를 돌보며 정심탕(定心湯:산후 안정제)을 먹이고 "절대로 옆으로 누워서 자지 마세요, 앞으로 주무십시오"라고 말했다. 춘낭(春娘)은 산파에게 두 냥의 수고비를 주고, 여러 차례 감사하다고 말했다. 또한 산파에게 술과 음식을 접대하고, 작별인사를 했다.

- 訥音居士, 『三續金瓶梅』卷2, 第10回, 中州古籍出版社, 1993, 74-75쪽 (최지희, 유연실, 「중국 명청-민국시대 산파의 이미지 형성과 변화」, 『인문학연구』 제53호, 2022, 195쪽).

④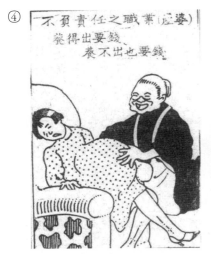　

무책임한 산파
「不負責任之職業(産婆)」, 『申報』
1927.12.10., 17쪽.

전문 산과의사의 새로운 조산법
「專門産科醫生新法接生」, 『新聞
報』, 1916.09.16., 13쪽.

⑤ 산파(穩婆)는 무지한 노파일 뿐만 아니라 임신의 생리와 병리에 대해 잘
모른다. …… 그 외의 임신, 생리와 병리, 분만의 처치, 영아의 간호, 소독방법, 모
자의 안전 등을 논한다면 구식 산파(穩婆)는 위험하다.……산욕열은 대개 산파
(穩婆)의 손과 출산도구가 소독되지 않아 일어난다. 오염된 손가락을 여성의 몸
안에 넣고 출산을 도우니 세균이 들어가는 매개가 된 것이다. …이러한 구식 산
파의 영업은 대개 매우 자유로우며 나이가 있고 약간의 방법을 아는 여성은 누
구라도 생계를 해결할 수 있는 직업으로 삼을 수 있다.……. 또는 양의에 대한
불신 때문에 산모의 집이 부유하여도 구식 산파(穩婆)를 부르는데, 사람들은 (낯
선)양의의 칼과 가위보다 산파를 더 신뢰하는 것이다. 동시에 과학화된 서양식
분만은 비용상 가난한 집의 여성이 감당하기 힘든 것이다.…… 출산은 그녀들
에게 하나의 번거로운 일에 불과하다.……(부유한 여성들처럼) 간호받으며 안정
적으로 휴식과 산후조리하고 병원에 입원하기 힘들다. 그저 아무 때나 편하게
산파(穩婆)를 불러 출산하는 것을 선호한다. 지출하는 비용도 자연히 저렴하다.
이러한 배경 때문에 구식 산파가 단속되지 않는 것이다.…

- 「여성 직업의 일종인 구식 산파(婦女職業之一舊式接生的穩婆)」, 『益世報(天津版)』, 1933年 11月 27日, 4쪽.

가. 여성의 출산을 '과숙체락'이나 '수인통, 만임분'등 자연스러운 과정으로 표현하고 산모에게 '인내심'을 요구하는 지침은 실제 출산현장에서 어떤 역할을 했을까? 당시 사회가 요구했던 '이상적인 출산'은 무엇이었는지 이야기해 보고 현재 사회와 비교해 보자.

나. 의학과 의료의 차이를 염두에 두면서 산파의 역할에 대해 고찰해 보자.

다. 사람들이 근대 의학 교육을 받았던 조산사나 의사 대신 산파를 선택했던 원인을 파악해 보자.

II. 죽음과 장례

인간이 세상을 살면서 나보다 남을 위해 더 큰 노력을 쏟는 것은 아마 죽음과 장례일 것이다. 우리는 나의 죽음과 장례를 준비하기보다 내 부모의, 친지의, 혹은 또 다른 사람의 죽음을 더 많이 보고, 준비한다. 이 과정에서 죽음과 장례를 남의 것으로 여기고 나의 문제로는 여기지 않는다. 그러나 이는 벗어날 수 없는 '나의 문제'이다. 인간은 이를 망각하고 살지만, 이를 깨달을 때 더 없는 두려움을 느낀다. 죽음은 의학의 문제인 것 같지만, 의학이 어떻게 할 수 없는, 의학의 손을 떠난 문제이고, 장례는 더더욱 그러하다. 인문학적 성찰이 필요한 이유가 여기에 있다. 인간은 죽음과 장례를 종교의 영역으로 봐 왔다. 죽음 이후의 '나'를 종교 안에서 찾았고, 그 '나'를 위해 장례를 치르는 것으로 이해했다. 그러나 과학이 발전하면서 점차 '내가 조율할 수 있는 죽음'을 추구했고, 죽음은 선택이 되기에 이르렀다. 이전에 장례를 미리 준비하는 존재는 왕이나 특별한 신분을 가진 계층에 한해서였지만, 이제는 많은 개인이 자신의 장례를 준비한다. 이는 긴 시각으로 보면 인생 전체를 개인이 설계하는 것이다. 이 장에서 우리가 살펴보아야 하는 것은, 이러한 인생의 계획안에서 죽음을 어떻게 위치시킬 것인지 생각해 보고, 환자가 계획한 그 자신의 인생을 어떻게 존중할 수 있을지, 어떤 도움을 줄 수 있을지 고민해 보는 것이다.

1. 서양의 죽음과 장례

죽음은 인간이 받아들이기 가장 어려운 문제 중 하나다. 그래서 예로부터 인간은 죽음을 종교와 의례를 통해 받아들이곤 했다. 고대 그리스에서 역시 장례 의식을 통해 죽음을 애도했고, 로마에서는 묘비문을 꼭 'Dis Manibus(마네스 신의 손에)', 혹은 줄여서 'DM'이라는 문구로 시작했다. 기독교가 발전하자 기독교적 죽음관 역시 발전했다. 기독교를 위한 죽음을 선택한 순교자들도 나타나게 되었다. 이들은 순결한 삶을 위해 죽음을 두려움 없이 선택했다. 14세기 금식을 선택하여 죽음에 이른 시에나의 가타리나가 대표적이다. 그러나 11세기부터 14세기에 걸쳐 벌어진 십자군 전쟁과 14세기 유럽에 창궐한 흑사병 때문에 기독교에 대한 불신이 싹트게 되었고, 죽음에 대한 인본주의적 이해가 나타나게 된다. 보카치오의 『데카메론』은 이러한 관점을 드러내며, 인간의 힘으로 비극을 극복하려는 태도를 보인다. 15-16세기에는 해부학이 발전하면서 시신을 확보하여 연구에 활용하려는 바디 스내칭(Body Snatching)이 횡행하게 되는데, 이는 죽음을 대상화하는 것으로 볼 수 있다. 죽음에 대한 대상화는 제2차 세계대전에 이르면서 극에 달한다. 자연의 힘이 아닌 인간의 힘으로 너무나 많은 희생자를 내는 것을 목격하면서, 인간은 죽음을 수치화하는데 이른다. 오늘의 우리는 고통 없는 죽음을 선택할 수 있는 안락사를 논의하고 있다. 그러나 여전히 죽음은 공포스럽고 받아들이기 어려운 것이며, 인간에게 풀리지 않는 숙제로 남아있다.

아래의 첫 번째 자료는 호메로스의 『일리아스』에 묘사되는 파트로클로스의 장례식이다. 두 번째 자료는 로마의 전형적인 묘비석이다. 세 번째 자료는 카푸아의 라이문도가 1395년에 쓴 『가타리나 성녀의 생애(Legenda Major)』의 일부로 기독교적 죽음관을 보여준다. 네 번째 자료는 조반니 보카치오가 1353년에 쓴 『데카메론』의 일부로 흑사병의 공포를 보여준다. 다섯 번째 자료는 스코틀랜드 미드로시안(Midlothian)의 올드 크라운 인(the Old Crown Inn) 벽화에 묘사된 바디 스내칭이다. 이를 통해 시신을 대상화하고 죽음을 대상화하게 된 시대상을 엿볼 수 있다. 여섯 번째 자료는 제 2차 세계대전 사진들이다. 마지막 자료는 조태구의 「고통 없이 죽을 권리를 위하여: 프랑스의 안락사 논의」의 일부로 프랑스에서 이해하는 안락사 혹은 조력자살을 설명한다.

① 그들은 바닷가에 참나무 더미를 내려놓은 뒤 함께 모여 앉는다. 그러자 아킬레우스가 미르미도네스족에게 자신과 말들을 무장하고 대열을 갖추라 명한다. 이들은 파트로클로스를 운구한다. 시신은 그들의 머리털로 덮여 있다. 애도의 뜻으로 그들이 잘라 던진 것이다. 아킬레우스가 정한 장소에 이르자 이들은 시신을 내려놓고 나무를 쌓아 올린다. 아킬레우스는 고향을 떠나올 때 아직 어려 성년식을 하지 않았기에 머리털을 자르지 않았었다. 그러나 사랑하는 친

구의 장례에 그는 자신의 머리털을 잘라 친구의 손에 쥐어준다. 다른 사람들은 식사를 하러 자리를 떠나고 고인과 가장 친했던 사람들이 남아서 나무를 계속 쌓는다. 그들은 장작더미 꼭대기에 시신을 올려놓고 가축과 황소의 껍질을 벗겨 기름을 떼어내 시신을 싼다. 시신 주변에는 가죽을 벗긴 고기를 쌓아 올리고, 꿀과 기름이 든 암포라(항아리)를 기대 놓았다. 또한, 말 네 마리와 망자가 키우던 개 아홉 마리 중 두 마리, 트로이아인 열 두 명을 죽이고 나서 그 위에 올렸다. 그리고 장작더미에 불을 붙였다. 장작더미는 밤새 탔고, 아킬레우스 역시 밤새도록 헌주하며(포도주를 부어 애도하는 행위) 파트로클로스의 혼백을 달랬다. 새벽이 되어서야 불이 꺼지기 시작했다. 그들은 불기를 포도주로 끄고 파트로클로스의 뼈를 잘 구분하여 모았다. 그리고 뼈를 두 겹의 기름으로 싸서 황금 항아리에 넣어 두었다. 이어서 무덤이 설 자리를 표시하고 기초를 다진 후에 흙더미를 쌓아 올렸다. 무덤을 만든 후 장례 경기를 치렀다.

- 호메로스, 『일리아스』, 23권, 김학중 외, 『어떤 죽음 2』, 모시는사람들, 2023, 218-219쪽.

②

CIL XII, 699. D(is) M(anibus) / vir(o) Aug(ustali) / Arelate / L(ucio) Pacullio Ephoe/bico Aurelia / Eutychia uxor 마네스 신께, 소달레스 아우구스탈리스(사제단)/ 아를 지방/ 루키우스 파쿨리우스 에포이비쿠스에게/ 아내 아우렐리아 에우튀키아

③ 그녀는 날마다 성체를 배령하는 일이 버릇이 되어 삶의 일부가 되었다… 더 많은 성체를 배령하고 싶은 마음이 너무나 간절했기 때문에 그녀가 그것을 받을 수 없을 때면 그녀는 허기를 느끼고 몸에 힘이 빠지는 것 같았다… 그녀는 방금 언급한 환영(예수의 옆구리 상처에서 흐르는 피를 마시는 환영)을 보거나 성체를 받을 때마다 하늘의 은총과 위안의 홍수가 그녀의 영혼을 휩쓸었다. 이 은총과 위안이 얼마나 컸던지 그 여파가 그녀의 몸을 덮쳐 체액의 자연적 순환을 막고 위장의 활동을 바꾸어 놓았기 때문에 위는 더 이상 음식을 받아들이지 않았다. 실제로 그녀에게 음식 섭취가 불필요할 뿐 아니라, 너무나 큰 육체적 고통을 수반했기 때문에 불가능하기도 했다. 어쩌다 음식을 억지로 넘기기라도 하면 심한 고통이 뒤따랐고 소화도 전혀 되지 않았다. 억지로 넘긴 음식은 모두 격하게 토해냈다.

- 카푸아의 라이문도, 『가타리나 성녀의 생애(Legenda Major)』, 1395.

④ 해당 연도의 봄이 거의 시작될 무렵, 페스트는 비범한 방식으로 그 비통한 효과를 보이기 시작했다. 피할 수 없는 죽음의 명백한 신호가 코피 나는 것이었던 동양과 달리, 증상은 사타구니나 겨드랑이에서 어떤 것은 일반 사과 크기로, 어떤 것은 달걀 크기로 자랐고, 다른 것은 달걀 크기 이상으로 자라서, 사람들은 그들을 가보콜리(가래톳, 부보)라고 불렀다. 그리고 이 신체의 두 부분으로부터, 아주 짧은 시간 안에, 치명적인 가보콜리가 신체의 모든 부분에 무차별적으로 퍼지기 시작했다. 질병의 증상은 팔과 허벅지, 그리고 신체의 모든 부분에 검은색, 혹은 눈에 띄는 반점으로 바뀌었는데, 때로는 큰 반점도 있었고, 때로는 작은 반점들이 여기저기 흩어져 있었다. 그리고 가보콜리가 원래 임박한 죽음에 대한 아주 확실한 징후이므로, 이에 감염된 사람들에게도 같은 의미가 되었다. 의사도 약도 이 병을 치료하지 못했다. 질병의 성질 자체에 치료법이 없거나, 의사들이 무지해서 적절한 치료법을 처방할 수 없었다(사실, 잘 훈련되지 않은 의사들의 수가 많이 증가한 상태였다). 어쨌든, 병에 걸린 사람들 중 완치된 사람은 거의 없었고, 앞서 설명한 증상이 나타난 지 3일이 지난 후 거의 대부분이 (일부

는 더 일찍, 다른 사람들은 나중에) 발열이나 다른 부작용 없이 사망했다. 이 역병은 매우 강력해서, 마르거나 기름기 많은 것에 불이 붙는 것처럼 병자와 접촉하는 것만으로 건강한 사람들에게 전염되었다. 역병의 악은 더욱더 퍼져갔다. 병자와 대화하거나 주변에 있는 것만으로 감염되거나 죽음을 가져다줄 뿐만 아니라, 병자의 옷을 만지거나 그들이 만지거나 사용하는 어떤 것이든 만지면 병이 옮는 것으로 보였다.

- 조반니 보카치오, 『데카메론』, 1353.

⑤

스코틀랜드 미드로시안(Midlothian)의 올드 크라운 인(the Old Crown Inn) 벽화
CC BY-SA 3.0, ⓒKim Traynor, https://commons.wikimedia.org/wiki/File:Body_snatchers_at_work,_Old_Crown_Inn,_Penicuik.JPG

⑥

https://commons.wikimedia.org/wiki/File:WW2Montage.PNG

⑦ 국가자문위원회(Comite Consultatif National d'Ethique pour les sciences de la vie et de la sante, CCNE)가 이미 여러 차례에 걸쳐 의견서를 작성한 바 있는 삶의 마지막과 관련된 윤리적 문제를 자체적으로 다시 주제로 선정하여 논의를 전개하고 의견서 139를 발표한 이유가 여기에 있다. 현재의 법률 체계에서는 다룰 수 없는 삶의 마지막 국면이 있고, 사람들이 있다. 심각하고 치유할 수 없는 병에 걸렸지만 아직 죽음이 임박하지 않은 사람들, 그럼에도 견딜 수 없는 고통을 받고 있으며 어떠한 방식으로도 그 고통을 완화시킬 수 없는 그런 상태들이 법률의 바깥에 있는 죽음의 모습들이다. 이건 현행법의 적용범위를 넓힌다고 해결되는 문제가 아니다. CCNE의 의견서 139가 논의하는 바처럼, 현재의 과학기술 수준에서는 며칠 이상 지속되는 깊고 지속적인 진정은 빠른 내성(tachyphylaxis) 효과로 인해 환자를 각성시키고, 환자는 투입된 약물로 인해 저하된 신체 상태로 좀처럼 죽음에 이르지 못한채 계속해서 악화되는 상황에 처할 수 있다. "모

든 깊고 지속적인 진정 전략이 가지고 있는 이러한 시간적 제약은 죽음을 위한 적극적 도움에 대한 반성으로 우리를 초대한다.". CCNE는 1991년부터 유지해 오던 기존의 입장을 바꾸어 죽음을 위한 적극적 도움의 도입에 긍정적인 태도를 취한다. 다만, 조력자살만을 도입할 것인지, 보다 적극적인 형태의 안락사까지 도입할 것인지에 대한 결정 책임을 입법자들에게 남겨둘 뿐이다…

20년 넘게 진행되어 온 프랑스의 안락사 도입의 역사는 고통 없이 죽을 자유와 그 권리의 점층적인 확대라는 뚜렷한 방향성을 보여준다. 환자의 고통을 덜어주기 위해 완화의료를 도입함으로써 이 역사는 시작되었고, 환자가 강박적인 치료로 인해 고통받지 않을 수 있도록 연명의료를 중단할 수 있는 권리를 인정했으며, 환자가 진정요법으로 인도된 깊은 잠 속에서 아무런 고통도 느끼지 않고 삶의 마지막을 맞이할 수 있도록 허용했다. 그리고 이 모든 과정에서 완화의료의 확대와 개선에 대한 강조는 언제나 함께 이루어졌다. 이렇게 프랑스에서의 안락사 도입이 단순히 죽을 권리를 위한 것이 아니라 "고통 없이" 죽을 권리를 위해 추진된 것이라는 점이 중요하다.

- 조태구, 「고통 없이 죽을 권리를 위하여: 프랑스의 안락사 논의」, 『한국의료윤리학회지』, 26권 2호, 2023, 73-86쪽.

학습활동

가. 고통 없는 죽음을 자유롭게 선택할 수 있도록 하려는 인간의 노력은 과연 오만인가?
나. 서양의 역사에서 죽음과 생명은 어떻게 이해되었는지를 생각해 보자.

2. 동양의 죽음과 장례

동아시아 사회에서 장례의 절차와 형식은 유교적 가치관과 신분질서의 영향을 가장 많이 받았다고 할 수 있다. 고대 중국 사회에서 유교가 국교가 되면서 가장 중요한 의례인 장례가 유교적 가치관에 맞춰 규범화되었고, 주변 나라에 전파되었기 때문이다. 또한 각 지역마다 다른 기후와 풍속, 사람들의 생사관, 종교관, 질병관 등 다양한 요소의 영향을 받기도 했다. 특히 '매장'과 관련된 의례와 풍습 중 시신을 수습하는 방식은 도덕적, 종교적 관념뿐만 아니라 질병과 전염에 대한 사고방식에 영향을 받았다.

장례와 매장이 중요했던 이유는 '효'의 가치와 직결되기 때문이었다. 장례를 치르지 않거나 시신과 묘를 고의적으로 훼손하는 행위는 인륜에 어긋나는 행위로 여겨 무거운 처벌을 받았다. 그러나 유교에 입각한 엄격한 장례규칙이나 법에도 불구하고 중국 사회에서는 화장(火葬)이나 곧바로 매장하지 않는 정장(停葬) 등의 풍습이 유행하였다. 사람들이 유교 도덕에 위배되는 화장(火葬), 정장(停葬) 등을 선택했던 이유는 불교식 장례의 영향을 받거나 풍수를 신봉했기 때문이다. 일부 지역에서는 풍수가 좋은 땅을 찾을 때까지 곧바로 매장하지 않고 임시로 관을 두거나 얕게 묻는 풍습이 있었다.

중앙정부와 지방의 관청, 사대부들은 이러한 풍습을 금지하고 풍속을 교화하려고 했다. 가장 큰 이유는 국가의 근간인 유교적 예법에 위배된다는 것 때문이었다. 그런데 '매장'을 중요시했던 또 다른 이유는 부패한 시신에서 생기는 치명적인 기(氣) 때문이었다. 17-18세기 중국의 의학자들은 역병이 확산되는 원인을 '전염'이라는 개념을 통해 설명했고, 특히 부패한 시신에서 발생하는 역기(疫氣), 장기(瘴氣), 예기(穢氣) 등 전염성의 기(氣)를 특히 위험한 것으로 여겼다. 시신을 함부로 화장(火葬)하는 것도 치명적인 오염을 불러일으킬 수 있다고 믿었다. 전염병으로 다수의 사망자가 발생한 경우 예외적으로 화장(火葬)을 하기도 했으나, 오히려 시신을 함부로 불에 태우면 오염된 기운이 주위로 퍼져 역병을 일으킨다고 생각했기 때문이다.

만약 가난한 자들이 장례를 치르거나 매장할 땅을 마련하지 못하게 된다면 관이나 시신을 방치할 가능성이 컸다. 그 때문에 중국의 경우 지방관과 지역 엘리트, 혹은 상인들이 자선단체를 조직하여 사람들의 장례와 매장을 돕거나 공동묘지인 의총(義塚)을 조성하기도 했다. 이러한 자선활동은 일차적으로 유교적 질서와 풍습을 바로잡기 위해서였지만, 시신이 매장되지 않고 방치되어 지역사회에 치명적인 질병을 일으키는 일을 막기 위해서였다. 즉, 시신의 매장풍습은 도덕적, 종교적인 관념 외에도 질병관, 전염관의 영향을 받았던 것을 알 수 있다.

동아시아 사회는 19세기 이후 전쟁, 개항을 통해 서양의 제국주의 국가들을 만나며 근대국가 건설의 필요성을 느끼게 되었다. 이때 각 사회에는 서양의 근대 과학과 의학이 소개되면서 위생이 중요한 화두로 떠올랐고 국가 주도의 위생정책을 시도하게 되었다. 개혁파 관료와 지식인 계층은 전통사회의 비위생적인 환경과 개인위생을 비판하고 서구의 위생제도를 배워서 부국강병을 이룰 것을 주장하기도 하였다.

근대 위생의 시각으로 보았을 때 동아시아의 장례문화는 비이성적, 비위생적이었다. 19세기에 중국을 방문한 선교사들은 전통 장례에서 중시하는 풍수(風水) 사상과 장례풍습이 기독교 정신에 어긋날 뿐만 아니라 중국의 발전을 가로막는다고 지적하였다. 특히 이미 매장한 시신을 다시 꺼내 풍수가 좋은 땅에 다시 묻거나 좋은 땅이 나타날 때까지 매장을 지연하는 것을 이해할 수 없는 '비위생적', '미신적' 풍습으로 이해했다. 그 결과 매장과 장례문화를 둘러싸고 전통과 근대 위생의 논리가 충돌하기도 했다.

대표적으로 중국 상하이에서 발행한 쓰밍공소(四明公所) 사건을 들 수 있다. 19세기 이래 중국의 첫 번째 조계지(租界地)가 된 상하이(上海)는 서양의 문화와 제도를 가장 먼저 접했던 곳이었다. 당시 프랑스 조계에는 상하이로 이주한 절강성 영파(寧波)인이 세운 쓰밍공소(四明公所)가 있었는데, 이곳은 영파(寧波)인의 상호부조를 위한 기관이었다. 이곳에서 했던 가장 중요한 일은 상하이에서 사망한 영파인의 시신을 영파로 이송하거나 공소 내 공동묘지인 의총에 임시 보관하고 안장하는 것이었다. 그런데 프랑스 조계당국이 의총을 가로지르는 도로 개발계획을 확정하였고 쓰밍공소의 의총을 철거할 것을 요구하게 되었다. 의총 철거를 요구했던 가장 주요한 근거는 '위생'이었다. 프랑스 측이 쓰밍공소의 사체처리가 위생적이지 않다는 점을 지적한 것이다. 그 결과 쓰밍공소는 더 이상 사체를 보관하거나 의총을 운영할 수 없게 되었다.

이 시기 '위생'은 제국주의 국가가 식민지배를 정당화하는 강력한 수단이었다. 쓰밍공소가 결국 프랑스의 요구를 들어줄 수밖에 없었던 것도 전통적인 시신 수습과 장묘의 방식이 도시의 위생과 보건을 위협하기 때문이었다. 특히 상하이와 같이 인구가 급증하고 밀집된 지역은 콜레라와 페스트 등의 전염병에 취약하여 많은 사망자가 발생했다. 영국, 미국, 일본, 프랑스 등 조계당국은 위생과 방역을 근거로 상하이 지역의 행정에 개입하며 영향력을 확장할 수 있었고 사명공소 및 기타 공소의 의총도 도시 밖 교외지역으로 옮기거나 철거되었다. 우리는 이 사건을 통해 근대 이후의 국가와 도시에서는 '위생'과 '공공보건'이 무엇보다 중요해졌으며, 근대적 위생에 부합하는 새로운 장례방식과 매장의 기준이 필요하게 되었음을 짐작할 수 있다.

동아시아의 각 나라는 근대국가를 건설하며 새로운 법과 제도를 실시했고 국민의 일상생활을 통제했다. 장례 방식과 매장풍습에도 국가가 개입하게 되었는데 장례의 방식과 묘지의 장소를 규정하는 '묘지규칙'의 법을 발포한 것이다. 기존의 장례에도 정해진 규칙이 있었지만 이는 「주례(周禮)」, 「주자가례(周子家禮)」를 기초로 형성된 것이고, 망자가 매장되는 곳은 가족의 묘지나 마을공동체의 영역에서 합의한 장소였기 때문에 여기에는 국가가 개입할 여지가 없었다. 그러나 공공위생과 토지의 효율적 이용이 갈수록 중요해지던 상황에서 기존의 자유로운 장례나 매장의 방식은 더 이상 허용되지 않았다.

일본에서는 이미 메이지 유신 초기에 장례와 매장에 관한 법을 발포하였다. 특히 메이지 10년(1877년)경 콜레라가 크게 유행하여 전국에 많은 사망자가 발생하자 화장(火葬)을 권장하는 법이 논의되었다. 일본은 본래 화장의 문화가 있었으나 기존에는 종교적인 이유에서 시행했고 새로운 법에서는 방역과 위생을 위해 실시하는 것이었다. 1884년에 발포된 「묘지 및 매장 취체 규칙(墓地及埋葬取締規則)」에서는 더욱 구체적으로 매장과 화장의 방식을 정하였다. 한국에도 일제강점기를 전후하여 새로운 장묘제도가 실시되었다. 1912년 6월, 조선총독부는 「묘지, 화장장, 매장 및 화장 취체규칙」를 발포하여 개인이 묘지를 만드는 것을 금지하고 허가제를 실시할 것을 밝했으며 이상적인 장묘의 모델로서 화장장과 공동묘지가 권장되었다. 비슷한 시기 대만과 중국에서도 근대적인 장례 및 매장에 관한 법률이 제정되었다.

각 정부가 '묘지규칙'을 추진했던 명분은 허례허식과 미신 풍습을 없애고 사회를 위협하는 비위생적인 요소를 제거한다는 것이었다. 일방적인 '묘지규칙'은 사람들의 강한 반발에 부딪히거나 시행착오를 겪기도 했다. 망자의 시신을 '위험한 세균', '처리해야 할 오염원'으로 취급하거나 장례 풍속을 '허례허식', '비과학적인 미신'으로 간주하는 태도는 망자와 사망을 대하는 전통을 무시하는 것이었다. 문명과 위생의 논리로 무장한 '묘지규칙'은 화장(火葬)을 위생적이면서 경제적인 방법으로 포장하고 묘지를 삶의 공간과 분리시키는 등 근대 이후 동아시아 사회의 죽음에 대한 사고 방식에 많은 영향을 미치게 되었다.

아래의 첫 번째와 두 번째 자료는 각각 19세기 초의 조선과 17-18세기 중국의 사례로 동아시아 사회에서 질병과 전염병을 막기 위해 시신의 수습과 매장을 중요하게 여겼음을 보여준다. 세 번째 자료는 19세기 말 중국 상하이에서 일어났던 쓰밍공소(四明公所)사건과 관련된 신문기사이다. 이 자료에서는 쓰밍공소와 중국의 장례문화를 공격했던 근대 위생의 논리가 잘 드러난다. 네 번째 자료는 염원희의 논문 중 일부로 근대 한국의 장례 문화의 변화에도 역시 위생이라는 요소가 많은 영향을 미쳤음을 보여준다. 다섯 번째 자료는 조선총독부가 1912년에 공포한 〈묘지, 화장장, 매장 및 화장 취체 규칙〉이며 이상의 위생의 논리가 장례와 매장의 법에 반영된 결과물이라고 볼 수 있다.

① 시신을 제때에 매장(埋葬)하지 못하여 도로에 낭자(狼藉)하니, 족히 화기(和氣)를 침해하여 재앙을 초래할 만하다. …… 삼영문(三營門)의 장신(將臣)은 오부의 관원을 이끌고 각각 담당한 지역에 몸소 가서 곳곳마다 찾아서 일일이 덮어 묻어 허술하게 하여 빠졌다는 한탄이 없게 하라.

- 「죽은 자에 대한 매장을 하교하다」, 『순조실록』 34권. 순조 34년 1월 24일 庚寅.

② 근래 선행을 베푸는 무리들이 자선단체를 만들어 두창으로 사망한 어린

아이들의 유해를 사들였다. 그 중에는 심지어 이미 매장되었던 시신도 있다. 시신들을 모아 한곳에 쌓고 불을 질러 태우니 비릿한 악취가 진동하고 독기(毒氣)가 증발하여 퍼졌다. 그 결과 오히려 전염병이 퍼지게 되었으니 태어나는 아이들이 괴질에 걸려 두창과 비슷하나 두창이 아닌 증상이 나타나고, 홍역과 비슷하나 홍역이 아닌 증상이 나타나 삽시간에 심각한 위험에 처했다. 실력이 좋은 의사들도 속수무책이었고 모두 천재(天災)라고 하며 괴이하게 여겼으나 사실 시신을 함부로 태웠기 때문이라는 것을 모른다.

- 周楊俊, 『溫熱暑疫全書』卷4, 「瘟疫論」(『續修四庫全書·子部·醫家類』1004册)

③ 현재 사명공소(Ningpo Guild-House)에는 마치 창고에 있는 솜뭉치 같이 수많은 관들이 쌓여있다. 이 관은 원칙적으로 자선기관이나 자선단체에서 제공하는 것이다. 관의 가격은 4달러에서 8달러이다. 관은 매우 얇은 판자로 만들어졌고 이음새가 느슨하거나 어긋나있다. 관에는 매우 약간의 석회를 뿌리고 균열을 메우는 회반죽도 매우 아껴서 사용되었다. 이제 세균과 질병으로 가득한 부패한 시체가 담긴 엉성하게 만들어진 관이 약 2000-3000개쯤 사명공소에 몰려 있는 장면을 상상해 보라. 3천 개의 관에서 밤낮으로 뿜어져 나오는 엄청난 양의 독가스가 프랑스 조계와 주변 지역으로 퍼지고 모든 주거지로 침투하여 남녀노소의 모든 계층이 이 독가스를 들이마실 것이다……이제 관을 받자마자 땅에 깊이 묻고 나중에 뼈를 모아 그들의 고향으로 가져가게 해야 한다……의회가 다른 외국 대표들에게 요청하여 영파와 다른 선당에 있는 매장되지 않은 관의 폐혜와 위험성을 지적하고 가능한 빨리 모든 관을 땅에 깊이 매장하라 명령하게 해야 한다. 이러한 방법으로 빈번하게 발생하는 전염병과 사망을 막을 수 있다… 물론 중국인들도 전염병의 세균으로 가득한 시신이 있는 허술한 관이 땅 위에 아무렇게 널려 있어서는 안된다는 점을 인정하지만 풍수에 대한 잘못된 생각 때문에……당국도 침묵하는 것이다.

- Unburied coffin, *The North-China Daily News* (1864-1951), 1890.09.05., p.3.

④ 상여를 맨 행렬이 묘지로 가기 전에 마을을 동서남북으로 도는 행위에 대해 '송장내를 피우는 비위생적 행위'라 개탄한다는 대목이 있다. 상례에 대한 비판이 이처럼 위생의 문제와 맞물려 있음도 중요하다. 위생과 의료의 문제는 일제강점기 식민권력이 가장 일상적으로 자신의 위용을 과시할 수 있는 장이었다. 그것은 제국의 시혜를 표현하는 문명적 지표이면서 동시에 식민지 민중의 신체를 확실하게 틀어쥘 수 있는 통치의 영역이었기 때문이다. 일제는 식민지 통치에 유리하게 경찰위생제도를 세우고 식민지 보건정책을 실시하였다. 임신, 출산과 관련된 문제가 생명 탄생의 문제였다면, 상례는 인간 죽음의 문제로서 바로 이 위생의 영역에서도 주목하고 있었던 것이다.

- 염원희, 「전통 상례의 변화를 통해 본 일제의 조선 인식」, 『어문론집』 제52집, 2011, 262-263쪽.

⑤ 조선총독부 〈묘지, 화장장, 매장 및 화장 취체 규칙〉 1912년 6월 20일 부령 123호

제1조 묘지의 개설, 변경, 또는 폐지는 경무부장의 허가를 받아야 함.

제2조 묘지는 부(府), 면(面), 동(洞) 기타 공공단체 또는 이에 준하는 자가 아니면 신설하지 못함.

제3조 묘지를 만드는 경우에는 다음의 제한을 따라야 함

1. 도로, 철도 또는 하천에서 10간 이상, 인가에서 60간 이상 거리를 두어야 함.

2. 수원(水源)이나 물이 흐르는 곳 또는 음용 정원(井源)에 관계가 없는 토지여야 함.

…(중략)…

제5조 화장장을 만드는 경우에는 다음의 제한을 따라야 함.

1. 도로, 철도 또는 하천에서 60간 이상, 인가나 많은 사람들이 모이는 장소에서 120간 이상 거리를 두어야 함.

2, 반드시 시가나 부락에서 바람이 불어 영향을 미칠 수 없는 위치의 토

지여야 함.

…(중략)…

제10조 사체 또는 유골은 묘지 이외의 장소에 매장하거나 개장(改葬)할 수 없음. 사체의 화장은 화장장 이외에는 할 수 없음.

…(중략)…

제16조 전염병자의 사체는 특별히 허가를 받은 경우 외에는 경찰서에서 지정한 묘지가 아니면 매장할 수 없음. 전염병자 사체의 개장은 3년 이상을 경과하지 않으면 불가함.

제17조 시체를 묻을 구덩이의 깊이는 관의 위면과 지반면 간의 간격을 2척 이상으로 해야 함. 단 유골을 매장하는 경우에는 이 제한을 받지 않음.

– 〈국가법령정보센터(https://www.law.go.kr)〉, 「묘지·화장장·매장및화장취체규칙」,
조선총독부령 제123호.

학습활동

가. 자료 ①과 ②는 동아시아 사회가 질병과 전염병을 막기 위해 시신의 수습과 매장을 중요하게 여겼음을 보여주는 사례이다. 동아시아 전통의학에서 전염의 개념을 어떻게 이해하고 있었는지 조사해 보자.

나. 자료 ③과 ④를 참고하여 동아시아 사회에 화장(火葬)과 공동묘지가 등장하게 된 배경을 조사하고 장례 풍습으로 굳어지게 된 원인을 고찰해 보자.

다. 자료 ⑤는 근대 이후 동아시아 사회에 형성된 새로운 장례제도와 매장의 규칙을 보여준다. 이러한 변화가 '삶'과 '죽음'에 대한 태도에 어떤 영향을 미쳤을지 생각해 보자..

III. 삶과 죽음의 서사

1. 삶은 죽음을 향한다

독일의 한 유명한 철학자는 우리가 죽는다는 사실을 망각한 채 살아간다면, 자신의 참다운 존재의 의미를 발견할 수 없다고 보았다. 그에 따르면 우리는 피할 수 없는 게 죽음이라는 점을 늘 기억해야 하고, 그러한 기억 속에서 우리는 최선으로 자신의 존재 의미를 발견해야 한다. 자신의 참된 존재의 의미를 발견할 때 우리 각자는 저마다의 진정한 삶을 영위할 수 있기 때문이다. 정말로 "일주일 후 죽는다면?" 우리는 진정으로 자신이 원하던 것을 행하고 혹은 소중하게 생각한 것과 함께하려고 하지 않을까요? "죽음을 기억하라"(memento mori)와 같은 문구가 사람들로부터 회자되는 이유도 죽음이 삶을 돌아보게 하는 힘을 갖기 때문이다. 죽음은 낯선 것 혹은 기이한 것이 아니라 우리의 삶에서 필연적으로 마주하게 될 것이기에, 그러한 죽음이 지금 우리에게 주어진 삶의 의미를 더 고찰하게 만들기에 죽음은 반드시 살펴야 할 주제임이 틀림없다. 당연하게도 죽음은 인문학에서 필히 다뤄야 할 중요한 주제이다. 현대 사회에서는 의학과 여러 기술의 발전으로 죽음마저 극복할 수 있다고 보는 경향이 있다. 그럼에도 죽음은 나에게서 물러서지 않는다. 왜냐하면 나도 언제가 죽을 수 있다는 생각을 지울 수 없기 때문이다. 나의 삶은 죽음을 향하고 있다는 사실은 완전히 제거되지 않는다.

죽음은 철학의 오래된 주제이다. 그래서 이 장에서는 죽음에 대한 의철학적 이해를 시도한다. 삶이 무엇인지를 해명하는 것만큼 죽음이 무엇인지를 해명하는 것은 복잡하고 어려운 주제이다. 그럼에도 죽음의 문제와 씨름하지 않을 수 없다면, 우선 사상적으로 죽음이 무엇인지를 고민해볼 필요가 있다. 우리는 필멸하는 존재이기 때문에 죽음이 무엇인지, 죽을 수밖에 없는 존재로서 우리는 살아있는 동안에는 어떻게 살아야 하는지, 죽음 후에도 계속되는 삶이 있는지 등을 말이다.

죽음은 생명뿐 아니라 모든 것의 상실을 의미한다. 누구나 언젠가 맞이해야 하는 삶의 종착역이라는 점에서 죽음은 개별 인간에게 반드시 일어나는 실존적 사건이다. 죽음은 일반적 사건이면서도 개별적인 고유한 사건이다. 나의 죽음은 물론이지만 '너'의 죽음이라는 혹은 '그'의 죽음이라는 2인칭, 3인칭의 죽음도 나에게는 실존적 고통을 주는 사건이다. 가령 사랑하는 사람의 갑작스러운 부재의 고통은 나의 실존적 사건으로 간주될 수 있다. 우리는 나의 죽음이든 너의 죽음이든 심지어 그의 죽음이든 다양한 죽음의 이야기 속에 살고 있고 그 속에서 삶의 의미를 찾아가고 있다. 우리는 죽음의 서사 속에 있는 것이다. 죽음의 서사와 관련된 다음의 사례는 이와 같이 설명하고 있다.

① 인문학은 인간의 삶을 연구하는 학문이다. 표준국어대사전에 따르면, 인문학은 인간의 언어, 문학, 예술, 역사, 철학 등을 연구하는 학문을 의미한다. 문학과 예술의 이야기 구성과 규칙을 다루는 서사학(Narratology) 이론은 흔히 '아라비안나이트', 즉 『천일야화』 이야기를 원전(原典)처럼 다룬다. 널리 알려져 있다시피, 『천일야화』의 이야기는 세헤라자데가 삶을 이어가기 위해 왕에게 1001일 밤 동안 흥미로운 이야기를 계속 이어가며 진행된다. 이야기, 즉 서사의 중단은 죽음을 의미하며 삶은 이야기와 함께 지속된다. 세헤라자데는 왕을 매혹시킨 이야기 덕분에 당장의 죽음을 피할 수 있었지만, 인간의 삶은 끝이 정해져 있다. 모든 인간의 삶의 끝에는 죽음이 놓여있다. 우리 삶의 시간은 죽음을 향해 가기 마련이다. 인간의 죽음은 사고나 재난, 기아 등에 의해서도 찾아오지만, 가장 많은 경우는 질병과 노화로 인한 죽음일 것이다.

- 최성민, 「죽음으로 가는 시간: 질병과 간병, 그리고 노화와 요양」, 『죽음의 인문학』, 모시는사람들, 2022, 67쪽.

② 질병은 환자의 몸과 정신을 병들게 하지만, 병든 환자를 돌보는 간병의 고통은 환자의 가족에게 전달된다. 인간에게 보편적 측은지심이 있다면 누군가를 돌보고 도와주는 일이 그 자신에게 보람과 행복을 안겨줄 수도 있다. 하지만 중증 질환이나 노인성 질환을 앓는 환자를 돌보는 일은 결코 쉬운 일이 아니다.

캥거루와 같은 유대류나 판다와 같은 동물들을 제외하면, 인간은 태어날 때 매우 미숙한 존재로 태어나는 보기 드문 포유류 동물이다. 인간은 태어난 지 1년은 지나야 걸음을 걸을 수 있을 정도로, 주변의 도움이 없다면 생태계에서의 생존이 불가능한, 나약한 영유아기를 거친다. 가족의 돌봄으로 하나의 인간 개체로서의 자율적 생활이 가능해지지만, 중증 질환을 앓거나 노년기에 들어가면 또 다시 누군가의 돌봄을 필요로 하게 되는 것이 인간의 삶이다. 심지어 점점 빠르게 변화하는 우리 사회는 육체적인 심각한 노화가 오기 전에도 나이가 든 사람들은 무능하거나 도태되어야 하는 사람 취급을 하는 경우들이 흔하다. 첨단 IT 업계에서는 30대면 '노땅', 40대면 '조상님' 취급하는 일이 빈번하다. 그럼에도 불구하고 평균 수명은 점차 늘어나고 있고, 노년으로 살아가야 하는 기간은 길어지고 있다. 본래 인류는 자신의 집에서 숨을 거두는 것이 대부분의 운명으로 받아들였다.

그러나 20세기 후반부터 상황은 달라졌다. 노화와 죽음을 몹쓸병처럼 취급하면서부터였다. 미국의 경우, 1980년대 이후 여섯 명 중 다섯 명은 병원에서 사망 선고를 받았고, 그걸 보고 자란 아이들은 죽음은 당연히 병원에서 맞이하는 것이라 생각하게 되었다. 최근에는 요양시설과 호스피스 전문 기관이 늘어나면서, 병원 이외의 기관에서 삶을 마감하거나 다시 자택에서 최후를 맞이하는 비중이 증가하고 있다. 그러나 여전히 죽음을 맞이하는 순간, 병원과 의사의 역할은 크다. 사망을 확인하고 선고하는 것은 의사의 책임이자 법적 의무로 여겨지고 있다. 의료법 제17조는 의료업에 종사하는 의사 및 한의사만이 사망을 진단하고 증명서를 발급할 수 있도록 규정해 놓았다.

- 최성민, 「죽음으로 가는 시간: 질병과 간병, 그리고 노화와 요양」, 『죽음의 인문학』, 모시는사람들, 2022, 68-70쪽.

③ 생사를 넘나들며 고통스러워하는 환자를 볼 때면 의료진은 이 환자가 살아있는 것이 정말 그를 위해 더 나은 일인지를 자문할 때가 적지 않다. 19세 정유경 씨는 혈구감소증으로 혈액종양내과에서 치료를 받던 환자였다. 검사 도

중 자가면역 질환 의심 소견이 보여 나에게 의뢰되었다. 원인이 무엇이었든지 간에 해볼 수 있는 치료, 써볼 수 있는 약은 이미 다 거쳤고 환자는 약 부작용으로 더 힘들어하고 있는 암담한 상황이었다. 어떤 치료 방법이 더 남아 있을지 검토하고 있던 중 갑자기 유경 씨가 심한 두통을 호소하며 쓰러졌다. 뇌혈관이 여러군데 막히는 심한 뇌경색이 확인되었는데 그야말로 할 수 있는 일이 아무것도 없었다.

…(중략)…

"말이 나온 김에 무엇이 지금 유경이에게 최선일지에 대해 제 솔직한 생각을 말씀드려도 될까요?" "뭔데요?" "이제는 가족들의 삶을 생각하셔야 해요. 유경이의 병원비를 그렇게 짊어지다 보면 어머니도 곧 엄청난 곤경에 빠지게 될 거예요." "이미 어렵습니다." "유경이를 집으로 데려가시지요." "뭐라고요? 그러면 죽는 거 아니에요?"

…(중략)…

"유경이가 지금 병원에 누워서 저런 상태로 오래 있는 것이 행복할까요? 그렇다고 병원에 계속 있는다 해도 천수를 다 누리지는 못해요. 정확한 시기는 아무도 모르지만, 머지않은 시일에 유경이는 결국 죽게 됩니다."

- 김현아, 『죽음을 배우는 시간』, 창비, 2020, 60-63쪽.

학습활동

가. 죽음은 나에게 어떤 의미가 있는지를 생각해 보자.
나. 노화는 질병인가? 노화로 인한 죽음과 질병으로 인한 죽음의 차이는 무엇인지를 생각해 보자.
다. 사례 ③의 경우 우리 삶의 마지막 서사가 '병원'이길 희망하는 환자와 '집'이길 원하는 의사의 상황이 나타난다. 죽음의 서사에서 '병원'이 갖는 의미가 무엇인지를 생각해 보자.

2. 죽음의 부정

인간은 죽음에 대한 공포로부터 자유롭지 못하다. 죽은 후 어떻게 될지 알 수 없으며, 홀로 미지의 세계로 가야 한다는 사실이 두렵다. 죽음을 생각하면 두렵지만 사람의 힘으로는 어쩔 수 없는 상황이다. 그래서 죽음은 두렵고 공포스러운 것이다. 죽음이란 공포와 공포의 불안이 얽힌 것이다. 죽음의 불안과 두려움으로부터 우리는 벗어날 수 없다. 인간은 누구든 알 수 없는 죽음이라는 미지의 세계로 홀로 떠나기 때문에 걱정, 불완전한 미완성 상태에서 죽음을 맞이한다는 것은 두려움이나 불안과 다르지 않다.

수많은 철학자들은 죽음이 선사하는 불안과 공포를 극복하고자 나름의 사상적 이론을 정립해왔다. 예를 들어 플라톤은 이데아의 세계를 상정하고 죽음이 완벽한 세계로의 참여라는 사실을 강조한 바 있다. 칸트는 최고선이라는 행복과 이성적 보편성의 통일이 죽음 이후에도 지속될 수 있는 상황에 우리가 놓일 수 있다는 점을 설명했다. 피히테는 영혼도 죽음도 없지만 삶은 분명히 있기에 죽음의 의미를 굳이 밝히지 말고 지금 나에게 주어진 삶에 주목할 것을 주장했다. 그런데 피히테에 따르면 자연의 생명은 죽음 속에서 생명의 덧없음을 이해하며 생명의 종말에 자리한 죽음에서 우리는 영원함의 의미를 통찰한다. 다시 말해 유한한 인간에게 죽음은 무한함의 통로를 보여주는 가능성이기에 삶에 최선을 다하는 것이 중요하지만 이러한 중요함은 죽음이라는 무한성으로부터 깨닫게 된다는 사실을 알린다. 이를 이어 헤겔은 정신현상학의 변증법적 활동 속에서 죽음은 생명의 희망을 낳는다고 알린다. 죽음은 두려운 것이기에 삶의 완전함을 완성하는 힘이 죽음의 공포로부터 부여받는 것이다. 쇼펜하우어도 죽음의 공포를 극복하기 위해서라도 우리의 삶을 완성해야 한다고 언급한 바 있다. 얼핏 보면 이들의 주장은 죽음을 더욱 강조하는 것처럼 보이지만 사상가들의 이야기는 더욱 완벽하고 완전한 삶에 대한 의지와 실천을 위해 죽음이 거론된다는 사실을 확인할 수 있다. 죽음은 알 수 없는 것, 두려운 것, 영원히 잠에 드는 무한한 공포이지만 이러한 공포는 삶에 더욱 충실하게 만드는 원인이 될 수 있다고 철학자들은 보았던 것이다.

상기 언급한 철학자들의 이야기처럼 죽음은 부정하고 싶은 것이다. 죽음은 우리와 관계 없는 것으로 치부하고 싶은 어떤 것이다. 심지어 우리는 '나'의 죽음은 없지만 '너'의 죽음 혹은 '그'의 죽음이 있기에 이러한 다른 이의 죽음을 보며 삶의 의미를 찾아야 한다고 말하기도 한다. 다음의 사례를 살펴보자.

① 프랑스 현상학자 미셸 앙리는 "죽음은 없다"고 단적으로 선언한다. 현상학적으로 '존재한다'는 것이 '나타난다'는 것을 의미하는 한, 죽음의 부재에 대한 그의 이러한 선언은 죽음이 우리에게 나타나지 않는다는 점을, 즉 그것은 직접적으로 경험할 수 없는 무엇이라는 점을 의미한다. 실제로 인간은 누구나 필연적으로 죽지만, 누구도 죽음을 직접 경험할 수는 없다. 살아있는 존재에게 자신의 죽음은 아직 벌어지지 않은 미래의 일일 뿐이며, 그것도 언제 벌어질지 정확히 알 수 없는 미지의 일일 뿐이다. 매일매일 죽음에 대해 생각한다고 해도 사안은 달라지지 않는다. 마지막 숨이 멈추기 직전까지 우리는 살아있고 여전히 죽음은 우리의 앞, 다가올 미래에 있다. 그리고 마지막 숨이 멈추었을 때, 그때 이미 우리는 죽어있다. '아직' 도래하지 않은 미래가 '이미' 도래해 버린 과거로 이행할 때, 이러한 이행 그 자체가 바로 죽음이다. 그리고 이러한 '이행', 다시 말해 이 '현재로서의 죽음'에 대해 우리는 아무것도 알 수 없다. 어떤 기적으로 인해 그것에 대해 무언가 자그마한 것이라도 알게 된다고 하더라도, 우리는 그것에 대해 누구에게도 아무것도 말할 수 없다. 이 '현재로서의 죽음'과 함께 우리는 더 이상 이 세상에 존재하지 않기 때문이다. 장켈레비치(Vladimir Jankélévitch)가 말한 것처럼 "내가 있는 거기에 죽음은 없고, 죽음이 거기 있을 때, 나는 더 이상 없다." "나에게 죽음은 결코 실존하지 않는다."

- 조태구, 「죽음과 철학」, 『죽음의 인문학』, 모시는사람들, 2022, 13-14쪽.

② 그런데 비록 우리가 우리 자신의 죽음을 경험할 수는 없다고 하더라도 타인의 죽음을 경험할 수는 있지 않은가? 실제로 사람들은 자기 자신의 죽음과는 달리 타인의 죽음은 경험할 수 있는 무엇이라고 생각하며, 장켈레비치 역시

그렇게 생각했다. "죽는 것은 결코 내가 아니라, 항상 타인"이며, 이 타인의 죽음, 특히 다른 누구도 아닌 다름 아닌 '너'라는 2인칭의 죽음으로부터 쟝켈레비치는 "죽음에 관한 철학"의 가능성을 발견한다. 그러나 "죽음을 경험하는 일"과 "죽음에 대해' 경험하는 일"은 완전히 다른 일이다. 내가 죽음을 경험하는 일은 내가 죽는다는 단적인 사실을 말하는 반면, 죽음에 대해' 경험한다는 것은 '죽음'이라는 어떤 대상, 즉 나와 구분되는 무언가를 경험한다는 것을 말하기 때문이다. 그리고 우리가 타인의 삶을 대신 살 수 없는 것과 마찬가지로, 타인의 죽음을 대신 죽을 수 없다는 사실은 너무나 명백하다. 따라서 나 자신의 죽음을 직접적으로 체험할 수 없는 것과 마찬가지로, 우리는 타인의 죽음 역시 직접적으로 체험할 수 없다. 우리는 죽어가는 타인, 아직 죽지 않은 타인을 경험할 수 있고, 죽어버린 타인, 이미 죽어버린 타인을 경험할 수는 있지만, 타인의 죽음 자체를 경험하지는 못한다. 타인의 죽음은 아직 벌어지지 않은 미래의 일로 상상되거나 이미 벌어진 과거의 일로 기억될 뿐, 현재의 일로 체험되지 않는다. 나의 고유한 죽음과 마찬가지로, 타인의 죽음과 관련해서도 '현재로서의 죽음'은 실존하지 않는다.

- 조태구, 「죽음과 철학」, 『죽음의 인문학』, 모시는사람들, 2022, 14-15쪽.

학습활동

가. "나의 죽음이 체험되지 않는다"는 사상가의 주장이 무엇인지를 생각해 보자.
나. '너'의 죽음과 '그'의 죽음이라는 2인칭과 3인칭의 죽음이 '나'에게도 동일한 죽음으로 체험될 수 있는지를 생각해 보자.
다. 죽음이 정말로 삶을 더욱 완전하고, 성숙하게 만드는 원동력이 되는지를 고찰해 보자.

제6강

노화와 고통

<학습목표>

가. '노화'가 무엇인지를 살피고 이에 대한 의료인문학적
   의미를 고찰한다.
나. 초고령화 시대 노인 돌봄의 구체적인 의료적, 사회적
   대책에 대해 모색한다.
다. 존엄한 노년을 위한 실천적 방법을 제안해 볼 수 있다.

초고령화 시대를 맞이하고 있는 현대 사회는 '노화'에 대한 개인적, 사회적 의미 탐색을 절실하게 요청하고 있다. 제6강에서는 '노화와 고통'이라는 주제를 갖고 의료인문학적 고찰을 시도한다. 이를 위해 누구나 겪는 과정인 늙음이 무엇인지를 살펴본후 노화에 대한 정의를 알아본다. 노화의 정의와 함께 노화로부터 경험할 수 있는 고통을 사회적 맥락에서 확인한다. 사회적 맥락에서 노화는 돌봄이 필요하다는 사실로 이어진다. 노화는 자연스러운 현상으로서 우리 모두가 반드시 겪을 수밖에 없는 과정이다. 노년의 돌봄은 가족의 책임으로만 이해될 수 없는 만큼현대 사회에서 돌봄은 전문적이고 적절한 의료적 조치가 필요할수밖에 없다는 사실과 함께 노화와 돌봄이 무엇인지를 살펴본다. 이에 더 나아가 존엄한 노년이 무엇인지 고찰하고 노인에 대한 긍정적 가능성을 개발하고 '긍정적인 노화'를 이룰 수 있는 사회적 환경을 조성하는 일이 무엇인지를 살핀다. 또한 좋은 죽음이라고 의역하기도 하는 '웰다잉(Well-dying)'의 문제도 고찰함으로써 늙고, 병들어 죽는 일의 존엄한 죽음이 무엇인지에 대해서도 다룬다.

I. 노화의 의미

노화의 의미는 다양하다. 이는 단순히 나이가 든 것을 의미할 수 있고, 시간이 지남에 따라 심신이 쇠약해지는 것을 뜻할 수도 있다. 혹은 단순히 노인을 노화라고 이해하기도 한다. 사람의 경우 노화의 증상으로 마주하는 대표적인 증상은 흰머리가 생기고, 시각과 청각 등의 감각이 둔화하는 것이다. 사실 노화에 대한 이해는 학문적, 문화적, 경제적, 사회 환경에 따라 다르게 이해될 수 있지만, 생리적으로 본다면 노화는 대체로 사람의 경우 고령이 되어 각종 신체적 기능의 쇠퇴를 의미한다고 볼 수 있다. 노화는 여러 장기의 중량감소를 수반하는데 가령, 80세에 간 중량은 80%, 흉샘의 중량은 5%까지 저하되며, 뇌는 평균 7%의 중량감소가 보인다고 알려진다. 또한 노화에 따른 각종 생리활성, 호르몬 분비기능도 대체로 저하되는 증상이 나타난다. 질병에도 쉽게 노출되어 노화의 과정을 겪는 사람들은 쉽게 질병으로 인한 사망을 겪기도 한다. 노화의 원인은 다양하게 이야기되고 있는데, 노화는 텔로미어의 마모로, 유전적 과정으로, 호르몬-스트레스 등으로 발생한다고 본다는 관점들이 있다.

분명한 점은 노화란 유한한 인간이라면 모두가 겪을 수 있는 현상이라는 사실이다. 우리는 통상적으로 행복한 삶이란 젊을 때의 행복한 삶에서 행복한 노년기를 맞으며 편안한 죽음으로 이르는 것이라고 생각한다. 하지만 상술했듯 노화는 질병에 쉽게 노출되어 고통받을 수 있는 과정일 수 있고, 각종 신체적 기능의 저하로 인한 어려움에 처할 수 있는 상태를 뜻한다. 이는 달리 보면 행복한 인생을 위해 행복한 노화가 무엇인지를 살펴보기를 원한다는 점으로 이어진다. 이를 통해 우리는 노화가 어떤 의미를 지니는지를 다음과 같이 살펴볼 수 있는데, 그것은 노화는 삶의 중요한 문제로 다루어질 수 있다는 것이다. 언젠가 우리 모두는 노인이 될 수 있다는 인식 속에서 노화가 갖는 의미를 다양한 관점에서 살펴봐야 한다. 우리는 늙고 죽을 존재라는 사실을 담담하게 받아들이며 단순히 노화를 괴롭고, 싫은 것으로 치부하여 일상에서 망각해야 할 것으로 두어서는 안 된다. 젊음과 건강만을 곁에 두고 질병이든 노화든 죽음에 가까운 것을 거부하고 추방하고 싶은 우리의 마음을 잠시 뒤로하고 우리는 노화로 인한 삶의 변화와 의미를 되새겨봐야 한다.

노화는 오늘날 의료기술의 발달과 함께 치료 가능한 것이라고 여겨지기도 한다. 현대인들은 노화를 최대한 늦추거나 피하고 싶어하며, 나와는 별개의 사건으로 치부하려는 의지를 뚜렷하게 갖고 있다. 이는 첨단 의료 발달과 피부, 건강 등 노화와 관련된 다양한 산업 기술의 발달에 따른 결과로 볼 수 있을 것인데, 이에 따라 오늘날 사람들은 수명이 급격하게 늘어나고 노화를 맞이하는 정도와 과정을 달리 겪는다. 하지만 노화는 우리가 피할 수 없는 숙명이라는 점은 여전히 부인되지 않는다. 노화란 피할 수 없는 것이라면 우리는 행복한 노년이 무엇인지를 생각해 본다. 초고령화로 노년기가 길어지면서 우리는 풍요로운 노년기를 보내고 싶은 마음이 있다. 자신의 노년기를 건강하고 안정된 삶 속에서 누리고 싶은 마음을 우리는 감출 수 없다. 이에 따라 노화에 따른 노년의 삶이 무엇인지를 생각해 보자.

1. 노년에 대한 다양한 관점

늙음, 나이 든다는 것은 사회적으로 규정되는 경우가 많다. 사회적으로 규정된다는 점에서 볼 때 자본주의 사회에서 늙음은 환영받지 못하는 현상으로 이해되는 경향이 있다. 노동자로서나 소비자로서 각광받지 못하기 때문으로 볼 수 있는데 이는 농경시대와는 달리 생산과 소비로 역동적 힘을 발휘하는 자본주의 사회에서 나이가 든 노년은 과거와는 다른 가치를 부여받는다. 그래서 늙음은 오늘날 거부되어야 할 것, 공포나 피하고 싶은 것으로 생각된다. 하지만 이러한 경향이나 관점과는 달리 노년을 겪고 있는 노인은 젊은이들과 함께 건강한 공동체를 구성하는 세대라는 점을 잊지 말아야 한다. 노년은 성가신 것이 아니라 즐거운 것이고 현명한 노인들의 경험으로부터 나오는 지혜는 여전히 우리 사회를 더욱 성숙하게 만드는 요소가 된다. 노인에 대한 젊은이들의 존경과 사랑은 젊은이들 자신들도 늙을 수 있으며 그에 따른 자신에 대한 존경과 사랑과 다르지 않다는 생각도 해볼 수 있다. 노년의 의미가 무엇인지를 고민하게 만드는 상황의 사례를 살펴본 후 노년이 무엇인지에 대해 고찰해 보기로 하자. 첫 번째 제시문은 심장이 좋지 않은 노년의 화자는 요실금이 있어 기저귀를 차고 다니며, 당뇨도 앓고 있다. 그런 그가 요양원에서 우연히 어렸을 때 열렬히 짝사랑했던 첫사랑의 여인을 만났지만, 그녀는 치매 환자가 된 상황을 보여주는 소설의 한 부분이다. 두 번째 제시문은 노년의 할아버지는 죽기 전 자신의 손자와 손녀에게 솔직한 삶에 대한 충고와 조언을 주는 장면이다. 세 번째 제시문은 자본주의 삶 속 노년의 의미에 대한 것이다.

①다리 사이가 축축하다. 조심조심 옆자리의 송 씨가 깨지 않게 숨죽여 기저귀를 벗는다. 새 기저귀를 찰까 하다. 나는 그냥 일어선다. 괜찮겠지, 바지를 입으며 생각했다. 그저 가벼운 요실금이 있을 뿐이다. 그리고 그저 약간의 당뇨가 있을 뿐이고… 그저 조금 심장이 좋지 않을 뿐이지만, 아직은 괜찮다고 스스로를 위로한다. 단단히 뭉친 기저귀를 들고 나는 화장실에 들어선다. 갓 꺼낸 동물의 심장처럼 기저귀가 뜨끈하다. 거울을 본다. 한 손에 자신의 기저귀를 든 늙은이가 거울 속에 박혀 있다. 기저귀는 참, 따로 분리함에 넣어달랬지. 간병인의 지적이 떠오르자 화장실에 들어온 이유가 사라진다. 소변이 마렵지도 목이 마르지도 않다. 나는 그저… 거울을 보다가 머리를 빗어넘긴다. 눌렸던 머리칼이 본래의 모습을 되찾는다. 그러고 보니 근 오십 년을 이 스타일을 유지해 왔다. 오십년이나… 이 머리로 출근을 하고 아이들을 키우고 정년퇴직을 하고, 했다. 이 머리… 그래도 아직은 괜찮지 않은가,라며 나는 거울 속의 사내를 향해 중얼거린다. 예순여섯이라 쳐도 흰머리가 없는 편이다. 머리숱이 옅어진 것도 아니다. 이만하면, 하는데 손에 들린 기저귀가 눈에 띈다. 이것은… 그러니까 기저귀라네 이 사람아, 하고 나는 실소를 지어 보인다. 거울 속의 늙은이도 따라 웃는다. 심장을 적출당한 동물처럼 우리는 함께 공허해진다. 문득, 그렇다.

… (중략)…

이곳, 소명(昭明)요양원에 온 지도 삼 년이 다 되었다. 노인 전문 치료기관,이라고는 해도 일반 양로원을 갈 수 없는 노인들이 그저 간호를 받으며 여생을 보내는 곳이다. 대개가, 그래서 질환을 앓고 있다. 중풍과 치매가 많고, 나처럼 심장이 좋지 않거나 당뇨가 있거나… 혹은 멀쩡하지만 가정형편이 어려운 노인들이 죽음을 기다리는 곳이다. 오 년 전 아내가 죽었을 때도, 이런 곳에서 여생을 보내게 될 줄은 정말 몰랐다. 나는 무언가… 그래도… 그랬다. 다 부질없는 생각이었다. 부질없이 평생을 살고, 부질없이 죽음을 기다린다.

… (중략)…

어떤 무언가가 내 삶에 남았을 거라 믿어 왔다. 여유가 있고 비로소 자신의 삶을 살아가는, 그런 노후… 퇴직을 하고 한 동안 그런 삶을 산다는 착각에 빠졌었다. 데생을 배우기도 했고, 기원을 오가고, 아주 잠깐 철학강의를 듣기도 했다. 그리고 곧, 걷잡을 수 없는 무력감이 밀려들었다. 할 일 없는 인간이 되었다는 자괴감, 쓸모없는 인간이 되었다는 허무함, 길고, 시들고, 말라가는 시간의 악취… 얼마나 놀랐는지 모른다. 다시 일을 할 수 있으면 얼마나 좋을까, 오가는 직장인들을 바라보는 스스로의 진심에 나는 좌절했다. 그토록 지긋지긋했던 그 삶이, 결국 내가 원하는 삶이었다니. 언젠가 퇴직을 하면, 하는 상상으로 삼십삼년의 직장생활을 견뎌내지 않았던가. 내 삶은 과연 무엇이었을까. 삶이란… 무엇일까.

… (중략)…

내 맞은편에 앉은, 아니, 내가 그 맞은편에 앉은… 김이선이 있다. 동갑이며 인근의 여고를 다녔는데 현재는 치매를 앓고 있다. 기억이 자주 왔다 갔다 한다. 게다가 선셋증후군이 있어 해질녘 이후엔 배회가 심한 편이다. 수줍음이 많고 공부를 곧잘 하던 모범생이었다.

… (중략)…

내가 알던, 그 김이선이 확실했다. 아는 분이세요? 총무과 김 군의 질문에 으응, 그냥…이라고는 했지만 으응, 그냥이라고 할 수 없을 만큼 그녀를 잘 알고 있다. 그녀는 나의 첫사랑이었다. 인근 여고에서 그녀는 단연 눈에 띄는 존재였다. 청아한 피부와 단정한 외모… 우수 어린 커다란 눈동자가 모두의 마음을 사로잡았다.

- 박민규, 박민규 소설집 『더블』 중 「낮잠」 부분 발췌, 창비, 2010, 10-22쪽.

② 나는 교수님에게 자기 연민을 느끼는지 물었다. "이따금. 아침이 되면 그렇다네. 아침에 눈을 뜨면 아직 움직일 수 있는 내 몸을 점검하곤 하지. 손가락과 손을 움직여보고 움직임을 잃어버린 것들에 대해 슬퍼하지. 천천히 내가 죽어가고 있는 것을 슬퍼한다네. 하지만 그런 다음에는 슬퍼하는 것을 멈추지." "어떻게요?" "필요하면 한바탕 시원하게 울기도 해. 하지만 그런 다음에는 내 인생에서 여전히 좋은 것들에만 온 정신을 집중하네. 나를 만나러 와 줄 사람들. 내가 앞으로 들을 이야기에 대해서 말이지. 만약 화요일 아침이라면 미치 자네에 대해서도 생각하네. 왜냐하면 우리는 화요일의 사람들이니까 말이야." 나는 씩 웃었다. '화요일의 사람들이라 …….' "미치, 난 그 이상으로 자기 연민에 빠지지 않는다네. 아침 마다 조금씩 그런 기분을 느끼고 눈물을 흘리기도 하지만 그걸로 끝이야."

… (중략) …

"천천히 참을성 있게 생명이 사그라드는 나를 연구해야 해. 내게 무슨 일이 일어나는지를 지켜보며 나와 더불어 죽음을 배우고 삶과 죽음의 과정에서 삶이 주는 의미를 찾는 것이 중요하다네."

- 미치 앨봄, 공경희 옮김, 『모리와 함께한 화요일』, 살림, 2017, 110-116쪽, 부분 발췌.

③ 늙으면 폐물이 되는 사회: 자본주의 사회에서 늙는다는 것.

… (중략) …

나이 든다는 것도 사회적으로 규정된다는 걸 아는 게 중요해요. 인류사회는 질적으로 두 단계로 나뉘어요. 기준은 자본주의죠. 자본주의가 도입되기 이전과 이후의 사회로 나뉘어요. 우리에게는 전 자본주의 사회와 자본주의 사회, 이렇게 두 사회밖에 없거든요. 흥미롭게도 두 사회에서 늙음의 가치가 완전히 달라요. 당연히 노인에 대한 평가도 그만큼 다르겠죠. 나이 든 사람은 전 자본주의 사회에서는 존경을 받지만 자본주의 사회에서는 퇴물이 되어 버려요. 거꾸로 말하면 전 자본주의 사회에서 젊은이는 별로 환영을 받지 못했지만, 자본주의 사회에서 젊은이는 노동자로서나 소비자로서 가장 각광을 받게 되지요.

···(중략)···

옛날에는 경험이 쌓였던 게 지식이었기 때문에 나이든 사람이 존중받았고, 공동체를 좌지우지할 정도였던 거예요. 어른이라는 존재는 그런 존재거든요. 나이 들었다는 건 바로 그런 존재감을 말하는 거예요. 경험이 숭상되는 곳에서는 그래요. 그런데 자본주의 사회는 최신 제품이 우리를 규정해요. 최신 제품을 다루지 못하면 낡은 사람, 즉 나이든 사람이 되는 거죠. 컴퓨터가 고장나면 여러분은 누구한테 물어보겠어요? 아이한테 물어보죠. 여러분들도 지금 늙음을 느끼는 거예요. 내가 늙었다는 느낌이 뭔지 알겠죠? 여러분도 아실 거예요. 여러분이 사용하는 스마트폰에는 앱이 몇 개 안 되죠? 우리보다 어린아이들 스마트폰 보면 이런 게 다 있나 싶을 정도로 많은 앱이 깔려 있잖아요.

- 강신주, 『강신주의 다상담 3』, 동녘, 2013, 231-232쪽.

학습활동

가. 노화에 대한 다양한 관점을 살펴보자. (예) 간호학적 관점, 심리학적 관점, 등
나. 노년의 긍정적 의미와 부정적 의미를 살핀 후 행복한 노년이 무엇인지를 생각해 보자.
다. 제시문 ①을 읽고 건강하고 행복한 노년의 삶이 무엇인지를 생각해 보자.

2. 노년의 삶과 고통

노년의 삶과 고통에 대해 생각을 해봐야 할 이유는 개인적으로는 자기 삶에 대한 문제이기 때문이며 사회적으로는 초고령화 시대에 맞춰 노년에 대한 이해를 확보하기 위함이다. 또한 언젠가 닥칠 자신이나 가족의 고통의 충격을 완화하고 노년에 대한 사회적 인식을 변화시킴으로써 노년의 삶과 고통에 대한 보다 긍정적 의미와 구체적인 실천적 활동들을 모색하기 위함이다. 반드시 찾아올 노년과 고통에 대해 미리 생각하고 준비하는 마음가짐은 필요하다. 앞서 우리는 노년의 의미를 고찰해 보

았다. 이와 함께 노화로 인한 고통의 문제도 생각해 볼 수 있다. 현대사회에서는 합리성, 효율성, 경제적 실리를 추구하는 데에서 무엇보다 노화와 고통을 경시하는 풍조가 만연하다. 사람들은 늙는 것을 두려워한다. 노화든 고통이든 사람들은 피하고 싶은 것이지만 피할 수 없는 이 문제는 개인만의 문제가 아닌 사회적 문제라는 점을 생각할 때 우리는 노년의 삶과 고통을 살펴봐야 한다.

노년은 늙어감을 통해 고통의 경험에 쉽게 노출된다. 왜냐하면 사회적으로 노동력이 저하된 노인들은 경제적 여력이 없다면 생활고에 빠지기 쉬우며, 노동력이 저하된 노인들을 필요로하지 않는 사회 분위기 속에서는 무관심과 차별, 냉대를 쉽게 받을 수 있기 때문이다. 우리나라의 노인 절대 빈곤율은 다른 OECD 가입국 중 가장 높은 비율을 차지하고 있다는 사실은 잘 알려진 바이다. 노인들은 만성질병, 방치, 사회 안전망의 부재로 인한 죽음에도 쉽게 노출되어 있다. 이러한 상황을 잘 보여주는 게 노인의 고독사이다. 노년에 외롭게 살다 홀로 죽음을 맞이하여 오랜 시간 방치되는 상황은 노년의 고통이 우리 사회 전체의 돌봄으로 확대되어야 할 이유를 보여준다. 초고령사회가 되면서 노년기 많은 노인들의 고통을 살펴야 한다. 다음의 제시문들은 노년을 바라보는 세태와 노년의 고통의 문제를 보여준다.

① 전 늙는 게 두렵습니다. 늙음을 이기기 위해 화장품을 일곱 개씩 사용하고 성형 정보를 찾아봅니다. 밤새도록 술을 마시거나 클럽을 전전하는 등 남들이 10대나 20대에 할 법한 행동들을 지금 하고 있어요. 그러면서 스스로에게 난 늙은 게 아니라고 되뇌입니다. 하지만 이 역시 한계가 오는 것 같습니다. 제가 이러고 있는 동안 저와 비슷한 나이의 사람들은 각자 자기 자리를 만들어 갈 테니 불안합니다. 나이가 들면서 제가 져야 할 책임감도 점점 무거워지는 것 같아요. 늙는 게 무섭습니다. 두렵고 혐오스럽습니다.

…(중략)…

나이 드는 건 무가치한 것에 가깝다고 생각하시는 거예요. 이게 지금 현재 우리의 모습이에요. 늙는 게 무섭죠. 그래서 화장품에 '안티 에이징'이라는 말이 붙으면 더 잘 팔리잖아요.

…(중략)…

늙음이나 젊음이 자신의 삶과 아무런 상관이 없는 것이 되어야 해요. 나이들면 어때요. 나이 듦은 다른 젊은 사람이랑 있을 때 생겨요.

…(중략)…

늙었다거나 젊다면서 자신을 평가하는 사람은 타인의 시선 속에 있는 것뿐이에요. 남의 시선을 의식하지 마세요.

…(중략)…

타인에게 '어찌 보일까' 미리 검열하는 거예요.

…(중략)…

강자와 약자 중에 누가 꾸며요? 약자가 꾸민다고요. 바로 이거예요. 늙었다는 자각은 사실 외부에서 온다는 걸 잊지 마세요.

- 강신주, 『강신주의 다상담 3』, 동녘, 2013, 248-252쪽.

② 스웨덴의 심리학자 라스톤스탐은 만족도가 높은 노인들을 대상으로 심층 면접을 진행하면서 그들의 심리적 특징을 조사해 보았다. 그에 따르면 삶의 만족도가 높은 노인들은 자기 자신과 인생에 대해 새로운 초월적 관점, 곧 '심리적 성숙'이 나타났다. 그것은 '물질주의적이고 합리적인 세계관'에서 '우주적이고 초월적인 세계관'으로의 전환이었다. 이러한 변화는 삶의 만족도를 증가시켜 줄 뿐만 아니라 죽음에 대한 불안도 완화시켜 준다고 했다.

이러한 노년 초월을 심리학자 권석민 교수는 그의 '노화의 심리적 의미'에서 세 가지의 심리적 변화로 요약하고 있다.

첫째, 자기 존재와 '늙어감'의 실존적 상황을 우주적 차원에서 바라보고 있다. 심리적으로 성숙해 가는 노년 초월을 경험하는 노인들은 자신이 우주 전체와 연결되어 있다는 느낌, 살아있는 모든 것 일부라는 느낌, 과거 세대뿐만 아니라 미래 세대와 밀접하게 연결되어 있다는 느낌, 그리고 자신이 과거와 미래의 연결 속에서 현재를 살아가고 있다는 느낌을 받는다.

둘째, 현재의 자신과 과거의 자신을 바라보는 관점이 변한다. 이기적 자기중심에서 벗어나 좀 더 유연한 모습을 지니게 된다. 뿐만 아니라 자신에게 좀 더 너그러운 태도를 보인다. 육체에 대한 집착과 자신의 욕구에 초점을 맞추는 이기적인 삶에서 타인을 배려하고 후원하는 이타적(利他的)인 삶으로의 변화를 보이며 삶에 대한 새로운 감각과의 조화를 꾀한다.

셋째, 대인관계를 비롯해 사회적 관계 전반에서 변화가 나타난다. 형식적이고 피상적인 관계에서 벗어나 진실하고 깊이 있는 관계로 나아가고, 사회적 역할과 타인의 인정으로부터 벗어나 좀 더 자유로운 태도를 지니게 된다. 과거 자신을 억압했던 불필요한 관습과 규범에서 벗어나 더 자유롭게 표현하고 행동한다.

- "늙어도 늙지 않는 노년의 삶"(김동수, 시인, 전북도민일보, 2023.01.30.) 중 일부 발췌.
https://www.domin.co.kr/news/articleView.html?idxno=1412340

③ 퇴근길에 비뇨기과에 들러서 방광 속의 오줌을 뺐다. 성기에 도뇨관을 꽂고 두 시간 동안 누워서 오줌이 흘러나가기를 기다렸다. 침대 밑 오줌통 속으로 오줌은 쪼르륵 쪼르륵 흘러 내려갔다. 오줌이 빠져나간 방광은 들판처럼 허허로웠다.

집에는 아무도 없었다. 묶인 개가 개집에서 뛰쳐나오면서 허리까지 뛰어올랐다. 아내가 없는 집에서 개를 기를 수는 없을 것이다. 나는 개를 끌고 동물병원으로 갔다. 오랜만의 나들이에 개는 흥분해서 마구 줄을 끌어당기며 앞서갔다. 나는 수의사에게 안락사를 부탁했다. "좋은 종자군요. 길러보지 그러십니까." 수의사는 개 머리를 쓰다듬으며 말했다. "개를 기를 형편이 못 되오. 밥 줄 사람도 없고……." 수의사는 개를 쇠틀에 묶었다. 겁에 질린 개는 온순하게도 몸을 내맡기고 있었다. "개 이름이 뭡니까?" "보리입니다." "사람으로 태어나라는 뜻이라고 우리 집사람이 그럽디다." 의사는 개 목덜미살을 움켜잡고 주사를 찔렀다. 의사가 피스톤을 밀자 개는 천천히 아래로 늘어지더니, 굳은살 박인 발바닥을 내밀며 앞발을 쭈욱 뻗었다. 개의 사체는 수의사가 처리해주었다. 집에 돌아와서 나는 광고담당 이사에게 전화를 걸었다. "이봐, 지금 지지고 볶을 시간이 없잖아. '가벼워진다'로 갑시다. '내면여행'은 아무래도 너무 관념적이야. 그렇게 정하고, 내일부터 예산 풀어서 집행합시다." "알겠습니다. 모델과 카메라 모두 스탠바이 상태입니다. 로케이션 섭외도 끝났으니까 별 어려움이 없을 겁니다." 그날 밤, 나는 모처럼 깊이 잠들었다. 내 모든 의식이 허물어져 내리고 증발해 버리는, 깊고 깊은 잠이었다.

- 김훈, 「화장」, 『제28회 이상문학상 작품집 - 화장 외』. 문학사상사, 2004, 49-50쪽.

학습활동

가. 제시문 ①을 읽고 노화를 부정하고 멀리하고 싶은 이유에 대해 고찰해 보자.

나. 제시문 ②를 읽고 노년의 행복하고 건강한 삶이 무엇인지를 생각해 보자.

다. 제시문 ③은 노년의 퇴직 시기가 가까운 중년의 주인공이 뇌종양을 앓던 아내의 사망 후 장례를 끝내고 아내가 기르던 진돗개 '보리'를 안락사시키는 장면이다. 소설에서 주인공은 연정(戀情)을 품던 부하직원도 떠나고, 아내도 떠나고, 그리고 기르던 개도 떠나보낸 뒤 "모처럼 깊이 잠들었다"라고 말한다. 주인공의 깊은 잠은 무엇이며, 노년의 걱정 없는 편안한 삶이 무엇인지를 깊이 있게 사유해 보자.

II. 노년의 삶과 돌봄의 시간

인간은 가장 나약한 상태로 태어나는 포유동물 중의 하나다. 갓 태어난 아이는 스스로 걷지도 못하고, 기어다니는 것조차 하지 못한다. 먹이를 구하지도 못하는 것은 물론이다. 부모나 다른 누군가의 돌봄이 없다면 생존이 불가능한 존재로 태어나는 것이다. 인간에게 있어 돌봄은 생존과 성장에 있어 필수적이다. 아이는 노동과 생산에 기여할 수 있을 때까지 돌봄 속에서 자라난다. 바꾸어 말하면, 돌봄은 한 인간이 노동과 생산에 있어서 개인의 몫을 담당할 수 있게 하는 과정이었다. 전통적으로 아이의 돌봄은 가족, 특히 부모의 역할에 맡겨졌다. 현대 사회에는 노동 환경과 인구 구조의 변화에 따라 아이의 돌봄은 가족이 아니라 사회적 책임이라는 인식이 확산되었다. 사회 제도적 복지 및 보육 체계가 도입되면서 돌봄의 사회화가 이루어지게 된 것이다.

어린아이뿐만 아니라, 나이가 든 노인들도 돌봄의 대상이 되곤 한다. 나이가 든다는 것, 노화는 자연스러운 현상이다. 노화는 젊은 시절의 건강 상태를 잃어가고 젊은 시절에는 쉽게 하던 행위가 힘들어지게 되는 과정이다. 따라서 노년의 삶도 돌봄의 대상이 될 수밖에 없다. 문제는 노인의 돌봄은 어린아이의 돌봄과는 여러 가지 측면에서 크게 다르다는 점이다. 갓난아기와 달리 주체성과 강한 자기 의지를 갖고 있기 때문에 돌봄의 과정에서 갈등과 충돌이 더욱 빈번할 수 있다. 어린아이의 돌봄은 시간이 지날수록 아이 스스로 할 수 있는 것들이 늘어나기 때문에 돌봄의 노동 강도는 점차 약화되고, 일정 정도의 시간이 지나면 종료될 수 있는 일이다. 그러나 노인의 돌봄은 시간이 지날수록 힘들어지는 경우가 많고, 언제 끝이 날 것인지 알기 어렵다는 문제가 있다. 가장 중요한 문제는 노인의 돌봄은 결국 노년 질병으로 인한 간병과 간호로 귀결되기 쉽다는 점이다. 요컨대, 일반적인 아이 돌봄과 달리 노인 돌봄은 대체로 질병 돌봄이 되기 마련이다.

이에 대한 대책으로 2007년부터 장기요양보험제도가 시행되고 있다. 치매국가책임제가 추진되기도 했다. 아이의 돌봄도 그러했듯, 노인에 대한 돌봄도 가족의 책임에만 맡겨놓을 수는 없는 환경이 되고 있기 때문이다. 중증의 환자나 고령 환자를 가족이 전적으로 책임지며 돌보는 것은 어렵고 힘들 뿐만 아니라, 전문적이고 적절한 의료적 조치가 이루어지기 힘들다는 점에서도 문제점이 있다. 과거에 비해 평균 수명이 높아지면서, 그만큼 노인 질환들도 복합적이고 중증화될 가능성이 높은데, 적절한 의료적 조치가 있다면 생존의 가능성도 커지기 때문이다. 노인 돌봄의 사회화는 불가피하고도 자연스러운 대안으로 보인다. 여기에 의료적 개입과 지원도 자연히 동반되기 마련이다. 노년의 삶이 고통스럽지만은 않도록 하기 위해서는 의료와 돌봄이 필요하다.

1. 노인 돌봄의 현장

질병 돌봄을 의미하는 단어는 다름 아닌 '간호(看護)'이다. 표준국어대사전에서 '간호'의 뜻풀이는 '다쳤거나 앓고 있는 환자나 노약자를 보살피고 돌봄'이라고 되어 있다. '앓는 사람이나 다친 사람의 곁에서 돌보고 시중을 듦'으로 풀이되는 '간병(看病)'과 사전적 의미에서는 큰 차이가 없다. 일반적으로 간호라 하면, 일반적인 가족에 의한 돌봄을 의미하는 것이 아니라, '간호사'라는 직업 의료인에 의한 의료적 돌봄을 의미한다.

과거 전통 사회에서 가족이 행하던 돌봄은 일상적이고 누구나 할 수 있는 수준의 것이었지만, 현대 사회에는 '간호사'라는 근대적이고 전문적인 돌봄 인력이 돌봄의 주체로 등장하였다. 병원에 입원이 필요한 수준의 질병을 앓는 환자는 전문적 의료기관에서 의사와 간호사의 진료와 치료, 수술, 간호의 대상이 되기 마련이다.

그러나 만성질환이나 노인성 질환을 앓는 노년의 환자들은 일반 병원에서 입원 상태로만 지낼 수는 없다. 환자 자신이 부담해야 할 비용의 문제나 삶의 질의 문제도 있지만, 사회적 의료 자원의 분배 측면에서도 일반 병원의 장기 입원은 적절한 대안이 될 수 없다. 이 경우에 대안은 가족에 의한 돌봄, 혹은 요양전문시설에서의 돌봄이 된다. 아래에 제시된 첫 번째와 두 번째 제시문은 이러한 돌봄이 불가피하기도 하지만, 역시 문제점을 내포하고 있음을 보여주고 있다. 첫 번째 글은 가족에 의한 돌봄과 간병이 돌봄의 주체와 대상 모두에게 심각한 부담이 되고 있는 상황을 보여준다. 두 번째 글은 요양원이나 요양병원의 차이와 더불어, 각각의 한계에 대해서 설명해주고 있다. 그리고 세 번째 글은 노인요양원의 현실을 인류학적으로 관찰한 책의 일부이다. 네 번째 제시문은 인공지능 기술이 활용된 '노인용 돌봄 로봇'을 활용했을 때, 어떤 효과가 있었는지를 실험적으로 분석한 논문의 일부이다. 이 글들을 통해 노인 돌봄의 현장에서 어떤 현실적 문제들이 일어나고 있는지를 생각해볼 수 있을 것이다.

① 20세기 들어 전문적 간호 인력이 양성되고 직업화되었지만, 노인 질병과 만성질환을 앓는 환자들 상당수는 가족에 의한 돌봄과 간병에 의지하여 살아가고 있다. 흔히 질병으로 인해 입원하는 환자들은 치료를 목적으로 하고, 완치를 기점으로 퇴원을 하게 되는 것이 일반적이지만, 노인 질병이나 만성질환의 경우에는 '완치'에 도달하는 것이 불가능한 경우가 많다.

병원에서 기한을 정한 치료가 어려운 경우, 환자가 집에 머물면서 가족이 간호와 간병을 떠맡는 경우가 많다. 대부분 노인성 질환이나 만성질환, 혹은 중증 장애를 앓는 환자를 돌보는 경우들이다. 가족 간병의 문제는 일본에서 일찌감치 심각한 사회적 이슈로 등장했다. 일본은 이미 2007년 초고령사회로 진입했다. 가족 간병을 위해 매년 10만 명이 직장을 그만두어야 하는 상황에 놓였다고 한다. 가장 심각한 경우는 가족 간병이 동반자살이나 살인으로 이어지는 경우이다.

『간병살인』은 일본 마이니치 신문사의 취재진들의 취재 결과물이었다. 이 책은 2010년부터 5년간, 일본에서 일어난 간병살인 중 44건의 사건과 재판기록을 바탕으로 쓰여졌다. 간병살인이란 노년 질환이나 중증 환자, 혹은 중증의 장애인을 돌보던 가족이나 간병인이 간병의 대상이었던 환자를 살해하는 일을 말한다. 자신의 모든 것을 바쳐 돌봄을 실천하던 대상을 살해하는 일이 벌어지고 있는 것이다.

한국에서도 비슷한 기획으로 취재 보도가 있었다. 서울신문의 〈간병살인,

154인의 고백〉이라는 시리즈 기사가 그것이다. 8회에 걸친 이 시리즈 기사는 2006년 이후 10여 년간의 간병살인 관련 판결문과 자살사망자 사례 분석을 바탕으로 한 것이었다. 이 기사들은 2019년 『간병살인, 154인의 고백』이라는 동명의 책으로 묶여 출간되었다. 이러한 기획 취재 기사와 책이 나올 수 있었던 것은 그만큼 그러한 일이 많이 벌어지고 있기 때문이다.

한국과 일본에서 각기 펴낸 이 책 속에 등장하는 살인들은 흉악한 범죄라기보다 가슴 아픈 사연으로 여겨진다. 특히 한국과 일본에 이러한 사례가 많이 나타나는 것은 가족 관계의 특수성과 급격한 고령화 추세와 관련이 있는 것으로 추정된다. 하지만 가족 간병이 현실화되어 장기화되는 순간, 어느 사회를 막론하고 그것은 죽음에 도달해서야 끝맺을 수 있는 고통스러운 노동이 될 수밖에 없는 것이 현실이다.

- 최성민, 「노인 돌봄과 간호 문제의 역사와 전망」, 『오토피아』, 인류사회재건연구원, 2022,
189-190쪽.

② 고령의 환자들의 경우, 언제든지 진료와 처방이 필요한 상태로 전환될 가능성이 크다는 점이다. 요양원은 간호사를 비롯한 간호 인력은 있지만, 의사는 상주하지 않기 때문에 갑작스러운 건강 상태의 변화에 대처하기가 어렵다. 혹시 변화가 포착된다고 할지라도, 요양병원이나 일반 병원으로 옮기기가 쉽지 않다. 비용 문제 때문이다. 일반 병원은 물론이고, 요양병원의 입원비가 요양원에 비해 크게 비싸기 때문이다. 또한 요양원의 입소자가 10일 이상의 입원을 요하는 치료를 받기 위해서는 장기요양보험의 시설급여를 포기하고 높은 자기부담금을 납부하거나 요양원에서 퇴소 후 재입소해야 하는 규정도 존재한다. 이는 부당한 시설급여 지출을 막기 위한 조치이지만, 요양원 입소자가 충분한 의료 서비스를 받기 어렵게 하는 이유로도 작용하고 있다. 사실 건강보험과 장기요양보험이 이원화되어 시행되면서, 두 공적 보험 사이의 의료서비스 단절에 대한 우려는 시행 초기부터 지적되었다.

고령의 만성질환자에게는 요양원과 의료기관이 모두 필요한데, 양쪽을 오고

가는 일이 쉽지 않게 되어 있는 것이다. 여러 추가적 부담을 감수하고, 요양병원의 의료 서비스를 받고자 해도 여전한 문제가 있다. 요양병원의 목적상, 일상적인 만성질환자를 진료하고 돌볼 수 있는 체계는 갖추고 있지만, 중증의 질환이나 복합적 질병에 대처하기는 의료진이나 시설, 장비의 측면에서 어렵다는 점이다. 요양시설이 병의 치료, 특히 노인 만성질환자들에게 발생하기 쉬운 갑작스러운 중증화나 복합적 질병에 대처하기 쉽지 않다는 점에서, 일반적인 대형병원이나 3차 의료기관으로의 전원(傳院)이 불가피한데 요양시설과 일반 병원을 오고가는 일이 행정적인 면에서, 의료 서비스의 지속 면에서 간단하지가 않다.

요양시설에 있어 또 하나의 중요한 문제는 취약성이다. 안전에 취약하고, 삶의 질에 취약하다. 2021년 3월, 국내 코로나19 백신 접종이 시작될 무렵, 의료진과 코로나19 최전선에서 대응하는 인력을 제외하면 가장 먼저 백신 접종의 대상이 된 것은 65세 이상 요양시설의 입소자들이었다. 이들이 가장 먼저 접종 대상이 된 것은 개인적으로나, 집단적으로나 가장 취약성이 높은 존재들이기 때문이다. 당시, 정은경 질병관리청장의 브리핑에 따르면, 매일 요양병원에서 평균 240명이 사망하고 있고, 전국적으로는 65세 이상 노인이 매일 600여 명이 사망해왔다고 한다. 이는 코로나19 사태 이전, 평상시의 통계이다. 요양원에서의 사망자 통계는 명확하지 않지만, 응급 후송되어 사망하는 경우를 포함한다면 요양병원보다 결코 적지 않을 것이다.

사실 요양시설에 있는 환자들이 죽음에 임박해 있는 것처럼 보이지만, 대부분은 급격히 죽음을 향해 가는 경우는 아니고 만성질환의 상태가 조금씩 악화되다가 정체되는 과정을 반복하곤 한다. 하버드 의대 교수이자 브리검 여성병원의 외과의인 아툴 가완디(Atul Gawande; 1965~)는 죽음에 이르는 상태에 대해 몇 가지 그래프를 그려 표현하였다. 아툴 가완디는 돌연사와 같은 급작스러운 질병사를 비롯하여, 여러 가지 유형의 죽음으로 가는 상태들을 그래프로 표현해두기도 했지만, 그의 주관심사는 만성질환을 겪는 노인들이었다. 가완디는 이들의 경우, 그 상태를 잘 모르고 있다가 치료를 받기 시작하면서 갑자기 상태가 악화되는 경우도 있고, 갑작스러운 악화와 호전이 반복되다가 차츰 사망에 이르는 경우도 있다고 말한다. 그래프의 작은 등락 과정을 단순화하면, 결국 삶에서 죽음으로 가는 기울기는 아주 느리고 완만하게 흘러간다. 가완디는 "많은 사람들에게 죽음의 궤적은 길고도 느린 과정이 됐다."고 말한다.

- 최성민, 「노인 돌봄과 간호 문제의 역사와 전망」, 『오토피아』, 인류사회재건연구원, 2022,
191-192쪽.

③ 서울의 한 노인요양원. 오후 4시가 되자 방 안에 있던 어르신들이 하나둘 밖으로 나오기 시작했다. 그들은 보행 보조기를 밀거나 안전 손잡이를 잡으며 찬찬히 거실로 향했다. 몇몇은 요양보호사의 부축을 받거나 사회복지사의 도움으로 휠체어를 탔다. 숙연한 행렬이 길게 이어졌다. 모두가 거실에 마련된 식탁 앞에 앉으니 미지근한 팥죽이 나왔다. 영양도 목 넘김도 괜찮은 메뉴였다.

간식 시간에 유독 눈에 띄는 할머니가 있었다. 가장 먼저 거실에 도착한 그는 신속하게 음식을 먹고 자리를 떴다. 그러고는 저 멀리 떨어진 복도 소파에 앉아 창밖을 바라봤다. 나는 슬그머니 그를 따라 옆에 앉았다. 80대 할머니는 경남 거창에서 평생 농사를 지으며 살았다고 했다. 얼마 전 욕실에서 미끄러져 고관절 수술을 받았고, 이후 일상생활이 어려워지자 서울에 사는 딸의 요청으로 요양원에 오게 되었다. 할머니는 매번 팥죽을 먹는 게 고역이라며 간식 시간이 싫다고 했다. 그럼 왜 일찍 거실에 왔는지, 또 왜 그걸 억지로 먹었는지 물어봤다. 그는 그렇게 해야 일하는 분들과 딸에게 짐이 되지 않는다고 답했다. 남들이 먹을 때 같이 먹고, 남들이 잘 때 같이 자야한다고 했다. 그 '시간표'를 잘 지키는 것이 요양원에서 무탈하게 지내는 방법이라고 설명했다.

할머니는 내게 귓속말로 딸기를 좋아한다고 속삭였다. 날씨가 좋으면 야외 벤치에 앉아서 간식으로 딸기를 먹고 싶다고 했다. 하지만 평소 누구에게도 그 말을 할 수는 없었다. 요양원에서 딸기는 과일이나 기호가 아니라 일종의 '일'이기 때문이다. 누군가가 딸기를 따로 구입해서 보관했다가, 간식 시간에 맞춰 할머니께 드리고, 뒷정리까지 해야 하는 일이다. 누가 그 일을 할 수 있을까? 늘

일손 부족에 시달리는 요양보호사가 할 수 있을까? 마찬가지로 정신없이 바쁜 간호사나 사회복지사가 할 수 있을까? 그도 아니면 야근과 출장이 잦은 할머니 딸이 할 수 있을까? 이들 모두에게 딸기는 부담스러운 간식이다. 단순히 돈으로 해결할 수 있는 문제가 아니라, 섬세한 돌봄이 필요한 영역인 까닭이다. 만약 입소자가 간식 시간에 팥죽을 거부하고 딸기를 고집한다면 '괴팍한 노인'이라는 낙인이 붙을 게 자명했다. 할머니는 그러한 환경과 관계의 원리를 꿰뚫고 있었기에 외부자인 내게, 그것도 귓속말로 딸기 이야기를 했던 것이다.

- 송병기, 『각자도사 사회』, 어크로스, 2023, 32-33쪽.

④ 환자들이 사용한 돌봄로봇은 서울시에서 진행하는 '혁신기술 공공테스트 베드 사업'을 통해 S사가 개발한 '부모사랑 효돌' 로봇제품을 이용하였고, 설치 기간은 2019년 8월 20일부터 11월 14일 사이에 가정에 방문하여 설치하였다. '부모사랑 효돌' 로봇제품은 40cm가량 크기의 남녀 성별을 가진 인형 모양의 로봇이다.

음성 메시지, 일상 알림, 인터랙션, 인형 매개 콘텐츠, 안전 확인 기능 다섯 가지 유형의 핵심 기능을 제공한다. 음성 메시지 기능은 노인의 보호자가 모바일을 통해 메시지를 녹음한 후 재생일시를 설정하여 인형에 전송하면 해당 시점에 인형이 녹음된 음성을 재생하는 기능을 의미한다. 일상 알림 기능은 보호자가 모바일을 통해 설정한 노인의 정보에 맞춰서, 환기 기능, 날짜 알람, 매시간 알람 등과 같은 일상적인 루틴들을 음성으로 안내하는 생활관리기능이다. 인터랙션 기능은 사용자가 인형을 쓰다듬거나 등을 토닥이는 경우, 인형의 손을 잡는 경우와 같이 인형과 상호작용할 때 인형이 음성으로 반응하는 것을 의미한다. 인형은 각각의 상호작용이 이루어진 빈도 정보를 5분 단위로 합산한 로그 데이터로 서버에 전송한다. 인형 매개 콘텐츠 기능은 체조, 두뇌 프로그램, 명상, 종교말씀 등 노인의 인지능력 및 일상생활 수행능력 향상을 위한 프로그램들을 노인에게 제공하는 기능이다. 이 중 체조 및 두뇌 프로그램 항목에 대한 각각의 사용 빈도 정보는 인터랙션 기능과 마찬가지로 로그 데이터로 서버에 저장된다. 안전 확인 기능은 인형이 내장한 활동감지센서를 통해 노인의 움직임을 감지하고 이상여부를 보호자에게 모바일로 안내하는 기능을 의미한다. 활동감지센서가 포착한 노인의 움직임 빈도 정보 또한 로그 데이터로 서버에 저장된다.

···(중략)···

본 연구 결과에서 돌봄로봇을 접한 후로 대상자들은 유의미하게 우울감 감소, 수면, 생활의 질 향상 그리고 생활관리 활동이 개선됨이 확인되었다. EQ-5D로 평가한 삶의 질 항목 중 불안/우울 항목에서 돌봄로봇 개입 전후 감소한 결과를 보아, 돌봄로봇의 효과가 이전 연구에서와 같이 불안감을 줄여준다는 결과와 같았다. 돌봄로봇의 효과가 치매노인에서 삶의 질을 향상시키는 이유에 대해, 돌봄로봇을 통해 치매 진행과정에서 상실의 경험과 애착대상으로부터의 분리로 인한 불안정감을 안정 의사소통, 상호작용 등으로 채워주기 때문이라는 주장도 있다.

- 김영인 외, 「돌봄로봇이 지역사회 노인의 불안/우울 및 약물순응도 개선에 미치는 영향」,
『생물치료정신의학』 제26권 제3호, 2020, 220-223쪽.

학습활동

가. 가족 돌봄의 장점과 단점에 대해 생각해 보고, 장점을 극대화하거나 단점을 보완할 방안에 대해서도 생각해 보도록 하자.

나. 요양원과 요양병원의 차이를 시설, 인적 구성, 공적 보험 체계의 차원에서 구별할 수 있도록, 좀 더 다양한 자료를 찾아보고 설명해 보도록 하자. 아울러 다른 나라의 경우, 노년의 돌봄을 담당하는 어떠한 사회적 시설들이 존재하는지에 대해서도 조사해 보자.

다. 초고령 시대가 되어갈수록 노인 돌봄의 문제는 더욱 심각한 사회적 문제가 될 것이다. 의료의 차원, 혹은 사회복지적 차원에서 어떠한 문제 의식이 필요할 것인지, 그리고 어떻게 대안을 모색해야 할 것인지에 대해 토론해 보자.

2. 노인 돌봄의 서사

돌봄은 희생을 포함한 이타적 행위이겠지만, 그로 인해 갈등이 일어나는 것 또한 자연스러운 일이다. 자신의 많은 것을 포기해야만 하는 돌봄의 주체는 물론, 돌봄의 대상 역시 마음이 편할 수가 없다. 노화는 자연스러운 현상이지만, 노화로 인해 자신의 몸이 불편해지거나 예전 같지 않다는 것을 받아들이는 일은 결코 쉬운 일이 아니다. 더구나 다른 사람의 도움을 필요로 하는 단계에 도달한다는 것은 심리적 충격을 줄 수도 있다.

노년의 삶은 누구에게나 낯설다. 어제보다 더 늙은 '나'를 맞이하는 일이기 때문에, 나 자신에게조차 낯설 수 있다. 문학 작품은 늘 그러하듯, 우리가 경험해보지 못한 것을 간접적으로 경험하거나 짐작하게 해준다. 노년의 삶을 다루거나, 노년을 돌보는 삶을 다루는 문학 작품들도 그래서 더욱 의미가 있다.

어떤 질병이나 고통을 안겨주는 것은 마찬가지지만, 노년의 질병은 특히 죽음으로 향하는 삶의 끝에 놓여 있다. 완치나 극복의 대상이라기보다 죽음으로 가는 길에서 만나는 동반자 같은 것이 노년의 질병이다. 노년의 질병에서 출발하는 서사적 상상력은 사실 '죽음'을 벗어나기 어렵다. 그러나 아툴 가완디는 질병과 노화의 공포는 단순히 생명의 소멸과 상실에 대한 두려움만이 아니라고 말한다. 그것은 고립과 소외에 대한 공포이기도 하다. 가족의 사랑이 아무리 크다고 하더라도, 그 공포를 한 개인이나 가족이 온전히 감당하는 것은 어렵다.

노인 돌봄의 문제를 다루는 문학은 단순한 감동이나 슬픔을 이끌어내는 독서의 대상에 그치지 않고, 사회적 이슈에 대한 치열한 논쟁, 혹은 이 문제를 둘러싼 '서사적 상상력'의 출발점이 될 수도 있다. 그 상상력의 전망 앞에서 생명의 유한함에 대한 겸손한 존중이 무엇보다 필요하다. 그리고 인간의 고통이란 질병 때문에만 생기는 것이 아니며, 나이가 든다는 것이 무조건 점점 고통스러워진다는 것도 아니다. 인간의 삶이 질병으로부터 분리된다고 고통이 사라지는 것이 아니며, 죽음으로 향하는 노년의 삶이 반드시 비극적일 필요도 없다. 노년에 대한 혐오나 지나친 우려도 적절하지 않다. 우리는 함께 조금씩 나이가 들어가고 있을 뿐이다.

우리는 아래의 제시문들을 통해, 노년의 삶을 짐작해 보거나 좀 더 깊이 이해해 볼 수 있으리라 생각한다. 첫 번째 제시문은 나이 드신 어머니를 간병하던 딸이 겪게 되는 갈등 상황을 표현한 박완서의 소설을 분석한 논문의 한 부분이다. 두 번째 제시문은 치매 환자를 돌보는 상황을 표현한 박범신의 소설을 분석한 논문의 한 부분이다.

① 박완서의 소설 「엄마의 말뚝2」에는 간병 상황 중에 환자와 간병인 사이의 갈등이 폭발하는 상황도 드러난다. '나'가 환자인 어머니에게 돌아오자 어머니는 또다시 헛것을 보았는지 두 손을 휘두르더니, 커다란 힘으로 딸의 목을 휘감는다.

…(중략)…

갑작스러운 어머니의 돌출 행동에 딸은 숨이 막힐 뻔하는 위급 상황에 처한다. 딸은 어머니의 예기치 못한 강한 힘에 두려움을 느끼기도 했지만, 가까스로 어머니의 팔에서 벗어날 수 있었다. 하지만 이 같은 일이 몇 차례 반복되자 딸은 심해지는 어머니의 광란을 떨면서 지켜보다 괴기스러움마저 느낀다. 얼마 후엔 결국 딸이 어머니를 강력한 힘으로 찍어 누르다가 어머니의 뺨을 때리는 일이 벌어진다.

나는 어머니를 힘껏 찍어 눌렀다. 온몸으로 타고 앉다시피 했다. 어머니의 경련처럼 괴로운 출렁임이 고스란히 전해왔다. 조금이라도 마음이 움직이거나 약해져선 안 된다고 생각했다. 그렇게 되면 어머니가 나를 타고 앉게 될지도 모른다. 내가 아무리 전심전력으로 대결해도 어머니의 힘과는 막상막하여서 내 힘이 위태로워질 때마다 나는 어머니의 뺨을 쳤다.
"엄마, 정신 차려요 엄마, 정신 차려요."
처음으로 엄마의 뺨을 치고 나는 내 손이 저지른 패륜에 경악해서 두 번째는 더욱 세차게 때렸고, 어머니의 뺨에 솟아오른 내 손자국을 보고 이것은 악몽 속 아니면 지옥일 거라는 일종의 비현실감이 패륜에 패륜을 서슴없이 보태게 했다.

어머니를 간병하던 딸은 완력 다툼 끝에 뺨을 때리는 패륜적 행위까지 하게 된다. 어머니의 오랜 마음의 상처와 수술 후유증이 결합된 비극적 상황이지만, 딸은 그런 어머니를 어떻게 의학적으로 통제해야하는지 알지 못한다. 이 과정에서 병원이나 의료진의 역할은 보이지 않는다. 모녀간의 한바탕 몸싸움은 부풀어 오른 어머니의 뺨에 딸이 자신의 뺨을 비비며 소리 내어 통곡하면서 마무리된다.

- 최성민, 「노인간병과 서사적 상상력」, 『비교한국학』, 국제비교한국학회, 2021, 61-62쪽.

② 2015년에 발표된 박범신의 『당신-꽃잎보다 붉던』은 마치 치매에 대한 교과서라고 할 정도로 치매의 증상과 치매가 진행되는 전 과정은 물론 간병수칙까지 남편 주호백을 간병하는 아내의 시점에서 서술되고 있다. 아내인 서술자 '나' 역시 파킨슨과 치매에 걸린 70대 후반의 노인이다. 남편을 간병하다가 그녀마저 치매에 걸린 것이다. 이 작품은 이른바 노노개호(老老介護)의 양상을 그리고 있다. 노노개호란 65세 이상의 고령자가 65세 이상의 고령자를 돌보는 경우를 말한다. 고령의 아내가 고령의 남편을 돌보거나 65세 이상의 자식이 고령의 부모를 돌보는 경우가 이에 해당한다. 노노개호 현상은 고령화와 핵가족화로 인해 여러 세대가 함께 살지 않는 사회현상을 반영한 것이다. 『당신-꽃잎보다 붉던』에서도 부부의 유일한 자식인 딸 인혜가 미국에 살고 있어 노부부만 함께 생활하므로 고령의 아내가 고령의 남편을 홀로 돌봐야 한다.

현재-과거-현재의 시간적 구성으로 플롯화 된 작품에서 이야기 현재는 서술자인 아내가 죽은 남편을 마당의 매화나무 아래에 묻고 남편의 실종 신고를 하는 장면으로 시작한다. 그리고 나서 그녀는 다락방에서 남편이 남긴 일기장을 발견한다. 일기는 주호백이 치매로 기억을 완전히 상실하기 전까지 '망각을 붙들기 위해 애쓴 흔적'이다. 일기를 통해 '나'는 자신이 다른 남자를 마음에 품고 살았다는 사실을 남편이 알고 있었다는 사실에 놀라면서 지난 시절을 반성한다. 또 자신의 아이도 아닌 딸을 위해 헌신한 남편에 대한 미안함과 고마움을 느끼게 된다. 하지만 '나' 또한 점차 남편을 묻고 그가 실종되었다고 생각할 정도로 점차 기억력을 상실해가게 된다.

남편은 지하철을 오르다가 뇌출혈로 쓰러진 후 치매는 물론 고혈압과 파킨슨 등의 합병증에 시달린다. 서술자이자 아내인 '나'는 그동안 남편이 놀라운 인내로 한사코 자신의 감정을 감추고 자신의 원망과 분노를 다잡으며 살아온 탓에 치매에 걸렸다고 자책한다. 주호백은 치매가 진행되면서 분노와 독기를 보이며 아내를 향해 폭력적으로 행동한다. 하지만 '나'는 그에 대한 미안함으로 적극적으로 그를 돌보는데, 그녀가 쓴 간병일지에 이러한 돌봄과정이 잘 드러난다.

병세가 깊어지면서 그는 기억의 회로를 따라 편의대로 시간을 들락거렸다. 이를테면 어제를 십 년 전처럼 말하는 경우도 있었고 오십 년 전의 일을 오늘 일처럼 말하는 경우도 있었다. 그런 현상은 가속적으로 깊어졌다. 수직이나 수평으로 놓여있던 시간의 눈금이 점차 구부러져 크고 작은 원형으로 바뀌는 현상이었다. 처음엔 가까운 기억들이 급격히 소실되었고 다음엔 가깝고 먼 기억들이 무질서하게 뒤섞였으며 나중엔 오히려 현재로부터 먼 기억들이 현재의 꽁무니에 늘어붙어 지금의 시간이 됐다. 그게 자연스러웠다.(『당신-꽃잎보다 붉던』 중)

치매에 관한 일반적인 오해는 두 가지였다. 첫 번째는 나는 절대 치매에 걸릴 사람이 아니라는 것. 그러나 공부를 많이 했거나 학창시절 수재로 이름을 날렸거나 출세가도를 달려왔거나, 꾸준한 신념으로 봉사활동을 많이 했거나 하는 것은 치매와 아무 상관도 없었다. …(중략)… 치매는 빈부귀천을 가리지 않았다. 오해의 두 번째는 치료가 어차피 불가능하므로 증상이 나타나도 '내버려둘 수밖에 없다는 것'. 자수성가하거나 신념체계가 똑 부러지는 사람일수록 더욱 그랬다. 우울감이 초조와 불안을 불러들이고 그것이 쌓여 수면장애, 무기력증, 배회증 등과 만나고 이윽고 분열과 망상, 발작이 확인될 때까지도 사람들은 대개 바라만 볼 뿐이었다. "나이를 먹어서"라고 사람들은 말했다. 나이를 먹어도 주의력과 기억력과 언어구사능력 등이 타인에 비해 크게 떨어지지 않는 이들도 많다는 것을 그들은 인정하지 않았다. <u>치매는 유한한 존재의 숙명에 수반하는 자연스러운 흐름일 뿐 병이 아니라고 생각하는 그 태도야말로 문제였다. 치료에 의해 병의 진행을 억제하는 건 얼마든 가능하다는 사실을 믿는 사람도 별로 없었다.</u>(『당신-꽃잎보다 붉던』 중)

위의 첫 번째 인용문은 남편이 기억을 상실해가는 과정에 대한 자세한 기록이다. 그리고 두 번째 인용문의 밑줄 친 부분은 치매가 노망의 개념처럼 자연스러운 노화의 과정이 아니라 적극적으로 관찰하고 치료해야 할 대상이라는 의료화된 관점을 드러낸다.

- 엄미옥, 「고령화사회의 문학 - '치매'를 다룬 소설을 중심으로」, 『대중서사연구』,
대중서사학회, 2018, 299-301쪽.

학습활동

가. 본인 혹은 가족이 나이가 들어가고 있음을 자각해 본 적이 있는가? 그때의 경험과 감정에 대해 함께 이야기를 나눠보도록 하고, 나이듦에 대해 서로 배려하고 응원하는 태도를 갖도록 노력해 보자.

나. 아이나 노인을 돌보는 문제가 가족이 아닌 사회적 문제가 될 수밖에 없는 이유가 무엇인지에 대해 토론해 보도록 하자.

다. 치매는 나이가 들수록 급격히 유병률이 높아지는 대표적인 노인성 질환이다. 특히 인지적 능력이 떨어지면서 생기는 여러 복합적인 문제들이 환자는 물론 주변이나 가족들에게도 어려움을 안겨주곤 한다. 치매 문제에 대한 의료적, 사회적 대책에는 어떤 것들이 있는지 국내외의 사례를 조사해서 논의해 보도록 하자.

III. 존엄한 노년을 위하여

한국은 급격한 고령화 사회에 진입하고 있다. 노인의 기준이 되는 65세 이상은 2023년 기준 전체 인구의 23%이며, 베이비붐 세대(1955-1963생까지)가 모두 노인으로 편입되는 5년 후에는 노인이 전체 인구의 28%를 차지하게 된다(통계청 추계, 2023). 우리사회는 베이비붐 세대의 은퇴를 시작으로 사회구조의 변화가 가속화되었다. 생산 인구의 감소에 따른 복지 예산의 배분, 부양책임의 사회적 대응, 노인 인구의 긍정적 활용, 생애 말기의 존엄사와 관련된 다양한 논의들과 관련 제도를 마련하기 위한 노력도 이루어지고 있다.

인구 구조의 급격한 변화를 초래하고 젊은 세대의 부담을 가중시키는 노인 세대에 대한 사회적 시선은 그리 달갑지 않다. 산업화 시기 헝그리 정신으로 경제 부흥을 일으키고 자식들의 교육 수준을 끌어올리기 위해 희생했던 기성세대들은 현재 '웰 다잉(Well-dying)'의 마지막 책임을 완수해 줄 것을 요구받고 있다. '잘 죽는다는 것', '좋은 죽음'을 맞이해야 한다는 것은 '잘 죽지 못하는 것', '나쁜 죽음'이라는 상대어를 전제한다. 좋은 죽음을 맞이하는 개인은 사회적으로 바람직하지만, 나쁜 죽음 앞에 놓인 개인은 사회적으로 폐를 끼치는 사람이 된다. 좋은 죽음은 무엇이고 나쁜 죽음은 무엇인가. 또한 그 가치 판단은 누구의 몫인가. 좋은 죽음 혹은 나쁜 죽음은 오로지 개인의 선택과 책임으로만 이루어지는 것일까.

과학 기술이 발전함에 따라 기대 수명이 연장되고 건강한 노년기의 삶이 길어지고 있다. 노인 인구는 이제 사회적 짐이나 수혜자로서만 존재하지 않으며 소비와 노동의 주체로서 새롭게 인식되고 있다. 나이가 들면서 축적되는 경험과 지혜를 통해 드러나는 힘은 '긍정적인 노화' 개념으로 다루어지고 있다. 세계적인 고령화 추세에 따른 사회적 노력이 각국에서 이루어지고 있다. WHO에서는 노인들이 적극적으로 사회참여를 할 수 있도록 액티브 에이징(Active aging) 정책을 제안하고 있다.

존엄한 노년을 위해서는 노인 스스로의 적극적이고 긍정적인 태도가 필요하다. 이와 더불어 노인들의 새로운 가능성을 개발하고 '긍정적인 노화'를 이룰 수 있는 사회적 환경을 조성하는 일도 매우 중요하다. 개인의 삶은 고립되거나 단절되어 있지 않고 사회적 관계라는 시스템 안에서 변화하고 발전하며 생성하고 소멸하기 때문이다. 현재 우리사회가 인식하고 있는 '좋은 죽음'은 무엇인지 살펴본다. 또한, 급격한 고령화가 진행되고 있는 우리사회가 '긍정적 노화'를 위해 대비해야 할 것은 무엇인지도 함께 생각해 본다.

1. 웰다잉 담론의 비판적 검토

'웰다잉(Well-dying)'은 직역하자면 '잘 죽는다'는 뜻이다. '좋은 죽음'으로 의역하기도 한다. 웰다잉은 행복한 삶을 포괄하는 '웰빙(Well-being)'에서 파생된 표현이다. 웰빙은 행복하고 만족한 삶, 질병 없는 상태를 이른다. 구체적으로는 유기농 제품을 먹고, 명상과 요가를 즐기며 고급화된 소비를 즐기는 행위 등이다. 그렇다면 웰다잉(Well-dying)은 누구를 위해 어떻게 품위 있게 늙고 죽어가야 하는 것일까. 웰빙이 살아가는 주체의 행복에 초점을 둔 것이라면 웰다잉도 늙고 죽어가는 주체의 만족과 행복에 집중할 수 있어야 하지 않을까. 우리시대의 웰다잉은 어떻게 인식되고 있는지 짚어보고자 한다.

웰다잉의 담론이 되고 있는 대상은 주로 노년의 삶을 살아가고 있는 노인들이다. 급격한 고령화는 최근 사회 문제로 대두되고 있다. 노동력을 충분히 제공하지 못할 뿐 아니라 복지 예산의 주 소비층이 되고 있는 고령층은 사회적 부담으로 인식될 수 있다. 그러나 이들에게 잘 죽어야 한다는 다그침을 통해 사회적 책임을 전가하고 있는 것은 아닌지 되돌아볼 필요가 있다. 삶과 죽음의 과정을 오로지 개인의 선택과 책임으로 국한하는 것은 타당하지 않다. 각 개인은 사회적 제도와 법률 등 사회적 관계들로 얽혀진 시스템 안에 존재하기 때문이다.

늙고 병들어 죽음에 이르는 순간은 누구에게나 찾아온다. 그러나 삶의 양태는 제각각의 모습으로 존재한다. 생애 주기와 삶의 배경은 개인의 선택에 의한 것일 수도 있으나 선택의 여지 없이 어느 순간 갑자기 주어지기도 한다. 누군가는 유기농 제품으로 식탁을 채우고 심산유곡에서 요가를 즐길 수도 있을 것이나, 또 누군가는 매연

가득한 작업장에서 패스트푸드로 끼니를 때우는 것도 요원할 수 있다. 그렇다면 웰다잉도 이와 같지 않을까. 누구나 만족스러운 노년과 사회에 누가 되지 않을 존엄한 죽음을 꿈꾼다.

첫 번째 글은 중앙일보에 실린 글로서, 웰다잉을 위한 개인의 노력의 중요성을 다룬 글이다. 두 번째 글은 우리사회에서 좋은 죽음을 준비하기 위한 과정을 서술한 내용이다. 세 번째 글은 좋은 죽음을 위한 사회적 책임에 대해 생각해볼 수 있는 글이다.

① 미국의 백만장자이자 저명한 동기 부여가인 폴 마이어는 '성공을 유산으로 남기는 법'이란 책에서 25가지 열쇠 중 마지막으로 "나는 무엇으로, 어떻게 기억되고 싶은가"라는 질문을 던지고 이에 대한 자신의 대답이 바로 진짜 유산이 될 것이라고 말하고 있다.

웰빙의 완성은 웰다잉(Well-dying)

누구나 사라진다. 그리고 죽는다. 잘 먹고 잘 살자는 '웰빙(well-being)'이 유행이라지만 진정한 웰빙의 완성은 '웰다잉(well-dying)'에 있다. 죽더라도 제대로 죽고 사라지더라도 멋지게, 최소한 추하진 않게 사라져야 한다. 그러려면 "나는 무엇으로 또 어떻게 기억되고 싶은가"라는 물음 앞에 분명하게 답해야 한다. 그리고 그렇게 기억되고 싶은 모습이 되기 위해 노력해야 한다.

- 오피니언: 중앙 시평, "최고의 유산을 남기는 법", 중앙일보, 2004. 5. 5,
https://www.joongang.co.kr/article/332331

② 웰다잉을 주관적인 인식 측면에서 접근한 연구들은 주로 '좋은 죽음'이라는 용어를 혼용하였다(Lee & Chung, 2019;Shim, 2012). 연령대별로 살펴보면, 중노년층은 죽음이나 죽음 준비에 대해 구체적인 인식이 없거나(소극적 인식형), 가족에게 폐를 끼치지 않기 위해 죽음을 준비하거나(현세중심적 죽음준비형), 사후에도 주변 사람들에게 오래 기억되길 바라며 죽음에 대한 자기결정을 바탕으로 마지막 순간까지 중요한 타자와 함께 죽음을 준비하는 것(다층적 준비형)을

좋은 죽음으로 인식하였다(Lee & Chung, 2019).

···(중략)···

서양 문화권에 비해 복잡하고 다양한 한국의 상 제례 문화로 인해 남아있는 가족에게 부담을 주지 않기 위한 바람으로 실질적으로 죽음을 준비하는 것이 한국인에게 주는 의미는 크다(Jeon et al., 2018;Shim, 2012). 구체적인 죽음 준비를 위해 생애 말기 계획을 세우는 것이 필요한데, 이는 의식이 명료할 때 자신이 희망하는 임종 방식을 결정하는 것으로서 사전연명의료의향서나 장례유형(매장, 화장 등) 및 장례식, 사후 제사 문제, 장기기증 등에 관한 유언장을 작성하는 것을 포함한다(Choi et al., 2019;Jeon et al., 2018;Kim, 2011).

- 김가혜·박연환, 「한국사회의 웰다잉 개념분석」, 『근관절건강학회지』 27-3, 대한근관절건강학회, 2020, 231-232쪽.

③ 웰다잉으로 정말 잘 죽을 수 있을까? 웰다잉이 간과하는 것은 없을까? 웰다잉의 주체는 건강하고, 독립적이고, 자율적이고, 윤리적인 존재로 상상된다. 자기결정권을 무리 없이 행사하고, 올바른 생활 습관을 유지하고, 원만한 대인관계도 유지하는 이른바 '좋은 삶을 사는 사람'으로 그려진다. 그 구도에서 나쁜 죽음은 나쁜 삶의 결과로 보인다. 문제는 그런 위인이 현실에 있는지도 의문일뿐더러, 죽음에 이르는 과정에서 누구나 겪는 질병, 간병, 노화, 의존이 주변화되는 것이다. 즉, 좋은 죽음을 위해 노력하지 않는 개인을 질타하고, 질병과 돌봄을 개인의 책임으로 돌리기 쉬워진다.

웰다잉이 강조하는 좋은 죽음(표방)과 능동적인 죽음 준비(실천)라는 '가치의 틀'은 죽음을 각종 기술로 통제할 대상으로 만들고, 정작 죽음을 고통스럽게 만드는 불평등한 삶의 조건에는 주목하지 못하게 한다. 학력, 직업, 소득, 지역 등에 따른 죽음의 불평등성을 '잘 살고 잘 죽어야 한다'는 윤리적 언어 표현으로 가리거나 정당화한다. 웰다잉이 상정하는 자기의 죽음을 능동적으로 준비하는 개인은 자기 주도적으로 삶을 계획하고, 관리하고, 계발하고, 실현하는 '자기 안에 갇힌 주체'로 보인다. 그에게 정책, 제도, 법률, 또 가족, 친구, 동료 등의 이른

바 사회적 관계는 잘 죽는 것과는 별 상관이 없는 일로 치부되거나, 자기결정권을 침해하는 존재로 여겨지지 않을까?

- 송병기, 『각자도사 사회』, 어크로스, 2023, 215-216쪽.

학습활동

가. ①의 지문에서는 웰다잉(Well-dying)을 위한 개인의 노력을 강조하고 있다. 즉, '제대로 죽고, 추하지 않게 사라져야 한다'고 주장한다. 이 견해의 타당성을 토론해 보자.
나. ②의 지문을 읽고, 서양보다 우리사회에서 죽음 준비의 절차가 더욱 어려운 이유를 이야기해 보자.
다. ③에서 '죽음을 고통스럽게 만드는 불평등한 삶의 조건'은 무엇인지 생각해 보자. 이를 완화하기 위한 사회적 노력에 대해 토론해 보자.

2. 긍정적 노화를 위한 공동체의 힘

21세기 들어 국제사회는 노화 혹은 노년기를 긍정적으로 보고자 노력하고 있다. 웰에이징(well aging), 생산적 노화(productive aging), 긍정적 노화(positive aging), 성공적 노화(successful aging), 활동적 노화(active aging) 등 노년을 보다 건강하고 활기차게 보고자 한 개념들이 등장하였다. 이와 같은 현상은 세계적인 고령화 추세에 따라 길어진 노년을 생산적이며 긍정적으로 보낼 수 있도록 하기 위한 것이다.

의학 기술의 발전에 따라 기대 수명이 연장되었고, 이전보다 건강한 노년의 삶이 가능해졌다. 이에 따라 행복하고 의미 있는 노화를 위한 개인과 지역사회의 노력, 국가 단위의 정책이 제안되고 있다. 최근 10년 동안 서구 사회에서는 고령 친화적인 공동체를 확립하기 위한 긍정적 노화 담론을 발전시키고 있다. 노인을 국가적 부담으로 인식하고 있는 우리사회에서는 좀 더 건강해진 고령층을 활동적 성장의 동력으로 삼을 필요가 있다.

'긍정적인 노화' 개념에서는 나이가 들면서 축적되는 정신적인 강점을 강조한다.

삶의 풍부한 경험을 통해 정신적으로 성숙하고, 관용적이고 낙관적 태도를 갖출 수 있게 된다. 젊었을 때 가능하지 않았던 삶에 대한 지혜와 통찰력도 지니게 된다. 급격한 분노가 잦아들고 모든 상황을 지배하려는 욕심과 조바심이 줄어들게 된다. 긍정적인 노화를 위해서는 지혜로운 노인이 되어가는 자기 긍정의 태도를 갖추는 것과 이를 지지하는 공동체의 환경이 중요하다.

유럽연합(EU)에서는 2012년 액티브에이징(Active aging)의 해를 선포하고 관련 정책을 국가 차원에서 다루었다. 액티브에이징은 길어진 노년을 무의미하게 보내는 것이 아니라 생산적이며 적극적인 사회참여를 통해 노인들 스스로의 건강 증진과 고령친화 환경을 만들어 가는 것을 목표로 한다. 액티스에이징은 우리사회에서 활동적 노후, 혹은 활기찬 노후로 번역되어 쓰인다. 노인은 전 생애 동안 소중한 가치를 축적하며 살아온 존재이다. 지역사회는 노인의 공헌과 가치를 인정함으로써 노인이 긍정적 노년을 살아갈 수 있도록 도울 수 있다.

첫 번째 글은 최근 서구 사회의 긍정 노화론에 대한 글이다. 두 번째 글은 긍정 노화론의 장점을 파악할 수 있는 글이다. 세 번째 글은 액티브에이징의 개념과 액티브에이징을 위한 우리사회의 과제에 대해 생각해 볼 수 있는 글이다.

　① 최근 몇 년 동안 서구 사회에서 노화를 바라보는 시각이 달라지고 있다. 바로 '긍정적 노화(Positive Aging)'의 관점이다. 노화란 삶보다는 죽음에 가까운 단계이며, 노인은 활력을 잃은 존재라는 기존의 편견을 넘어서야 한다는 개념이다. 오히려 나이 든다는 것이 전체 삶에 있어서 긍정적이고 생산적인 경험이 될 수 있다는 새로운 시각이 등장한 것이다. 이러한 생각은 미국과 유럽에서 지난 10년 동안 크게 확산되고 있으며 특히 고령친화적인 도시와 공동체를 목표로 삼은 지역에서 긍정적 노화라는 새로운 운동으로 진행 중이다.

긍정적 노화란 나이 들면서 축적한 삶의 풍부한 경험과 관용 같은 정신적인 성숙을 최대한 활용할 수 있는 노년의 삶의 강점을 강조한다. 삶의 후기 단계에서 성장, 성취, 웰빙 등의 잠재력을 강조하는 것으로서 노화에 대한 부정적 고정관념이나 가정을 벗어나 낙관적이고 노인의 역량 증진에 중점을 두는 입장이다. 긍정적 노화의 담론은 낙관성과 같은 변화에 대한 적응력과 수용적 태도뿐 아니라 본인과 함께 공동체도 바꾸는 노인의 적극적인 참여, 노인을 포함하여 모든 세대가 함께 행복한 지역사회를 만드는 전략까지 포괄한다.

긍정 노화론은 비록 긍정심리학에 큰 영향을 받았지만 단순히 태도나 개인적 특성에 한정되는 것은 아니다. 댄 뷔트너(Dan Buettner)는 2005년 내셔널 지오그래픽에서 세계적 장수지역인 블루존을 제시했다. 오키나와(일본), 사르데냐(이탈리아), 니코야(코스타리카), 이카리아(그리스), 캘리포니아 로마린다(미국) 등이다. 이들 지역민의 행복한 장수비결로 개인들의 긍정적인 태도뿐만 아니라 긍정적 노화를 지지할 수 있는 공동체와 환경이 매우 중요하다는 것이다.

긍정 노화의 국가전략은 이미 다양한 나라에서 진행 중이다. 아일랜드는 2015년 아예 '건강하고 긍정적인 고령화 선도계획'을 마련하여 긍정 노화를 국가전략으로 적극 실천하고 있다.

우리나라는 아직 노화를 부정적인 것으로 보고 노인을 사멸의 길에 들어선 이로 보는 시각이 지배적이다. 초고령사회로의 진입을 목전에 두고 우리가 더 많이 만나게 될 노인들을 성숙한 지혜와 다양한 가능성을 가진 존재로 인식해야 한다. 노인 스스로도 자신의 삶을 긍정적으로 바라볼 수 있는 용기가 필요하고 공동체는 노인의 행복 역량이 적극 발휘될 수 있는 기회를 제공해야 한다.

"당신이 노인이 되었기 때문에 웃음을 멈춘 것이 아니라, 더 이상 웃지 않기 때문에 노인이 된다." 성장기의 고통을 해학의 문학으로 완성한 조지 버나드 쇼의 이 말은 긍정적 노화를 되새기는 좋은 격언이다.

- "시간은 거꾸로 간다, 긍정적 노화", 초의수 신라대 사회복지학과 교수, 부산일보, 2023. 6.21.
https://www.busan.com/view/busan/view.php?code=2023062118223148971

② 몇 가지 긍정적인 소식이 있다. 나이가 들어가면서 얻는 혜택은 단순히 동네 도넛 가게에서의 무료 커피나 영화관에서 팝콘값을 할인받는 것보다 크다. 과학자들은 나이가 들어감에 따라 젊었을 때는 불가능했던 수준의 지혜, 통찰력, 창의적인 사고를 갖게 된다고 말한다. 그리고 주어진 상황과 환경을 읽는

능력이 예리해진다. 실수를 인지하고 거기서 교훈을 얻는 자기 인식과 열린 마음의 폭도 늘어난다. 25살의 그 봄을 똑같이 느끼지는 못하지만, 질투와 분노 같은 부정적인 감정으로부터 조금 더 자유로워진다. 다시 말해 우리의 심리적, 정신적 건강이 개선되었다. 긴장을 풀고, 모든 논쟁에서 이겨야 하고 모든 상황을 지배하려는 생각을 멈추고, 사소한 일에 조바심 내지 않을 때, 자신의 삶에 만족하고 있음을 발견하게 된다. 비록 노화 과정이 상실, 슬픔, 신체 건강의 쇠퇴 등으로 고통을 주지만 많은 사람들은 나이가 들수록 더 행복해진다.

스탠포드장수연구소(Stanford Center on Longevity)의 로라 카스텐슨(Laura Carstensen) 소장은 "아이러니하게도 시간관념의 변화로 인해 인생의 한계를 인정하는 나이와 단계에 이르러서야 비로소 행복을 인식하게 된다."고 말했다. 나이가 들수록 "관계를 즐기고 의미 있는 활동에 집중하는 경향이 있다. 감정적으로 의미 있는 목표에 집중할 때 삶은 더 나아지고 기분도 좋아지며 부정적인 감정이 발생하는 빈도가 줄어든다. 부정적인 감정이 생기더라도 순간적이다."

- 긍정적인 노화(노령 활동)와 창의적 노화(노령 활동) - Positive Aging and Creative Aging, 뮤지엄 커넥션, 2021. 11. 30. https://museumnews.kr/298connection/

③ 한국에서는 액티브에이징(Active Aging)은 다양하게 해석된다. 노년의학적 관점에서는 신체적 활동에 보다 더 많은 중점을 두고 활동적 노화라고 액티브에이징을 번역하여 사용하고 있다. 또한 노년사회학적 관점에서는 활기찬 노후로 사용하고 있다. 제20차 세계노년의학대회(2013)에서는 활동적 노년을 사용하였고, 24대 한국노년학회의 추계 학술대회(2012)에서는 활기찬 노후로 사용되었다. 개념의 차이는 다소 있지만 노인들이 적극적으로 사회참여하고 건강할 때 건강을 지킬 수 있으며 안전한 생활을 유지하는 건강한 노년이라는 관점에서는 세계보건기구의 개념 정의와 일치하고 있다(한동희, 2013).

WHO에서는 액티브에이징 정책을 다음과 같이 정의하고 있다. 액티브에이징 정책은 고령화 되어감에 따라 노인의 삶의 질을 향상시키기 위하여 건강, 사회참여, 안전에 대한 기회를 극대화하는 과정을 액티브에이징 정책이라 정의

하였다(WHO, 2002). 액티브에이징 정책의 주요 과제는 노년기에 어떻게 독립적이고 활동적으로 오랜 기간을 지속적으로 유지할 수 있는가? 건강증진과 예방 정책을 노인들에게 어떻게 직접적으로 전달할 수 있는가? 길어진 노년을 어떻게 새롭게 개선하고 질 높은 삶을 영위할 수 있게 하는가? 노인들이 사회적 안정망과 돌봄을 받는 수혜자로만 전락되어 버리는 이유는 무엇인가? 어떻게 늘어난 노인인구와 이를 지원해야 하는 사회와 정부는 적절한 조화 속에서 인구 고령화를 대처할 수 있도록 만들 것인가? 또한 노인들을 돌보는 사람들을 어떻게 지원할 수 있겠는가 등의 질문에 적절한 답을 만들어 내는 과정에서 액티브에이징 정책의 주요 개념들이 제시되었다(WHO, 2002). 따라서 액티브에이징 정책은 육체적 정신적 물리적 사회적 정서적 건강을 노년기에 누릴 수 있도록 국가와 사회가 함께 노력해야 하는 과제다.

- 한동희 「고령사회와 액티브에이징 고찰 연구」, 『노인복지연구』 64, 한국노인복지학회, 2014, 34-35쪽.

학습활동

가. ①과 ②는 '긍정적 노화론'에 대한 내용이다. ①에서 '노인의 행복 역량이 적극 발휘될 수 있는 기회를 제공해야 한다.'고 주장하고 있다. 이에 대한 구체적인 방법을 이야기해 보자.

나. ②에서 언급되지 않은 '나이가 들어가면서 얻는 혜택'은 무엇인지 이야기해 보자.

다. ③에서 액티브에이징(Active aging) 정책을 "노인의 삶의 질을 향상시키기 위하여 건강, 사회참여, 안전에 대한 기회를 극대화하는 과정(WHO 2002)"으로 정의하였다. '긍정적 노화론'과 액티브에이징의 개념 관계를 설명해 보자.

라. 액티브에이징 정책이 우리사회에 미치는 긍정적인 영향은 무엇인지 토론해 보자.

제7강

4차 산업혁명 시대와 의료

<학습목표>

가. 4차 산업혁명 시대를 맞은 의료 기술과 의료 환경의
   변화에 대해 설명할 수 있다.
나. 인공지능 기술과 빅데이터가 의료에 활용되기 시작하
   면서 예상할 수 있는 긍정적 요소와 부정적 요소를 구
   분하여 설명할 수 있다.
다. 첨단 의료기술이 결합한 포스트휴먼 시대에 필요한
   윤리 의식에 대하여 인간 가치를 중심으로 설명할 수
   있다.

2016년 세계경제포럼(WEF) 이후, '4차 산업혁명'이라는 단어가 익숙해지고 있다. 인공지능, 빅데이터, 초연결사회, 딥러닝, 지능정보, 공유경제, 모빌리티와 같은 키워드로 대표되는 '4차 산업혁명' 시대를 맞아, 첨단 정보과학 기술이 사회 전반에 미치는 영향력은 크게 확대되고 있다. 인간의 생명을 다루는 의료에 있어서도 4차 산업혁명의 기술이 미치는 영향은 매우 크다. 기술적 진보에 대한 기대도 크지만, 윤리적 문제를 비롯한 우려의 목소리도 적지 않다. 제7강에서는 4차 산업혁명 시대의 첨단 기술이 의료 전반에 미칠 영향에 대해서 생각해보고, 긍정적 변화와 부정적 변화 양쪽의 가능성을 모두 검토해 보고자 한다. 인간이 가진 취약성을 극복한 강화된 인간으로서의 '포스트휴먼' 담론에 대해서도 살펴보기로 하자.

I. 4차 산업혁명 기술과 의료

4차 산업혁명은 빅데이터, 인공지능, 로봇공학, 사물인터넷(IoT) 등과 같은 기술들을 포함하고 있다. 이러한 기술들이 의료 분야에도 많은 변화를 가져오고 있으며, 앞으로 더 많은 변화가 있을 것으로 예상되고 있다.

빅데이터와 인공지능 기술은 수많은 의학적 정보와 진료 사례들을 빠르게 분석함으로써, 보다 효율적인 진단과 경과 예측을 가능하도록 해줄 것으로 전망된다. 특히 시각적으로 나타나는 영상 진단 자료들에 대한 분석과 판단에 도움을 줄 수 있을 것이다. 각 개인의 유전적 정보나 생활 패턴을 상세하게 데이터화한다면, 개인 맞춤형 진단과 치료방안을 찾아내는 데에도 도움이 될 수 있을 것이다.

수술 로봇은 좁은 부위에서 정밀함을 요구하는 수술의 경우에 널리 활용되고 있으며, 병원 내의 안내, 수납 업무를 돕는 로봇들도 대형 병원을 중심으로 도입되고 있다.

코로나19를 겪으면서 일부 도입되었던 원격 의료는 사물인터넷(IoT) 기술과 초고속 유무선 통신망을 통해 지리적 제약이나 감염 확산의 우려를 극복하는 진료 방식으로 주목되기도 했다.

그러나 4차 산업혁명 기술의 도입에 앞서, 데이터 보안과 개인정보 유출에 대한 새로운 위협에 대비할 수 있는 대책이 전제되어야 한다는 목소리도 높다. 민감한 개인적 의료 정보들을 데이터로 처리하는 과정에서 자칫하면 정보 유출이나 과도한 상업화의 위험에 직면할 수 있다. 개인 맞춤형 의료가 유전적 정보를 기반으로 이루어진다면, 이것은 윤리적 논란을 불러 일으킬 가능성이 있다.

장밋빛 전망에도 불구하고 아직까지 기술적 한계를 넘어서기가 쉽지 않다는 지적도 있다. IBM이 개발하여 큰 주목을 받았던 인공지능 '왓슨'은 실제 진료에 활용되기까지 많은 한계를 노출시킴으로써 사실상 퇴출되는 국면을 맞이하기도 했다. 첨단 기술을 활용한 의료는 고가의 서비스가 될 가능성이 크기 때문에, 보편적인 의료서비스로 활용되기에는 어렵다는 문제도 제기될 수 있다.

그럼에도 불구하고, 4차 산업혁명이 의료 분야에 가져올 변화는 앞으로 더욱 다양하게 나타날 것으로 전망된다. 보다 나은 의료 서비스와 안전한 수술을 위해 더 많은 기술 개발이 요구될 것이고, 윤리적 문제를 극복하기 위한 대안도 모색될 것이다.

1. 로봇 수술의 현재와 미래

수술용 로봇 기술의 발전은 의료 분야에서 이미 커다란 변화를 가져왔다. 로봇은 사람보다 훨씬 정밀한 움직임을 실행할 수 있어, 고도의 정밀한 수술이 가능하다. 이는 특히 신경계나 혈관 등 세밀한 작업이 필요한 분야에서 크게 활용될 수 있다. 고도로 숙련된 의사들의 숫자는 부족하고, 그들에게 과도한 업무나 수술이 집중되는 상황에서 로봇은 의사의 피로를 줄여줄 수 있는 보조적 역할을 할 수도 있을 것이다.

그러나 수술용 로봇 기술의 발전이 가져오는 부정적인 측면도 무시할 수 없다. 가장 큰 문제점은 비용의 문제다. 수술용 로봇의 개발과 활용에는 큰 비용이 들어갈 수밖에 없기 때문에, 고가의 기술을 모든 사람이 이용하기는 어렵다. 이는 의료의 불평등을 심화시킬 수 있다. 또한, 로봇이 수행하는 수술에서 발생할 수 있는 기술적 오류나 사고의 책임 소재가 누구에게 있는가에 대해서도 논란의 여지가 크다. 기술이 복잡해질수록, 문제가 발생했을 때 그 원인을 찾기 어렵고, 이에 따라 기술적 오류나 의료 사고가 일어났을 경우 법적 책임을 누가 져야 할지 명확하지 않을 수 있다.

첫 번째 글은 의료용 로봇, 특히 수술 로봇의 역사에 대해 개괄적으로 설명하고 있다. 의사의 수술을 돕기 위해 환자의 신체 위치를 미세하게 조정해줄 수 있는 보조적 역할에서부터, 절개부위를 최소화할 수 있도록 미세한 작업을 대신해 주기도 한다. 복강경 수술처럼 좁은 절개부위를 통해 카메라와 도구를 집어넣어 수술을 진행하는 로봇 수술은 최근에는 널리 활용되고 있음을 알 수 있다.

두 번째 글은 의료용 수술 로봇이 오류를 발생시키거나 의료적 사고를 일으켰을 때, 누가 책임을 져야하는가에 대한 법적인 쟁점에 대한 글이다. 로봇을 제작한 제조사와 로봇을 움직이게 만드는 소프트웨어적 프로그램, 그리고 로봇을 수술 현장에 투입시킨 병원, 그리고 로봇과 함께 수술을 담당한 의사, 이들 모두 로봇의 실수에 대해 일정한 책임이 있을 수 있기 때문이다.

① 수술 로봇의 역사

의료용 로봇은 의료 현장의 다양한 분야에 로봇기술을 이용하여 보다 안전하고 편리한 의료서비스를 제공하는 시스템으로, 식품의약안전처에서는 로봇기술을 사용하는 의료용 기기 또는 시스템을 의료 로봇(Medical Robot)으로 정의하고 있다. 이중 수술 로봇은 수술 과정 중 일부 또는 전체를 의사를 대신하여 자동으로 작업하거나, 의사가 조종하여 함께 작업하거나, 의사를 햅틱이나 영상기술 등으로 보조하여 수술의 효율성, 효과성을 증대시키기 위한 로봇을 말한다.

기존의 일반적 절개방법을 이용한 수술은 큰 절개로 인한 과다 출혈 및 상처, 긴 회복시간 등의 부작용이 있으나, 다양한 진단기술 발전은 최소절개수술(Minimally Invasive Surgery)을 가능하게 하였다. 그럼에도 불구하고 최소절개수술은 수술 부위의 정확한 선정, 미세 조작의 어려움이 남아있어 보다 안전한 수술을 위해 수술 로봇을 도입하게 되어 이러한 어려움을 극복하게 되었다.

수술 로봇은 1980년대부터 활용되기 시작하였으며, 이 시기에는 기존 산업용 로봇을 의료 현장에 활용하는 수준이었다. 최초로 수술 현장에서 사용한 로봇은 1983년 University of British Columbia에서 개발된 Arthrobot으로, 의사의 음성 명령에 따라 정형외과 관절 수술 중 환자 사지의 위치를 조정해줌으로써 외과의의 수술 피로도를 낮추고 안전한 수술 진행과 수술 결과를 향상시키고자 하였다.

1992년에는 Integrated Surgical System사에서 ROBODOC를 출시하였으며, 이는 최초로 신체에 직접 사용되는 로봇으로, 인공 고관절 치환술에서 정교한 대퇴골을 절삭 가공하는 과정을 수술 전 CT 영상을 바탕으로 수립한 계획에 따라 자동으로 수행하는 데 사용되었다. 그러나 이는 정형외과 고관절에만 사용될 수 있다는 한계가 있었다. 1994년 Computer Motion사에서 출시한 AESOP(Automated Endoscopic System for Optimal Positioning) 로봇은 최초로 미국

FDA 승인을 받았으며, 복강경 수술 중 보조 의사의 역할을 대신해 음성 명령에 따라 복강경 카메라의 위치를 조종해 주는 로봇이었다. 이는 외과의와 보조 외과의 사이의 잘못된 의사소통으로 인한 수술 시간 지연, 보조 의사의 수술 지연에 따른 피로도 증가로 인한 사고의 위험성을 줄이는 데 도움을 주었다.

…(중략)…

1999년에는 미국 Intuitive Surgical사에서 복강경 수술 로봇 다빈치를 개발하였고, 2000년에는 수술 로봇 '다빈치'가 미국식품의학협의회(FDA)에 최초 승인을 받았다. '다빈치' 수술 로봇은 전립선 제거 수술을 통해 그 효능을 입증하였으며, 비뇨기과 및 산부인과, 일반외과 등으로 그 활용 범위가 확장되고 있다. 다빈치의 로봇식의 시스템은 마스터 장치가 하나 이상의 다른 장치를 통제하거나 허브 역할을 하는 마스터-슬레이브(Master-Slave)의 조절 개념에 기초하고 있으며, 콘솔 장치는 da Vinci 시스템에 장착된 카메라에서 출력되는 화면, 그리고 다빈치 시스템을 조작하는 장치들로 구성되어 있었다.

- 송미옥·조용진, 「의료 로봇의 현재와 미래: 수술 로봇을 중심으로」, 『디지털융복합연구』 19-4, 한국디지털정책학회, 2021, 350-351쪽.

② 의료 로봇의 법적 책임 문제

현재의 의료 로봇은 의사의 진료를 보조하는 수단으로 사용되고 있을 뿐이다. 현재 가장 성공적인 수술용 의료 로봇으로 평가받는 '다빈치 시스템'도 다양한 광학 장비와 정밀한 수술이 가능한 로봇팔, 레이저 칼과 같은 첨단기술이 결합되어 있기는 하지만, 결국에는 이를 사용하여 수술을 집도하고 있는 인간 의사의 역량에 따라 의료행위의 성패가 좌우된다 할 것이다. 인공지능 진단프로그램 '왓슨'의 경우에도 마찬가지이다. 왓슨이 수많은 정보를 수집하고 이를 기반으로 최적의 판단을 할 수 있다 하더라도, 실제 이를 기반으로 진단이나 처방을 하는 데 반영할지 여부를 결정하는 것은 인간인 의사이다. 그러므로 현 단계에서는 1차적으로 인간인 의사의 책임만이 문제가 되며, 부차적으로 의료 로봇의 개발, 생산 단계에서의 결함이나 또는 사용이나 관리상의 주의의무 위반

여부만이 검토될 뿐이라고 할 수 있다. 이를 구체적으로 살펴보면 다음과 같다.

우선 의사의 의료행위로 인하여 발생한 결과는 민사법적인 방법으로 해결하는 것이 일반적이다. 따라서 예컨대 의료 로봇을 이용하여 수술을 하고, 그 결과 환자에게 의도치 않은 결과가 발생하는 경우에는 민법 제756조에 따른 '사용자배상책임', 민법 98조에 따른 '일반불법행위책임', 민법 제580조에 따른 '계약상 하자담보책임', 또는 민법 제390조에 따른 '계약상 채무불이행책임'이 성립할 수 있는 것으로 여겨지고 있다.

만약 의료 로봇이나 의료용 인공지능의 설계나 생산과정상의 문제로 인하여 오작동이 발생하였고, 그로 인해 환자의 생명이나 건강이 침해되는 결과가 발생한 경우에는 해당 의료 로봇이나 인공지능의 개발자 또는 제조사의 책임이 문제될 수 있을 것이며, 「제조물책임법」의 적용 여부가 검토되어야 할 것이다.

여기까지는 의료과오나 관련된 기존의 논의와 법적 해결방법이 크게 다를 바 없어 보인다. 다만 문제는 의료 로봇이나 의료용 인공지능과 같은 첨단 의료기기의 경우에는, 기존의 기계들과는 다른 본질적인 차이가 존재하는데, 바로 로봇을 제어하는 프로그램 또는 인공지능 알고리즘과 같은 소프트웨어로 인하여 오작동이 발생할 가능성이 높고, 따라서 기계적인 결함뿐만 아니라 소프트웨어의 하자에 대해서도 중요하게 다루어져야 한다는 점이다. 그러나 현행법에 따르면 이러한 소프트웨어의 오류를 제조물책임으로 규제할 수 있는지 의문인데, 바로 무형의 데이터 조합인 소프트웨어를 '제조물'로 볼 수 있는지에 대해 견해의 대립이 있기 때문이다.

…(중략)…

현재의 기술 수준으로는 의료 로봇, 특히 수술 로봇의 자율성을 인정할 수 없기 때문에, 만약 로봇수술로 인하여 환자에게 사망이나 상해의 결과가 발생한 경우에는 수술을 집도한 의사에게 형법상의 '업무상과실치사상죄'가 성립하는가 여부가 문제될 뿐이다. 한편 수술 로봇의 개발자나 제조업자 등도 수술 로봇이 의료기기로서 의료기기법에 따른 품질관리체계 설비 및 유지의무 또는 부작용 보고의무나 회수의무 위반을 근거로 하여 처벌이 가능하고, 의료기관 역시도 수술 로봇을 제대로 관리하지 못하였거나 또는 부작용 등을 제대로 보고하지 못한 경우에 처벌을 받을 수 있다고 한다. 그렇지만 형사책임을 부과하기 위해서는 민사책임보다 엄격한 증명이 요구되는 바, 결국 의사의 의료행위와 발생한 결과 사이의 인과관계 인정 여부가 핵심적으로 다루어질 것으로 예상된다.

- 김민규, 「비대면 시대와 의료 로봇의 활용 - 의료 로봇의 활용과 관련한 법적 쟁점 분석」,
『4차 산업혁명 법과 정책2』, 4차산업혁명융합법학회, 2020, 16-18쪽.

학습활동

가. 의료용 수술 로봇이 유용하게 활용되는 수술 분야에 대해 좀 더 구체적으로 조사해 보고, 의사가 직접 수술할 때와 로봇을 이용했을 때의 기술적, 비용적 차이에 대해서도 살펴보자.

나. 수술 로봇이 오류를 일으켜 수술 과정에서 환자가 사망하거나 상해를 입는 일이 벌어진다면 그 책임이 어디에 있다고 생각하는가? 의사는 이러한 가능성에 대해 환자에게 어떻게 설명해야 한다고 생각하는가? 이에 대하여 함께 토론해 볼 수 있을 것이다. 의학이 발달한 현대 사회에서 종교적 치유를 원하는 환자들의 마음을 헤아려 보자.

2. 디지털 기술 시대의 의료

정보통신기술과 빅데이터 기술은 이미 많은 의료 현장에 영향을 미치고 있다. 원격의료는 의사와 환자가 멀리 떨어진 곳에서 정보통신 기술을 사용하여 진찰이나 진단, 치료, 처방을 수행하는 것을 의미한다. 영토가 넓고 도시 간의 거리가 멀면서 의료기술은 발달한 미국에서 가장 먼저 원격 의료의 도입 필요성이 제기되었다.

원격으로 의사가 직접 환자를 진단하거나 처방하는 것뿐만 아니라, 환자들에 대한 의료 교육이나 의학적 정보 제공에 온라인 통신 기술을 활용하는 것, 처방된 약을 환자에게 배송하는 서비스, 멀리 떨어진 의사가 화면과 로봇을 이용해 다른 의사의 수술을 보조적으로 돕거나 조언하는 것, 환자가 처방에 대해 순응하여 잘 따르고 있는지를 원격으로 확인하는 것 등도 원격의료의 범위에 포함하기도 한다.

한국은 원격의료에 대해 원칙적으로 금지하고 있지만 코로나19를 겪으면서, 감염의 확산과 의료서비스 마비 사태를 막기 위해 한시적이고 제한적으로 원격의료가 도입되기도 했었다. 앞으로 또 다른 팬데믹에 대한 대비의 차원에서, 혹은 의료서비스나 의료자원이 충분하지 못한 취약 지역의 지역민들을 위해, 원격의료가 확산될 필요가 있다는 주장도 있다. 입원환자와 달리, 처방과 관리를 환자가 잘 수행하고 있는지 확인하기 어려운 외래 환자들이나 만성질환자들의 경우에는 정보통신 디지털 기술을 통해 환자의 상태를 관리하는 것이 효율적일 수 있다는 의견도 있다.

하지만 원격의료가 도입될 경우에, 일부 거대한 병원이나 자본의 지원을 받을 수 있는 의사, 혹은 의료기관에 환자가 집중되어 의료 편중 현상이 심화될 수 있으며, 개인정보나 의료정보가 쉽게 유출될 수 있다는 문제를 제기하기도 한다. 직접 대면진료를 할 경우에도 오진의 가능성이 적지 않은데, 원격의료는 이러한 위험이 더욱 높을 수밖에 없다는 지적을 하기도 한다.

아래의 세 개의 글을 통해 정보통신기술을 활용한 원격 의료, 디지털 기반의 의료 기술이 가져올 긍정적인 전망과 부정적인 우려를 함께 짚어보기로 하자.

① 원격의료의 등장과 비판

원격의료(Telemedicine)란 의사가 정보통신기술을 활용하여 먼 곳에 있는 환자나 의료인에게 필요한 의료서비스를 제공하는 것이다. 병원 방문이 어려운 환자의 의료 접근성을 높이고, 만성질환자의 건강관리를 강화하기 위한 목적에서 추진되고 있다. 의료 관련 자원을 최대한 효율적으로 운영하여 의료서비스의 지역 편중을 없애고 의료비용의 절감 효과를 노릴 수 있다는 장점이 있다.

원격의료사업은 1994년 초고속정보통신 구축기반 사업의 일환으로 채택되어 같은 해 지방의 보건의료원과 거점병원을 연결하였다. 시범사업이었다. 2002년에는 의료법 개정을 통해 의사와 의료 인간 원격의료가 처음 제도화되었고 의사와 환자 간 원격의료를 허용하는 내용의 의료법 개정이 여러 차례 상정된 바 있다. 내용은 제한적 범위 내에서 대면진료를 보완하는 형태로 원격의료를 허용하고, 대상 질환은 의학적 위험성이 경증 질환에 한정하며 주기적 대면진료를 의무화하는 것이다.

원격의료 역시 의료영리화의 수단 중 하나라는 비판에 직면해 있다. 비판자들이 보기에 현재 원격의료기술은 응급 중증질환자는 물론이고 만성 경증질환자의 치료에도 안전성과 효과성이 입증되지 않았다. 원격장비를 이용하여 진료를 한다는 막연한 개념만 존재할 뿐이다. 개인의 건강정보 유출로 인한 프라이버시 침해, 정보의 상업적 오남용 문제, 나아가 의료전달체계 붕괴에 대한 우려도 있다. "자본력을 갖춘 병원급 의료기관들이 시스템을 갖추어 의료접근성을 뛰어넘어 지역 구분 없이 원격의료를 통한 환자 유치가 가능해져 의료전달체계 붕괴가 더욱 심화될 것"이라는 우려이다.

이 사업이 통신재벌과 의료기기 개발에 투자하고 있는 재벌을 위한 사업이라는 비판도 제기되고 있다. 원격의료가 보건복지부가 아니라 정보통신이나 경제 관련 부처의 주도로 이루어지는 점도 같은 의구심을 낳고 있다. 의료의 내적 요구가 아니라 의료산업화나 경제활성화 차원의 의료 외적인 요인에 의해 추진되고 있다는 의구심이다. 환자의 편의 도모라는 목적과 기업의 이익 추구라는 목적 사이에 간극이 존재하는 것이다.

- 박윤재, 『한국현대의료사』, 들녘, 2021, 271-272쪽.

② 의료기술과 디스토피아

조지 오웰의 디스토피아는 현재 진행 중이다. '미놈'이라는 이름의 미국 스타트업 기업은 가난한 사람들이 자신의 유전체를 제공하면 현금을 지급해준다. '이그잭트데이터'라는 회사는 성병 가진 사람들의 목록을 판매한다. '캐롤라이나스 헬스시스템'에서는 술, 담배, 그리고 기타 건강에 해로운 물품 구매 이력으로 고위험 환자를 가려내기 위해 신용카드 사용기록을 마이닝(채굴)한다. 2013년에 영국 정부는 케어닷데이터(Care.data)라는 중요한 캠페인을 시작했다. 국가보건서비스 이용자들의 의료정보를 디지털화하여 건강 및 사회복지 정보센터

(HSCIC) 중앙보관소에 저장해두기 위해서다. 2014년 2월 이렇게 저장된 4천7백만 명의 환자 데이터가 보험회사에 판매되었다. 의료정보 판매는 커다란 비즈니스이다. 미국 기업 'IMS 헬스'는 데이터 중개업자로 약국과 보험회사에서 데이터를 수집한다. 제약회사에 개별 의사들의 처방 습관에 대한 정보를 판매함으로써 제약회사들로 하여금 더 정교한 마케팅을 할 수 있도록 돕는다. 화이자는 매년 IMS 같은 회사들에서 건강 데이터를 구매하는데 1천2백만 달러를 쓴다. 또 다른 구매자들로는 제약업계에 투자하는 기관투자가와 광고회사가 있다. 의료 데이터들은 결코 익명을 보장하지 않는다. IMS와 같은 회사에서 사용하는 데이터마이닝 도구는 익명으로 되어 있는 데이터베이스와 다른 출처에서 나온 데이터를 상호 대조함으로써 가려진 부분을 쉽게 풀어낸다. IMS는 특정 개인을 밝혀낼 아무런 상업적 이유가 없다고 하지만, 다른 데이터 중계업자들은 분명 개인 데이터를 이용해 돈을 버는 방법을 찾아낼 것이다.

디지털 헬스 기술이상주의자들은 프라이버시를 업계 파트너들과의 데이터 공유를 막는 낡고 불필요한 장애물로 여긴다. 일부는 더 나아가 프라이버시를 공공의 선과 배치되는, 그냥 구식인 것만이 아니라 사회적 이익에 적극적으로 반하는 관념이라고 주장한다. 그러나 페이스북과 구글은 사용자 정보를 수집 판매하여 큰돈을 벌고 있다. 현재 이런 기술 거인들이 마이닝하고 있는 것은 작은 데이터들뿐이지만, 이들이 진짜로 관심을 가진 것은 빅데이터다.

…(중략)…

전통적인 의사들은 신체 진찰을 하지 않고 환자를 치료한다는 생각을 꺼림칙하게 여긴다. 그러나 신체 진찰은 그 중요성을 상실하고 있다. 의사들은 지금도 환자보다는 모니터를 보는 데 더 많은 시간을 쓴다. 미국의 의대생들과 수련의들이 의학의 기본에서 얼마나 멀어졌던지, 의사이자 소설가인 에이브러햄 버기즈(스탠퍼드 의대 근무)는 신체 진찰을 '스탠퍼드25'—25가지 기술에 의거한 신체진단법—라는 이름으로 다시 작명했다. 스탠퍼드25라는 용어가 마치 스탠퍼드 의대가 신체 진찰을 고안한 것처럼 보여서 의심이 가지만, 어쨌든 버기즈는 신체 진찰이라는 의례와 신체 접촉이 '치유'라 부르는 정량화하기 어려운 행위의 결정적 요소라는 것을 정확하게 주장했다. 미국 의료계의 다른 많은 사람들도 과거의 진료 행위를 버리고 디지털 데이터에 집착하는 것에 대해 한탄한다. 심장의사인 존 맨드롤라는 다음과 같이 말했다.

> "의료 수단들에 모바일 센서, 디지털 레코드, 2진수 지표 등이 포함되면서 슬프게도 사람을 돌보기 위한 일들이 '1'과 '0'을 다루는 도착적인 일들로 바뀌고 말았다. 좋은 진료란 로켓 과학처럼 어려운 일이 아니다. 그것은 디지털도 아니고, 하얀 스크린도 아니며, 폐동맥에서 얻은 수치도 아니다. 그리고 급하게 도달할 수 있는 것도 아니다. 선배 의사 옆에서 수년에 걸쳐 환자를 보는 경험이 필요하다. 내가 걱정하는 것은 우리의 눈과 귀가 환자로부터 멀어지고 있는 것이다. 우리는 '1'과 '0'으로 인해 착란을 일으키고 있고, 아마도 그것에 중독되어 있는 것 같다."
>
> - 세이머스 오마호니, 권호장 역, 『병든 의료』, 사월의책, 2022, 218-220쪽.

③ 디지털 혁명이 바꿔 놓은 의학의 미래

실제로 최근 m-헬스 분야에서 시도되고 있거나 이미 개발된 기술들의 목록을 보면 SF영화가 무색할 정도다. 각종 신체 정보를 측정하는 센서들은 점점 정밀해지고, 무선통신 기술은 획기적으로 향상되고, 컴퓨터의 성능도 나날이 향상되고 있는 바, 이 모든 것들이 일으키는 시너지 효과는 엄청날 것이다.

…(중략)…

세계적으로 3억 5천만 명이 진단을 받았다는 당뇨병의 경우를 생각해 보자. 당뇨 관리에서 가장 중요한 것은 혈당 조절이다. 식이요법을 쓰든 약을 먹든 인슐린 주사를 맞든, 혈당이 어느 범위에서 어떻게 변화하고 있는지를 정확히 파악하는 것은 매우 중요한 일이다. 혈당이 너무 높게 유지되면 합병증 위험이 높아지고, 너무 낮아지면 쇼크와 같은 저혈당 증상이 나타날 수 있기 때문이다. 그런데 혈당을 측정하려면 혈액 샘플이 있어야 한다. 정맥혈을 뽑아서 측정하는 것이 가장 정확하지만, 병원에서만 가능한 일이므로 자주 하기는 어렵다. 때문에 사용되어 온 것이 가정용 혈당측정기와 혈당시험지다. 손가락 끝을 찔러서 피를 한 방울을 얻어서 작은 시험지에 묻힌 다음 간단한 기계를 이용하여 결과를 얻어야 했다. 하지만 이 방법은 아프고 귀찮고 비싼 편이다. 게다가 기껏해야 하루에 몇 차례만 측정할 수 있기 때문에 얻을 수 있는 정보도 매우 제한적이었다.

하지만 지속적 혈당 모니터링(continuous glucose monitoring; CGM)이라고 알려진 방법이 이미 개발되어 있다. 이는 복부의 피부 바로 아래에 삽입한 초소형 센서를 활용하는 방법인데, 몸속에 삽입된 센서는 조직액의 당 수치를 '5분마다' 측정하여 그 결과를 수신기로 전송한다. 당연히 무선통신 방법이다. 아직 이 기술은 센서 교체 주기와 비용 등 여러 가지 미비한 점이 많지만, 이런 기술이 가진 잠재력은 매우 크다. 혈당시험지와 가정용 혈당측정기들이 당뇨병 환자의 집에서 사라지는 날이 멀지 않은 것이다.

- 박재영, 『개념의료』, 청년의사, 2013, 296-301쪽.

학습활동

가. 원격의료와 첨단기술의 의료적 도입이 결국 의료 영리화로 이어지거나, 환자와 의사의 관계를 더 멀게 만들 것이라는 우려가 적지 않다. 의료와 디지털 기술이 만나는 지점에서, 환자와 사회의 건강을 위협하는 일을 막기 위해 유의할 점들에 대해 생각해 보도록 하자.

나. 정보통신기술의 발달과 각종 센서의 발전을 통해, 만성질환자들의 건강 관리를 위해 도움을 주고 있는 구체적 사례들을 살펴보도록 하고, 앞으로 더욱더 발전이 기대되는 분야가 무엇인지에 대해서도 논의해 보자.

다. 의학이 발달한 현대 사회에서 종교적 치유를 원하는 환자들의 마음을 헤아려 보자.

II. 빅데이터와 인공지능 의료

2016년 "4차 산업혁명"이라는 화두가 등장한 이래, 우리가 가장 많이 접한 용어 중 하나가 '빅데이터'와 '인공지능'이다. 특히나 이세돌 9단과의 바둑 경기에서 압승을 거둔 알파고의 이미지는, 과거와는 완전히 다른 새로운 내일을 상상하도록 하는 데 부족함이 없었다. 한편으로는 미증유의 과학기술이 가져올 미래를 기대하며 새로운 기회를 선점하려는 경쟁이 시작되었지만, 다른 한편으로는 인간보다 뛰어날 수 있는 지적 존재의 등장을 두렵고 우울한 시선으로 바라보기도 했다. 이처럼 새로운 과학기술에 대한 환호와 비관이 교차하는 가운데, 빅데이터와 인공지능은 점차 우리의 일상 깊숙이 들어왔다.

알파고 이후 비약적으로 발전한 빅데이터와 인공지능 기술은 사회 곳곳에서 활용되고 있지만, 그중에서도 사회구성원 모두에게 영향을 미칠 뿐만 아니라 무한한 잠재력을 보일 수 있는 분야가 바로 보건의료이다. 태어나고 성장하고, 나이가 들면서 병들고 급기야 사망에 이르는 과정을 생각해 보면, 사람의 일생은 항상 보건의료와 밀접하게 연결될 수밖에 없다. 그리고 그 일생 전체에서 만들어지는 수많은 보건의료 데이터 및 이를 학습하고 새로운 것을 창출하는 인공지능은, 우리의 삶 전체와 불가분의 관계일 수밖에 없으며, 그만큼 중요한 위치를 차지하는 셈이다.

하지만 인간의 삶의 질을 높이는 데 필수불가결한 만큼, 보건의료 분야의 빅데이터 및 인공지능 기술은 논쟁의 대상이기도 하다. 의료기관을 방문하여 검사, 진단, 치료를 받는 모든 과정은 개인의 은밀한 사생활이며, 이는 다른 프라이버시와 비교할 때 매우 민감하기 때문이다. 따라서 개인의 보건의료와 관련된 빅데이터 및 인공지능 기술은 그 효과와는 별개로, 개인의 프라이버시를 얼마나 안전하게 보호할 수 있는지에 대해 훨씬 더 깊이 있는 고민과 토론을 필요로 한다.

나아가 의료라는 것은 단순히 질병을 검사, 진단, 치료하는 기계적인 과정이 아니라, 그 속에서 의사와 환자의 유대관계가 형성되고 따라서 다양한 도덕적, 윤리적 가치가 개입되는 행위이기도 하다. 그렇다면 의료 현장에서 사용되는 빅데이터와 인공지능 기술에 도덕적, 윤리적 가치를 어떻게 적용할 것인가? 혹은 적용할 수는 있는가? 이미 다양한 디지털 헬스케어뿐만 아니라 'AI의사'와 같은 새로운 기술이 의료 현장에 출현한 현실을 고려할 때, 그리고 향후 이런 기술이 훨씬 범용적으로 활용될 것이라는 것을 고려할 때, 이런 질문은 우리가 진지하게 숙고하고 답을 찾아야 할 주제이기도 하다.

이 절에서는 보건의료 분야에서 활용되고 있는 빅데이터 및 인공지능 기술의 현황을 개괄하고 이를 둘러싼 다양한 쟁점들을 살펴본다. 일상적인 생활공간뿐 아니라 병원과 약국과 같은 의료 현장에서 사용되는 이런 기술들이 어떤 역할을 담당하고 있는지, 과거의 보건의료 행위와 어떤 차이를 가져오는지 나아가 이를 둘러싼 새로운 질문은 무엇인지를 고민해 본다.

1. 빅데이터와 의료 정보

정보통신기술이 발달하면서 개인의 정보를 수집, 분류, 검색할 수 있는 능력은 과거와 비교할 수 없을 정도로 커졌다. 사회구성원에 대한 정보를 수집하는 것은 과거부터 있어 왔고, 19세기 중후반부터 통계학이라는 학문 분야가 발달한 것도 이렇게 모인 정보를 분류, 이해하기 위함이라고 언급되기도 한다. 그렇지만 20세기 중후반 이후 급속도로 발달한 정보통신기술은 개인에 대한 정보의 종류, 수량, 정보 수집의 속도라는 측면에서 엄청난 진전을 가져온 것이다.

국가를 운영하거나 질서를 유지하기 위해서 개인의 정보를 모으는 것은 필수불가결한 일이지만, 한편으로는 이런 개인정보 수집이 무분별하게 진행되는 것에 대해 비판도 있어 왔다. '공공의 이익 vs. 개인의 프라이버시'라는 해묵은 갈등은 4차 산업혁명 시대라고 불리는 오늘날, 빅데이터를 둘러싸고 더욱 첨예하게 드러나고 있다. 더군다나 코로나19와 같은 전염병이 개인뿐 아니라 사회 전체를 위협하는 상황에서, 전염병과 관련된 개개인의 정보를 수집하고 분석하는 것은 공공의 안전을 위해 반드시 필요한 임무인 것처럼 언급되었다. 나아가 정부는 전염병과 같은 위급한 상황뿐 아니라 평상시에도 보건의료 빅데이터를 활용하여 의료의 질을 높이고 관련된 빅데이터 산업을 진흥하도록 법제도의 개정을 시도하고 있다.

그렇지만 다양한 종류의 빅데이터 중에서도 특히나 보건의료 데이터는 다른 데이터보다 훨씬 더 민감한 개인의 정보를 담고 있기 때문에, '어떻게 데이터를 수집할 것인가', '수집된 데이터를 어떻게 활용할 것인가', '개인정보가 누출 혹은 악용되지 않도록 어떻게 보호할 것인가' 등을 둘러싸고 첨예한 논쟁이 지속되고 있다. 공동체의 이익이나 빅데이터 산업의 발전과 개인정보 보호는 보건의료 분야에서 훨씬 더 심도 있게 고민되고 토론되어야 할 주제인 것이다.

첫 번째 글은 코로나19가 대대적으로 유행할 당시 이에 대응할 한 가지 방편으로 개인의 정보를 수집하여 역학조사를 하는 상황에 대해 우려하는 내용이다. 전염병이라는 특수한 상황을 인정한다고 하더라도, 개인정보와 관련된 인권을 어떻게 보호할 것인지에 대한 고민이 병행되어야 함을 강조한다. 두 번째 글은 보건의료 빅데이터를 활용하여 관련 산업을 진흥하거나 의료의 질을 높이기 위해서는, 사회적 신뢰와 믿음이 형성되어야 하며 윤리적인 기준이 마련되어야 함을 주장한다. 세 번째 글은 일상적인 디지털케어가 점점 현실화되는 상황에서 사용자가 헬스케어와 관련된 디지털 기술을 이해하고 활용할 수 있는 역량을 강화하는 것도 중요함을 강조한다.

① 역학조사와 빅데이터 그리고 개인정보

지난 3월 25일 국토교통부는 과학기술정보통신부, 질병관리본부와 함께 〈코로나19 역학조사 지원시스템〉(이하 시스템)을 가동한다고 밝혔다. 대규모 도시 데이터를 수집·처리하는 스마트시티 기술을 활용하여 역학조사용 시스템으로 개발했다고 한다. 시스템을 이용하면 확진자의 신용카드 사용정보와 휴대전화 위치추적 등 동선 관련 정보를 10분 만에 파악한다. 이를 위해 경찰청, 여신금융협회, 3개 통신사, 22개 신용카드사를 포함하는 협력망이 구성되었다고 한다. 국토교통부는 이 시스템을 발표하면서 역학조사 자동화라는 성과를 대대적으로 홍보하며 해외 기술 이전도 검토하고 있다고 했다. 4월 10일에 정부는 코로나19 사태 이후에도 시스템 보완을 거쳐 활용하겠다고 발표했다.

정부의 자화자찬에 박수를 따라 치기에는 우려되는 점이 많다. 개인 동선 추적 자동화 시스템이 가져올 정보주체 인권 침해 문제가 심각하기 때문이다. 해외에서도 유사 시스템 개발에 대한 논의가 있으나, 개인 동선을 자동화한 방식으로 파악하는 것에 대해 매우 조심스럽게 접근하고 있고, 개인정보 보호 기술을 충분히 적용할 것을 요구하고 있다. 해외의 이러한 인식은 개인정보 파악을 위한 자동 시스템이 사용될 경우, 정보 활용에 대한 요구가 점점 커져 사회적 통제를 벗어날 가능성이 적지 않다는 우려에서 기인한다.

국토교통부는 불과 한 달 만에 시스템을 개발했다고 하는데, 이 과정에 개인 정보와 관련된 인권을 충분히 고려했다고 생각하기 힘들다. 가령 2020년 1월에 데이터 3법이 통과되면서 〈개인정보보호법〉(이하 보호법)이 개정되었는데 시스템이 보호법과 어떻게 연계되는지 알 수 없다. 2020년 8월부터 보호법상 〈개인정보보호위원회〉(이하 보호위원회)가 책임 조직이 될 예정인데, 보호위원회가 시스템 개발과 관련해 개인정보 보호를 위한 어떤 역할을 했거나 의견을 표명했는지 확인되지 않는다. 데이터 3법이 개인정보의 보호보다는 활용에 초점을 두고 있다고 비판을 받았는데, 보호위원회가 공식적 활동을 시작하더라도 시스템 운용을 옹호하는 역할만 하게 될까 우려된다.

개정된 보호법에는 전염병 피해자 개인정보 보호를 위한 수단이 사실상 존재하지 않는다. 보호법 제58조 1항 3호에 따라 "공중위생 등 공공의 안전과 안녕을 위하여 긴급히 필요한 경우로서 일시적으로 처리되는 개인정보"는 보호법 제3장부터 제7장까지가 적용되지 않는다. 특히 건강 등 민감정보를 포함한 개인정보 수집, 이용, 제공 시 보호를 다루고 있는 제3장이 제외되어 전염병 피해자의 개인정보는 거의 제약 없이 다룰 수 있게 되었다. 보호위원회 구성 및 운영을 다루고 있어 본질적 보호 장치와 상관이 없는 2장을 제외하면, 개인정보 보호를 위해 의지할 수 있는 조항은 선언적 내용으로 구성된 1장(총칙)뿐이다.

사스, 메르스, 코로나19 등 전염병 발생과 유행이 주기적으로 발생하고 있는 이 시대에 모두의 안전을 위한 공공보건은 매우 중요하지만, 그러나 이를 이유로 사람들의 정보 인권을 무시하는 것은 바람직하지 않다. 전염병 상황에서 실질적인 정보 보호 수단 적용을 제외한 보호법 제58조에서도 이에 대한 우려가 있었는지, 4항에서 "(제3장에서 제7장이 적용되지 않는) 개인정보를 처리하는 경우에도 그 목적을 위하여 필요한 범위에서 최소한의 기간에 최소한의 개인정보만을 처리하여야 하며, 개인정보의 안전한 관리를 위하여 필요한 기술적·관리적 및 물리적 보호조치, 개인정보의 처리에 관한 고충 처리, 그밖에 개인정보의 적절한 처리를 위하여 필요한 조치를 마련하여야 한다"라고 명시하고 있다. 이 문장이 빛 좋은 개살구가 되지 않으려면 '필요한 조치'가 무엇인지 구체적으로 마련되어야 한다.

무엇보다 우려되는 점은 〈코로나19 역학조사 지원시스템〉이 보호법 적용 제외가 가능한 또 다른 예외 경우인 '국가안전보장과 관련된 정보 분석' 용도로 악용될 수도 있다는 점이다. 우리 사회의 지난 어두운 역사를 복기하면, 개인정보 자동 조사 시스템이 정보주체 인권을 침해하는 도구가 될 수도 있다는 우려가 기우가 아닐 수 있다. 따라서 코로나19 사태 종식 후 시스템 폐기가 가장 확실한 방책이다. 만약 코로나19 이후 또 다른 전염병 사태 대비용으로 필요하다면, 무엇보다 정보주체 인권을 뒷받침하기 위한 법/제도 등 관리 조치와 기술 조치가 전제되어야 하며, 또한 시스템 사용에 있어 시민사회 감독권을 보장하여야 한다. 보호위원회는 이를 위해 최선의 제도 개선 방안을 찾아야 한다. 그것이 보호위원회가 존재하는 이유이다.

- 공공을위한과학기술포럼(FOSEP), "코로나19 역학조사 지원시스템, 전국민 감시 장치 될까 우려된다," (2021.11.3.)

② 보건의료 빅데이터의 윤리적 활용을 위한 방안 모색

딥러닝(deep learning) 등의 인공지능 과학기술의 발전으로 인해 그동안 사회 곳곳에 쌓아 놓기만 했던 빅데이터(big data)를 활용하려는 시도가 활발하다. 예를 들어, 2019년 대통령 신년사의 기치에 따라 정부 부처는 "데이터 인공지능 경제 활성화 계획"(2019년 1월 16일)을 합동으로 발표하였고, 이에 따르면 인공지능과 빅데이터는 4차 산업혁명 시대의 중요한 생산요소로 규정되었고, 그와 연관된 데이터 시장규모 목표는 30조 원 달성으로 설정되었다. 이러한 시도 가운데 가장 경제적 효과가 클 것으로 예상되어 시범사업으로 제시되는 영역이 보건의료 영역이다. 보건의료 빅데이터는 신약 개발, 치료 방식 개발, 질병 예측과 관리 등을 통해 경제적 가치 창출뿐만 아니라 의료의 질을 향상할 수 있기 때문이다. 이미 정부가 2017년 말에 발표한 복지부의 "보건의료 빅데이터 활용 시범 사업"이나 2018년 5월에 발표한 산업통상자원부의 "바이오헬스 빅데이터 사업"은 이러한 기대를 반영한다.

빅데이터를 활용하여 경제 성장을 도모하기 위해, 정부는 시민단체들의 반대에도 불구하고 『개인정보보호법』을 개정하려는 데 몰두하고 있다. 이러한 시도의 전제는 『개인정보보호법』만 개정하면 빅데이터, 특히 보건의료 빅데이터의 활용이 원활할 것이라는 믿음이다. 문제는 이러한 믿음이 신뢰할만한가라는 의구심이다. 정부의 "보건의료 빅데이터 활용 시범 사업"의 모델이었던 영국의 'care.data.NHS' 의료정보 공유 사업은 정보제공자인 시민의 동의 절차를 무시하고 기업들에게 개인 의료정보를 제공하려다가 사회적 혼란을 야기해 결국 100만 명의 당사자가 정보 수집 거부를 명시(opt-out)하여 2016년 결국 중단되었다. 이 사례는 빅데이터의 장기적으로 지속 가능한 활용을 위해서는 법이 아니라 윤리적 토대가 마련되어 사회적 신뢰와 믿음이 형성되어야 함을 보여준다. 왜냐하면, 빅데이터의 지속가능하며 장기적인 활용을 위해서는 정보제공자인 시민들의 지속적인 참여가 필수적인데, 이러한 참여의 토대는 정보제공자인 시민들이 프라이버시와 같은 자신들의 윤리적 가치가 보호받고 있다는 신뢰와 믿음이기 때문이다.

그렇다면, 보건의료 빅데이터를 장기적으로 지속할 수 있게 활용하기 위해서는 어떻게 해야 하는가? 현재 학계는 이러한 물음에 대한 답을 동의(consent) 논의에서 찾고 있는 듯하다. 현재 인공지능 시대에 어떤 동의 모델이 보건의료와 같이 민감한 개인정보를 포함한 빅데이터 활용을 위해 적합한지에 대한 논쟁이 한창이다. 이러한 논쟁은 적절한 동의 모델이 제시되면 민감한 개인정보를 포함한 빅데이터를 윤리적으로 활용할 수 있다는 전제에 근거한 것인데, 이러한 전제가 정당한지에 대한 검토가 필요하다. 만약 정당하다면, 적절한 동의 모델을 모색하면 될 것이고, 만약 그렇지 않으면 빅데이터의 윤리적 활용을 위한 새로운 모색이 요구된다.

- 목광수, 「보건의료 빅데이터의 윤리적 활용을 위한 방안 모색: 동의가 아닌 합의 모델로의 전환」, 『한국의료윤리학회지』, 22(1), 2019, 2-3쪽.

③ 데이터의 보호보다 중요한 것

주지하다시피 우리에겐 변화하는 상황에 빠르게 대처할 수 있는 강화의 방법이 필요하다. 현재 그에 부합하는 기술은 '디지털 헬스케어'로 총칭하는 의료, 인터넷, 데이터, 분석 기법의 결합체이다. 이때 디지털 헬스케어란 누군가의 손에 들려 있을 웨어러블 디바이스 같은 것만을 뜻하는 것이 아니다. 이를테면 중환자실 정보를 인터넷으로 전송해 대량의 환자를 관리하는 것도 디지털 헬스케어요, 코로나19 방역 정책 전환 과정에서 재택치료 관리에 원격 모니터링 장비를 활용하는 것도 디지털 헬스케어이다. 심지어 방향이나 역할은 조금 다르지만, 감염병에 관련된 빅데이터를 수집하여 분석·활용하는 것도 디지털 헬스케어의 일환으로 볼 수 있다.

…(중략)…

지금까지 디지털 기술이 내포하고 있는 개인정보 또는 프라이버시 침해 가능성에 대한 문제 제기가 있어 왔다. 하지만 의료 또는 공중보건에서 디지털 기술을 활용하여 실현될 공공의 이익은 무시할 수 없다. 특히 팬데믹 상황에서 디지털 기술을 통한 집단의 보호는 바이러스의 공격에서 사회를 안정시키고 일상을 영위하기 위한 중요한 수단이다. 그렇다면 핵심과제는 프라이버시 침해로 개인이 입게 될 위해와, 보건의료 디지털 기술로 얻게 될 전체의 이익 사이에서 균형 잡기다.

…(중략)…

이를 위해 필요한 것이 바로 디지털 기술의 이행 과정에서 사용자의 개인정보 활용에 관한 역량강화를 추구하도록 정부와 기업에 요구하는 일이다. 스마트폰을 이용한 감염병 추적 기술 사례에서 역량강화란, 기술 활용이 개인의 프라이버시를 보호하는 것을 넘어, 개인에게 적극적으로 자기 개인정보의 활용 방향을 결정할 수 있는 권한을 주는 것을 의미한다. 기업의 사례이지만, 애플은 2021년 5월부터 사용자가 앱의 맞춤형 광고 허용 여부를 결정할 수 있도록 '앱 추적 투명성' 기능을 제공하고 있다. 맞춤형 광고는 개인의 앱 사용 시 발생하는 개인정보를 서버로 전달하여 제공되는데, 이런 개인정보 전달 여부를 선택할 수 있게 된 것이다. 광고에 대한 여러 논의와는 별개로, 이런 기능은 역량강화 측면에서 긍정적이라고 볼 수 있다. 사용자가 자신의 정보 이동을 인식하고 그에 관한 선택권을 가지기 때문이다.

보건의료 분야에서 역량강화적 접근이 필요한 이유는 무엇일까? 먼저, 스마트폰 추적 기술이 효과를 나타내려면 다수의 활용이 전제되어야 하기 때문이다. 인구의 20~30퍼센트가 감염병 추적 앱을 사용한다면 그 효용은 거의 0에 수렴한다. 앱 사용자가 너무 적어 접촉 사실을 파악하는 데 명확한 한계를 갖게 되기 때문이다. 반면 인구의 70퍼센트 이상이 앱을 사용할 때, 그 효용은 기하급수적으로 증가한다. 다수의 참여를 기반으로 확진자 접촉에 관한 정보를 정확하게 파악할 수 있을 뿐 아니라, 앱을 제공한 기업이나 정부가 사용자망을 바탕으로 감염 확산 패턴이나 감염 발생의 환경적 특징 등을 분석하는 데이터 기반 접근을 시도하여 활용 범위를 높일 수 있다. 그 과정은 시민의 참여를 바탕으로 진행되기에 추가적인 위해나 부작용을 일정 수준 안에서 관리 가능할 것이다.

둘째, 정보의 활용 방식에 대한 개인의 관심을 고취할 때, 정책이 개인을 위해 봉사하는 지반이 마련된다. 사회의 공적 이익을 추구하는 가운데 개인 또한 자신의 정보 통제권을 확보하는 상보적 정책을 기획할 수 있는 덕분이다. 오랫동안 전제되어온 개인의 프라이버시와 사회의 공적 이익이라는 대립 구도를 벗어나는 것이다. 이것이 바로 과거의 수기(manual) 보건 정책과 현재의 디지털 보건 정책이 차이 나게 되는 지점이다. 디지털 기술을 통해 개인이 충분한 지식 속에서 자기 정보 활용을 자발적으로 결정하고, 개인의 강화와 집단의 이익을 동시에 추구하는 여건을 구현할 가능성이 생겨난다.

상보적 정책을 설정하는 과제는 이중의 목표를 취하고 있어 이론적으로나 실천적으로 결코 쉬운 방법은 아니다. 한쪽에는 디지털 기술을 통한 과잉 감시가 빅브러더 사회를 구현하리라는 위협이, 다른 한쪽에는 정보 탈취의 두려움으로 개인이 자기 정보에 대한 모든 접근을 통제하여 결국 사회 전체의 이득이 감소하는 위험이 자리한 사이에서 어려운 외줄 타기를 해야 하는 셈이다. 그것이 기존의 관점에서는 애매한 절충안으로 느껴질 수 있다. 하지만 앞서 살펴봤듯 개인의 역량강화를 전제한 디지털 기술의 활용이라면 우리는 다른 길을 낼 수도 있다. 코로나19와 앞으로 다시 찾아올 다른 팬데믹을 극복하고 우리를 강화하기 위해서 디지털 기술에 접근하는 새로운 방식을 배워야 할 때가 되었다고 믿는다.

- 김준혁, 「데이터 보호보다 중요한 것」, 『우리 다시 건강해지려면』, 반비, 2022, 195-208쪽.

학습활동

가. '프라이버시'가 무엇인지 정의하고, 그 개념이 등장하고 변해 온 역사적 과정을 살펴보자. 그리고 '개인의 프라이버시'가 침해되는 다양한 사례를 살펴보고, '공공의 이익'과 충돌하여 논쟁이 된 사례를 조사해 보자.

나. 다른 개인정보와 비교하여 보건의료 빅데이터가 갖는 특수성에 대해서 알아보자. 보건의료 빅데이터를 적극적으로 활용할 때 예상되는 장점과 그로 인해 발생할 수 있는 문제를 알아보자.

다. 일상적으로 사용되고 있는 혹은 점차 사용될 가능성이 큰 디지털 헬스케어의 사례를 찾아보자. 그리고 다양한 계층의 사용자들이 이러한 헬스케어 관련 디지털 기술을 사용할 수 있는 역량을 강화할 수 있는 방법을 상상해 보자.

2. 인공지능 진료와 의료윤리

2016년 인공지능 '알파고'가 바둑기사 이세돌 9단에게 승리를 거둔 이후, 인공지능이 인간의 일상생활에 어떤 영향을 줄 것인지를 둘러싼 다양한 의견이 표출되었다. 인간이 하기 어려운 혹은 하기 싫어하는 노동을 대신해 줄 수 있을 것이라는 긍정적인 전망과 함께 수많은 일자리를 대체하거나 인간보다 더 뛰어난 지적 능력으로 인간을 지배할지도 모른다는 비관 또한 만만치 않았다.

그중에서도 인간의 다양한 신체적, 정신적 증상을 검사하고 진단하며 나아가 환자 개개인에게 맞는 치료법을 제안할 수 있는 인공지능의 등장은, 그 장점에 대한 환호와 함께 다양한 우려가 제기되었다. 나날이 복잡해지고 다양한 질병에 대해, 의사 개개인이 감당하기 어려운 수많은 의학지식을 단시간에 학습하여 정확한 진단과 가능한 치료법을 제시하는 인공지능은 기존 의료 현장의 풍경을 바꾸기에 충분했다. 그렇지만 한편에서는 환자와 교감하고 위로하는 전통적, 이상적인 의사와는 전혀 다르게, 냉정하고 무감각한 인공지능에 대해 실망하기도 했다. 인간의 지적 능력을 훨씬 뛰어넘는 인공지능의 능력과는 별개로, 의료 현장이라는 구체적인 공간에서 의사 환자의 관계, 치료와 치유의 의미 등 다양한 고민들을 인공지능으로 인해 다시 한번 숙고할 계기가 마련된 것이다.

첫 번째 글은 미국에서 실제로 있었던 사건을 화두 삼아, 의료 현장에 출현한 인공지능을 어떻게 이해하고 받아들일 것인가에 대한 질문이다. 인공지능이 지니는 장점과 함께 전통적인 의료 현장의 풍경을 낯설게 만드는 현실을 고민하게 해 준다. 두 번째 글은 ChatGPT처럼 인공지능이 생성한 거대 언어 모델 도구(LLM)을 의료현장에서 사용할 경우 고려해야 할 문제에 대해 WHO가 권고한 사항이다. 점점 많은 그리고 성능이 개선된 LLM이 개발되고 의료 현장에서 사용될 가능성이 커지는 상황에서, 무엇을 조심하고 경계해야 할지 살펴볼 수 있다.

① 로봇 의사는 시한부 선언을 할 수 있는가?
2019년 외신에 따르면, 미국에서 만성 질환을 앓고 있던 노령의 환자에게 의

사가 아닌 로봇으로부터 임종 선언과 마찬가지인 진단을 받은 사건이 있었다.

78세의 이 환자는 급성 호흡곤란 증세를 보여 병원 응급실로 실려 왔는데, 환자를 처음 대면한 것은 인간 의사가 아니라 로봇이었다. 다른 사정으로 의사가 곧바로 올 수 없는 상황이었는데, 로봇이 환자의 상태를 진단했고 먼 곳에서 이 진단 내용을 확인한 의사가 로봇의 스크린을 통해 환자의 상태를 보호자에게 전달했다. 그리고 이 환자는 이틀 뒤 사망했다.

간단한 진료나 처방이 아니라 곧 사망에 이를 정도의 위중한 가족의 상태를 로봇으로부터 전달받는다면? 로봇이 시한부 선고나 임종 선언을 한다면 이를 어떻게 받아들일 수 있을까?

이 환자의 가족은 이런 상황에 대해 화를 참지 못했지만, 병원 측은 유감을 표시하면서도 로봇을 이용한 원격진료의 한 가지 모습일 뿐이라고 항변했다. 병원이 이런 진료 행위에 대해 어떤 법적, 도덕적 책임을 질 수는 없다는 뜻이기도 했다.

최근 국내외에서 다양한 진료 행위를 인간 의료진 대신 로봇이 맡는 모습을 볼 수 있다. 아주 간단한 안내와 처방부터 멀리 있는 환자에 대한 원격진료까지 의료현장에서 로봇의 활약은 다양하다. 그렇지만 인간을 도와주는 혹은 대신하는 로봇의 역할은 어디까지인지 고민해 봐야 한다.

- 저자 집필

② 인공지능 거대언어모델에 대한 WHO의 원칙

세계보건기구(WHO)는 인공지능(AI)을 통해 생성된 대규모 언어 모델 도구(LLMs)의 사용에 있어 인간의 안녕, 안전, 자율성을 보호하고 증진시키며, 공중보건을 유지하기 위해 주의를 기울일 것을 촉구하고 있습니다.

LLMs는 ChatGPT, Bard, Bert 등과 같이 이해력, 처리력, 인간 커뮤니케이션 생성을 모방하는 가장 빠르게 확장되고 있는 플랫폼들을 포함하고 있습니다. 이들의 대중적인 급속한 확산과 건강 관련 목적으로의 실험적 사용은 사람들의 건강 필요를 지원할 잠재력에 대한 상당한 기대를 낳고 있습니다.

건강 정보 접근성을 향상시키고, 의사 결정 지원 도구로 사용하거나, 자원이 부족한 환경에서 진단 능력을 강화하기 위해 LLMs를 사용할 때 위험을 신중하게 검토하는 것이 필수적입니다. 이는 사람들의 건강을 보호하고 불평등을 줄이기 위함입니다.

WHO는 LLMs를 포함한 기술의 적절한 사용에 대해 열정적이지만, LLMs와 함께 새로운 기술에 대해 일반적으로 행해지는 주의가 일관되게 이루어지지 않는다는 우려가 있습니다. 이에는 투명성, 포용성, 대중 참여, 전문가 감독 및 엄격한 평가의 핵심 가치에 대한 광범위한 준수가 포함됩니다.

검증되지 않은 시스템의 성급한 채택은 의료 종사자들의 오류를 초래하고, 환자에게 해를 끼칠 수 있으며, AI에 대한 신뢰를 훼손하여 장기적으로 전 세계적으로 이러한 기술의 잠재적인 이점과 사용을 저해(또는 지연)할 수 있습니다.

안전하고 효과적이며 윤리적인 방식으로 기술을 사용하기 위해 엄격한 감독이 필요한 우려 사항들에는 다음이 포함됩니다:

· AI 훈련에 사용되는 데이터가 편향될 수 있어, 건강, 평등 및 포용성에 위험을 초래할 수 있는 잘못된 정보를 생성할 수 있습니다.

· LLMs는 최종 사용자에게 권위 있고 그럴듯해 보이는 반응을 생성할 수 있지만, 특히 건강 관련 반응의 경우 완전히 잘못되었거나 심각한 오류를 포함할 수 있습니다.

· LLMs는 그러한 사용을 위해 이전에 동의가 주어지지 않았을 수 있는 데이터에 대해 훈련될 수 있으며, 사용자가 응답을 생성하기 위해 애플리케이션에 제공하는 민감한 데이터(건강 데이터 포함)를 보호하지 않을 수 있습니다.

· LLMs는 신뢰할 수 있는 건강 콘텐츠와 구별하기 어려운 텍스트, 오디오 또는 비디오 콘텐츠 형태의 매우 설득력 있는 잘못된 정보를 생성하고 전파하는 데 악용될 수 있습니다.

· 새로운 기술, AI 및 디지털 건강을 활용하여 인간 건강을 개선하려는 노력에도 불구하고, WHO는 기술 회사들이 LLMs를 상업화하는 동안 환자 안전과

보호를 보장하는 동시에 정책 입안자들이 이를 보장할 것을 권장합니다.

WHO는 이러한 우려 사항들이 해결되고, 일상적인 건강 관리 및 의학 분야에서의 광범위한 사용 전에 명확한 이점이 측정되기를 제안합니다. 이는 개인, 의료 제공자 또는 건강 시스템 관리자 및 정책 입안자들에 의한 것입니다.

WHO는 건강을 위한 AI의 윤리와 거버넌스에 대한 WHO 지침에 열거된 윤리적 원칙과 적절한 거버넌스를 적용하는 것의 중요성을 재확인합니다. WHO가 식별한 6가지 핵심 원칙은 다음과 같습니다: 1) 자율성 보호; 2) 인간의 안녕, 안전 및 공공 이익 증진; 3) 투명성, 설명 가능성 및 이해성 보장; 4) 책임감과 책임성 증진; 5) 포용성과 평등 보장; 6) 반응적이고 지속 가능한 AI 증진.

- https://www.who.int/news/item/16-05-2023-who-calls-for-safe-and-ethical-ai-for-health
(GPT-4 번역)

학습활동

가. 인공지능이 의료 현장에서 활용되고 있는 다양한 국내외 사례를 찾아보자.
나. 의료 현장에서 인공지능이 많이 활용될수록 의사의 역할 혹은 위치가 어떻게 변할지 상상해 보자. 인공지능과 의사의 관계가 상호협력적일 수도 있지만, 그렇지 않을 수도 있을 가능성을 살펴보자.
다. 인공지능 혹은 LLM을 의료 현장에서 사용할 때 고려해야 할 윤리적인 문제를 살펴보자.

III. 포스트휴먼 시대의 의료

모든 생명체는 취약하다. 세계라는 한정된 공간 속에서 자신 아닌 다른 존재들과 일정한 관계를 맺고 살아가야 하는 생명체는 언제나 상처받을 가능성 아래 놓여있다. 인간 역시 예외는 아니다. 인간 역시 취약하다. 다만 인간과 다른 생명체들 간에 차이가 있다면, 인간은 자연으로부터 자신에게 주어진 취약함을 그대로 받아들인 채 살아가지만은 않는다는 사실이다. 인간은 세계 속에 위치한 자신의 자리를 확인하고, 자신을 관찰하며, 자연이 자신에게 부여한 취약함을 분석한다. 인간이 의식적 존재라는 사실은 인간이 자신의 취약함을 안다는 것과 그러한 취약함으로부터 비롯된 자신의 삶의 방식을 이해한다는 것을 의미할 것이다. 그리고 바로 이러한 앎이 자연에 의해 인간에게 부여된 취약함으로부터 인간을 벗어날 수 있게 해주는 힘이다.

이런 벗어남의 전통적인 방식은 도구 제작이었다. 의식적인 인간은 도구를 만들었고, 이러한 도구는 인간의 취약함을 자연이 처음 인간에게 부여한 것과 다른 형태로 변형시켰다. 인간은 자신이 날 수 없다는 사실을 인식하고 비행기를 만들어 날아올랐고, 자신이 빨리 달릴 수 없다는 사실을 알기에 자동차를 만들어 올라탔다. 자신에게 위협이 되거나 방해가 되는 세계 그 자체를 변형시켜 나갔다. 그렇게 인간을 둘러싼 세계는 달라졌고, 이렇게 달라진 세계 속에서 인간은 새로운 관념들과 새로운 감정들을 창조했다.

물론 인간 역시 생명체인 한, 자연에 의해 부여된 취약함으로부터 완전히 벗어날 수는 없었다. 그러나 다른 생명체들의 취약함과는 달리, 인간의 취약함은 자연에 의해 부여된 그대로의 모습으로 보전되지 않는다. 인간의 과학기술은 자연에 의해 주어진 취약함을 변형시키고, 그 변형의 영역은 점점 더 확장되다가 이제 마침내 인간 자신에게로 돌아왔다. 인간은 더 이상 세계가 아니라 취약함의 원천인 인간 그 자신을 직접 변형의 대상으로 고려하기에 이르렀다. 인간은 자연이 아닌 자기 자신의 힘으로 새로운 종으로 진화하기를 시도한다.

이렇게 첨단 과학기술을 통해 자연이 아닌 인간의 손으로 도래할 새로운 진화종, 새로운 인간 종을 바로 '포스트휴먼(post-human)'이라고 부른다. 이 장에서는 '포스트-

휴먼'을 둘러싼 여러 담론들을 살펴보고, 포스트-휴먼 담론과 의료가 맺는 관계에 대해 성찰해 볼 것이다.

1. 포스트휴머니즘과 트랜스휴머니즘

포스트휴먼과 관련된 담론의 지형을 명확하게 정리하여 제시하는 일은 쉬운 일이 아니다. 2000년대 이후에 본격적으로 논의되기 시작한 새로운 담론으로서 포스트휴먼 담론은 매우 다양한 영역에서 매우 다양한 형태로 전개되고 있기 때문이다. 그럼에도 불구하고, 이 다양한 포스트휴먼과 관련된 담론들은 근대 휴머니즘에 대해 비판적 태도를 취한다는 점에서 하나로 묶일 수 있고, 또 근대 휴머니즘의 어떠한 점을 주된 비판의 대상으로 삼는가에 따라서 그것들 사이에서 구분이 가능하다.

〈포스트휴먼 담론의 구분〉

구분		특징	대표 연구자
트랜스 휴머니즘	부정적 트랜스 휴머니즘	· 기술혐오주의적 · 근대 휴머니즘의 연장 · 과학기술에 대한 사회, 윤리적 문제제기 · 포스트휴먼: 인간적 가치 혹은 본성의 훼손	Dani Cavallaro, Francis Fukuyama, Jürgen Habermas, Michael Sandel 등
	긍정적 트랜스 휴머니즘	· 기술애호주의적 혹은 기술유토피아적 · 근대 휴머니즘의 연장 · 과학기술을 통한 인류의 진화의 필요성 혹은 필연성 강조 · 포스트휴먼: 인간의 한계를 극복한 새로운 종	Hans Moravec, Nick Bostrom, Ray Kurzweil Allen Buchanan 등
포스트휴머니즘		· 근대 휴머니즘에 대한 비판 · 과학기술에 대한 긍정 · 인간과 기술의 상호적인 공진화 · 포스트휴먼: 인간과 기계의 혼종적 존재	Katherine N. Hayles, Neil Badmington, Rosi Braidotti 등

포스트휴먼 관련 담론들 가운데 가장 격렬한 논쟁을 불러일으킨 담론은 트랜스휴머니즘(표에서는 "낙관적 포스트휴머니즘")이다. 트랜스휴머니즘은 포스트휴머니즘과 마찬가지로 근대 휴머니즘이 가정하는 불변하는 인간 본성의 존재에 대해 비판적이고, 인간과 비인간, 인간과 기계의 대립에 대해서도 의문을 제기하지만, 인간과 비

인간 혹은 인간과 기계가 처음부터 함께 진화해 왔다고 주장함으로써 인간 중심주의에서 벗어나려고 시도하는 포스트휴머니즘과 구분된다. 오히려 트랜스휴머니즘은 근대 자유주의적 개인주의에 입각하여 인간 강화를 주장하고, 그렇게 인간의 세계에 대한 장악력을 극단적으로 강화한다는 점에서 인간 중심주의를 추구하는 근대 휴머니즘의 연장이라고 평가할 수도 있다. 이러한 트랜스휴머니즘은 첨단 과학기술의 발전을 통한 인간의 인위적인 진화가 인간 본성을 훼손함으로써, 결국 인간 사회를 토대하는 현재의 모든 윤리적이고 문화적인 가치체계를 훼손해 버릴 것이라고 주장하는 포스트휴머니즘과 극단적으로 대립한다.

첫 번째 글은 포스트휴머니즘의 입장을 보여주는 글이고, 두 번째 글은 트랜스휴머니즘의 생각을 잘 보여주는 트랜스휴머니스트 선언, 그리고 마지막 세 번째 글은 트랜스휴머니즘과 비판적 포스트휴머니즘의 대립을 설명하는 글이다.

① 호모 사피엔스는 처음부터 자연-기술 연속체였고 출발부터 인공품이었다는 것, 그래서 휴머니스트들이 주장하는 초역사적이고 맥락이 제거된 추상적인 어떤 '인간 본성' 따위는 없었다는 것. 즉 인간은 처음부터 '포스트휴먼'이었다는 것이 '인간' 개념을 획기적으로 재정의 하려는 비판적이고 철학적인 포스트휴머니즘 철학의 주장인 것이다.

- 김운하, 「호모 사피엔스는 장차 무엇이 되어야 할까?」, 『지구에는 포스트휴먼이 산다』, 필로소픽, 2017, 164쪽.

② 〈트랜스휴머니스트 선언〉

1. 인간성은 장차 과학과 기술에 의해 근본적인 부분까지 영향을 받을 것이다. 우리는 노화, 인지적 결함, 불의의 고통을 극복하고 지구의 한계를 벗어남으로써 인간의 잠재력을 확장할 수 있을 것으로 기대한다.

2. 우리는 인간성의 잠재력이 아직도 대부분 실현되지 않았다고 믿는다. 인간의 조건을 멋지고 대단히 가치 있는 것으로 향상시킬 수 있는 시나리오들이 있다.

3. 우리는 인간성이 심각한 위험들, 특히 새로운 기술들의 오용에서 비롯하는 위험들에 직면하고 있음을 안다. 우리가 가치 있다고 여기는 것들 대부분, 심지어 전부를 상실하게 되는 시나리오들이 현실이 될 수도 있다. 이 시나리오들 가운데는 급격한 변화를 수반하는 것도 있고 부지불식간에 다가오는 것도 있다. 모든 진보는 변화에서 비롯하지만 그렇다고 해서 모든 변화가 진보를 불러오는 것은 아니다.

4. 이런 전망들을 이해하기 위해 연구역량을 쏟아 부을 필요가 있다. 우리는 위험을 줄이고 이로운 응용을 촉진하는 가장 좋은 방법이 무엇인지 신중하게 숙고할 필요가 있다. 또한 사람들이 무엇을 해야 할 지를 건설적으로 토론할 수 있는 포럼과 책임 있는 결정들을 실행할 수 있는 사회질서가 필요하다.

5. 생존의 위험을 줄이는 것과 생명과 건강을 보존할 수단들을 개발하는 일, 심각한 고통을 경감하고 인간의 예지와 지혜를 개선하는 일은 최우선으로 추구되어야 하고, 이런 일들에는 전폭적인 재정지원이 이루어져야 한다.

6. 정책입안은 책임 있고 포괄적인 도덕적 전망에 따라, 기회와 위험을 동시에 진지하게 고려하고, 자율과 개인의 권리를 존중하며, 전 지구의 모든 사람들의 이익과 존엄성을 고려하는 연대를 보여주면서 이루어져 한다. 또한 우리는 미래에 존재할 세대를 향한 도덕적 책임도 고려해야만 한다.

7. 우리는 인간과 인간 아닌 동물, 그리고 미래의 모든 인공적 지능체, 변형 생명체, 또는 기술과 과학의 진보로 인해 등장하게 될 지도 모르는 여타의 지성적 존재를 포함해서 감정을 가진 모든 존재의 행복(well-being)을 옹호한다.

8. 우리는 개인이 자신의 삶을 살아가는 방식에 대해 독자적으로 선택할 수 있는 폭을 넓히는 것에 찬성한다. 여기에는 기억, 집중력, 정신력을 보조하기 위해 개발될 기술의 사용을 비롯해서, 생명연장 시술, 생식에 관한 선택 기술, 인체 냉동보존술, 그리고 인간 변형 및 능력향상을 위한 여타의 가능한 기술들이 포함된다.

- https://www.humanityplus.org/the-transhumanist-declaration.

③ 트랜스휴머니즘은 "포스트휴먼으로의 변화를 공정하고 지지하는 운동"을 의미하는 용어이며, 트랜스휴머니스트는 인간강화(enhancement; 향상)에 적극적으로 찬성하는 이들을 가리킨다. 고대부터 불로장생약을 구하러 다닌 인간에게 강화에 대한 열망은 자연스러운 측면이 있다. 의학과 과학기술을 활용해서 〈어벤져스〉의 슈퍼히어로처럼 특별한 능력을 갖게 되는 것이 결코 나쁘지 않고 바람직하다는 것이 트랜스휴머니스트들의 입장이다.

…(중략)…

이에 반해, 생명보수주의는 인간 강화를 반대하는 입장이다. 강화에 반대하는 논거는 다음과 같다.

첫째, 인간 강화 기술이 안전하지 않다는 것이다. 핵폭탄의 개발이 인류를 위협하게 된 것처럼 섣부른 기술 개발과 적용은 우리가 미처 예상치 못한 위험한 결과를 낳을 수 있다. 예를 들어, 하나의 유전자가 복수의 형질에 영향을 미쳐 의도하지 않은 결과를 초래할 수 있다.

…(중략)…

둘째, 인간 강화는 불평등을 초래할 수 있다. 강화 기술은 특히 초기에 고가일 것이기에, 이에 대한 접근은 부유층이나 권력층만 가능할 것이다. 따라서 강화는 부유층이나 권력층 자신, 특히 유전적 강화는 그들의 자녀에게 혜택이 먼저 갈 것이다. 신체적, 정신적으로 우월한 유전자를 갖고 태어난 맞춤형 아기는 자연적으로 태어난 아기에 비해 출발선부터 유리한 고지에 있게 된다. 경쟁도 하기 전에 〈가타카〉에서처럼 유전자 정보가 담긴 이력서로 직업이 갈리는 일이 일어나지 않으리라는 법이 없다.

셋째, 자연적으로 우리에게 주어진 것을 훼손하고 그것에 대한 감사를 잃었을 때, 이에 기반하고 있는 다른 소중한 가치들도 훼손될 것이다. 후쿠야마는 강화, 특히 유전공학에 의한 강화가 인간의 타고난 본성을 훼손한다고 한다. 이때의 본성은 신으로부터 부여받은 절대불변의 본성을 의미하는 것은 아니다. 그는 "인간 본성이란 인간이라는 종의 전형적인 행동과 특성의 총합으로, 환경적 요소라기보다는 유전적 요소에 기인한다"라고 한다. 진화의 과정에서 현재 우리가 갖고 있는 종의 고유한 특성으로서의 인간 본성, 인간이라면 누구나 공유하고 있는 그 본성을 훼손했을 때, 그것에 기반하고 있는 인권과 인간 존엄성도 훼손될 것이라고 후쿠야마는 우려한다. 샌델도 우리에게 주어진 삶을 선물처럼 여기지 않고, 정복과 통제의 욕망으로 강화를 추구하는 것은 겸손, 책임, 연대라는 가치를 훼손하리라고 본다. 유전자 선택 등 인위적 개입으로 인간이 스스로를 향상시키게 될 때, 그래서 자신의 현재 모습이나 재능이 우연히 주어진 선물과 같은 것이 아니라 자신의 선택의 결과가 될 때, 겸손, 책임, 연대라는 도덕적 가치가 훼손될 것이다.

- 이은영, 「첨단의료기술과 불교적 도덕 향상」, 『새로운 의료, 새로운 환자』, 모시는사람들, 2023, 166-170쪽.

학습활동

가. 포스트휴먼이 무엇인지 혹은 누구인지 알아보자.
나. 포스트휴먼과 관련된 담론들을 구분하고, 그것들이 서로 어떤 공통점과 차이점을 가지는지 알아보자.
다. 의학이 발달한 현대 사회에서 종교적 치유를 원하는 환자들의 마음을 헤아려 보자.

2. 의료와 인간 능력의 강화

포스트휴먼은 인간의 과학기술을 통해 도래할 새로운 인간 종을 의미한다. 그리고 이렇게 인간이 새로운 인간 종으로 진화하기 위해 사용하는 강화(enhancement) 기술들 대부분은 의료영역에서 사용되는 기술들이기도 하다. 이러한 상황은 우연이 아니다. 사실 치료와 강화를 구분하는 일은 생각처럼 쉬운 일이 아니며, 이러한 구분의 어려움이 포스트휴먼을 둘러싼 논쟁을 보다 복잡하게 만드는 원인이다. 강화 약물로 분류되는 비아그라와 리탈린, 프로작이 처음에는 치료제로 개발되었다는 사실은 이러한 어려움을 상징적으로 보여준다. 포스트휴먼으로의 진화는 관점에 따라서는 그 자체로 의료 활동으로 여겨질 수도 있다.

그런데 인간 능력을 강화시키려는 모든 노력을 의료 활동으로 인정한다고 하더라도, 그 결과가 모두 긍정적일 것이라고 단언할 수는 없다. 자연이 인간에게 부여한 취약성을 극복하는 것이 반드시 긍정적인 결과만을 가져올 것인지는 성찰해 볼 만한 주제이다. 포스트휴먼으로의 진화는 인류에게 긍정적인 결과만을 가져올 것인가? 신체적인 취약성만을 고려할 필요는 없다. 강화 기술을 통해 인간이 가진 정신적인 취약성을 극복한 포스트휴먼은 과연 지복 속에 살게 될 것인가? 만약 그렇게 믿는다면, 이러한 믿음은 어떤 사유를 전제하고 있는가?

인간적 취약성의 극복과 관련된 이러한 질문들은 사실 새로운 질문은 아니다. 인간의 역사를 통해 다양한 방식으로 제기되었던 질문이며, 다만 이러한 질문이 오늘날 가지는 특이점은 그것이 전제하는 상황이 이제 다만 상상으로만 가능한 것이 아니라 이제 곧 실현될 수 있을 것으로 여겨진다는 사실이다. 물론 이러한 차이가 사소한 것은 아니다. 인간적 취약성의 극복이 실제로 가능해진 상황에서 수없이 반복되었던 질문들은 시급히 답해져야 할 질문이 된다. 오래된 질문을 다시 꺼내 물어야 하고 답을 제시해야 한다.

그런데 이러한 질문에 대한 답이 어떠한 것이든 간에, 포스트휴먼과 관련된 담론이 현재 의료 현장에 끼칠 영향은 분명해 보인다. 근대의 주체적 인간상에 비판적인 포스트휴머니즘 담론은 의료인과 환자의 관계, 의료 공간과 환자의 관계를 변화시키고, 나아가 인간이 살아가는 환경 전체와 인간과의 관계를 새롭게 성찰하게 함으로써 보건의료체계 전체를 변화시킬지도 모른다.

첫 번째 글은 트랜스휴머니스트들이 인간 강화를 바라보는 관점을 분석한 글이며, 두 번째와 세 번째 글은 인간 강화에 대해 새로운 성찰을 유도하는 글이다. 그리고 마지막 네 번째 글은 포스트휴먼 담론이 의료에 끼칠 수 있는 영향을 성찰하는 글이다.

① 치료와 강화의 구분은 인간 강화를 둘러싼 논쟁의 중심에 자리하고 있으며, 이렇게 논쟁의 대상이 된다는 사실 자체가 치료와 강화의 구분이 명확하지만은 않다는 사실을 반증한다. 치료를 '정상 상태로의 회복'으로 정의한다면, 무

엇이 정상인지 규정하는 것 자체가 이미 상당히 곤란한 일일 것이며, 오늘날 치료로 분류되는 많은 의료 활동들은 이미 예방의학, 스포츠의학, 성형외과 등 우리가 명백히 치료라 말할 수 없는 많은 행위들을 포함하고 있다. 우리는 리탈린, 프로작(Prozac) 등 현재 음성적으로 사용되는 대부분의 강화 약물들이 사실 치료제로 개발된 것들이라는 점을 근거로 그 발생에서부터 강화는 치료와 다른 것이 아니었다고 주장할 수도 있을 것이며, "원칙적으로 모든 치료는 어떤 상태를 강화시키는 것을 목적"으로 한다는 점을 근거로 "모든 치료는 일종의 강화 방식을 내포한다"고 주장할 수도 있을 것이다. 그러나 우리는 여기서 치료와 강화의 구분에 대해 논하고자 하지 않는다. 다만 확인하고 싶은 것은 인간 강화를 주장하는 트랜스휴머니스트들이 자신들의 주요 논거를 치료와 강화의 구분이 모호하다는 점에서 찾고 있다는 사실이다. 그들은 인간 강화가 치료와 다를 바 없다고 생각하며, 인간에게 주어진 특정 능력을 강화하는 행위를 치료 행위로 이해한다. 즉 그들에게 인간의 타고난 능력은 고쳐야 할 병이다.

…(중략)…

현생 인류는 전혀 기획되지 않은 자연의 우연적 결과로서 그 결과를 최선의 것으로 생각하는 것은 단적으로 오류이다. 인류는 자연적 진화라는 우연에 우연을 거듭한 과정을 거쳐 얼기설기 만들어진 결과물일 뿐이며, 이러한 자연적 진화마저 이미 오래전에 중단된 상태이다. 그러나 생명체의 성공적인 적응은 언제나 특정한 환경과의 관계이며, 따라서 끊임없이 변화하는 환경을 고려할 때, 인류는 언제 도태되어도 이상하지 않은 존재이다. 뷰캐넌은 진화생물학자 밴 베일런(Van Valen)을 인용해 현생 인류의 상태를 『거울 나라의 앨리스』에 나오는 붉은 여왕에 비유한다. 인류는 끊임없이 변하는 환경 속에서 도태되지 않기 위해 끊임없이 자신을 개선시켜야 한다. "우리가 얼마나 불완전한지, 그리고 […] 모든 것이 그저 괜찮을 것이라고 가정하는 것이 얼마나 잘못된 것인지" 알아야 한다.

결국 인간의 타고난 능력에 대한 뷰캐넌의 입장은 다른 트랜스휴머니스트들과 크게 다르지 않다. 강화를 치료와 동일한 것으로 생각하는 트랜스휴머니스트들에게 인간의 타고난 능력은 치료해야 할 질병인 반면, 강화와 치료를 서로 구분해야 한다고 주장하는 뷰캐넌에게 그것은 그대로 놓아두면 언젠가 심각한 상황을 초래할 수 있는 잠재적 질병이라는 차이가 있을 뿐이다. 인간적 취약함, '상처받을 수 있는 가능성'은 이렇게 인간 강화의 시대에 새로운 의미를 부여받는다. 그것은 더 이상 인간 자신에게 인식된 인간의 존재 조건이나, 인간 자신이 도전하여 넘어서고자 하는 인간의 한계 같은 것이 아니다. 그것은 질병, 적어도 잠재적 질병이다.

- 조태구, 「인간적 취약함의 의미 - 인간 강화 시대의 인간 -」, 『가톨릭철학』 32,
한국가톨릭철학학회, 2019, 18-22쪽.

② 김보영의 「우수한 유전자」는 '유전자 판별기'라는 유전공학 기술이 도입된 세계를 배경으로 삼는다. 이 세계에서 유전자 판별기가 도입된 이후, 소수의 상류 계층은 '스카이돔'이라는 자신들만의 도시에 살게 된다. 나머지 일반인들은 '키바' 지역에 사는데, 이들은 정보와 기술로부터 고립되어 문명이 오히려 퇴화하게 되었다. 과학기술이 극도로 발달한 테크노유토피아가 아니라 오히려 기술이 상실된 이른바 '로테크놀로지'(low-technology) 상태의 키바가 주요 무대라는 점이 SF 장르로서 독특하다.

…(중략)…

언뜻 보기에, 스카이돔 사람들은 강화 기술을 통해 상처 입을 수 없는 존재인 반면 키바 사람들은 상처 입을 가능성에 언제나 노출된 연약한 인간들이다. 키바 사람들에 대한 서술자(스카이돔에서 태어난 우수한 유전자를 지닌 청년)의 태도는 우월감과 동시에 동정적이고 시혜적인 태도에서 점점 혐오와 분노로 바뀌어간다. 심지어 한 어린아이는 이미 21세기에 예방접종으로 정복된 성홍열로 보이는 전염병으로 괴로워하다가 죽기까지 하는 장면에서 서술자의 분노와 혐오는 절정에 달한다. 이러한 그의 태도는 과학 문명에 대한 분명한 우월감과 위계 논리에서 비롯된다. 이처럼 실제로 인간의 취약성을 제거하기 위한 트랜스휴머니즘적 인간 강화는 우생학과 차별, 편견의 위험성을 언제나 내포할 수 있다.

그러나 액자 안쪽 이야기의 스카이돔 청년이 아니라 키바 사람이 작성한, 소설 말미의 서신은 이 모든 서사적 판단들을 뒤엎는다.

스카이돔의 사람들은 아직 육체에 과도하게 얽매여 있으므로 매일 엄청 난 분량의 식사를 섭취해야 합니다. 더위와 추위를 견디지 못하므로 늘 같은 기온을 유지하는 건물이 필요하고, 질병에 취약하므로 모든 종류의 예방접종을 받아야 합니다. 이제는 우리가 그들을 위해 만들어 준 감옥 (비록 우리가 최대한 그들의 취향에 맞춰 주고는 있지만) 안에서밖에는 살 수 없 는 몸이 되고 말았습니다.

이 서술자의 견해에 따르면, 스카이돔 사람들은 우월한 신체와 문명을 지닌 것이 아니라 신체와 물질에 집착하는 생활양식을 지닌 것에 불과하다. 그들은 취약한 신체 때문에 물리적 환경과 의료 시스템에 의존할 수밖에 없다. 특히 물 질과 신체에 과도한 의미를 부여하는 가치관 속에서는 신체는 역설적으로 외 부에서 생겨날 수 있는 상처와 고통 때문에 더욱 보호받아야 할 대상이 되고 만 다. 유전자 우위와 열위의 관계를 전복함으로써 소설의 독자에게 진화와 퇴화 의 기준과 척도를 재고하고 성찰하도록 권한다.

- 노대원, 「포스트휴먼은 고통 없이 살게 될까? - SF로 본 취약성과 인간 강화의 문제」, 『의료문학의 현황과 전망』, 모시는사람들, 2021, 303-306쪽.

③ "사람들은 참된 기독교인들이 모인 인민이라면 상상 가능한 가장 완전한 사회를 만들 것이라고 말한다. 나는 이 가정에서 다음과 같은 큰 어려움만을 본 다. 참된 기독교인으로 이루어진 사회는 더 이상 인간의 사회가 아닐 것이라는 점 말이다.

나는 심지어 이렇게 가정된 사회는 그것이 완전한 경우에도 가장 강하지도, 가장 지속적이지도 않을 것이라 말한다. 그 사회는 완전한 나머지 결합이 부재 할 것이다. 그 사회를 파괴하는 악은 그것의 완전함 자체에 있을 것이다."

- 루소, 『사회계약론』, 김영욱 역, 후마니타스, 2002, 166쪽.

④ 포스트휴머니즘은 자유주의적, 개인주의적 휴머니즘의 인간관을 비판한다. 휴머니즘은 인간을 자율적이고 합리적이며 자신의 미래를 스스로 개척해 나갈 능력을 갖춘 존재로 가정한다. 하지만 코로나 팬데믹을 거치면서 인간이 얼마나 취약하고 상호의존적인 존재인지 분명해졌다. 전통적으로 취약성은 자율성이 일시적으로 혹은 영구적으로 감소하거나 결핍된 상태로 인식되었으나 최근에 이런 관계가 역전되었다. 인간은 본래적으로 혹은 상황에 따라 취약하며 자율성은 취약성의 바탕 위에서 예외적으로 발휘된다.

…(중략)…

의료 휴머니즘은 휴머니즘의 인간관에 바탕을 둔다. 개별 환자는 질병으로 인한 고통 때문에 자율적이고 합리적인 주체성을 발휘할 능력이 훼손되거나 감소되어 있는 상태에 처해 있다. 따라서 의사는 연민의 감정과 덕을 바탕으로 환자를 위험으로부터 보호하고 인간적인 의료를 행하려고 노력해야 한다. 이처럼 의료 휴머니즘의 인간애는 취약성을 능동적인 개념으로 이해하기보다는 자율성의 감소라는 수동적 개념으로 이해하고 있다. 더구나 자율성 중심의 의료 휴머니즘은 환자-의사 관계라는 미시적 관계의 인간적 요소에 집중하므로 환자의 의사를 둘러싼 의료의 구조적 맥락을 외면할 위험이 있다. 이와는 반대로 취약성에 집중하게 되면 취약성이 발현되는 다양한 사회문화적, 정치적, 경제적 요인을 파악하고 취약성이 차별적으로 발생할 수밖에 없는 구조적 불평등에도 눈을 돌리게 된다.

특히 장애와 과학기술의 관계를 보는 시선에서 이런 점은 두드러진다. 의료 휴머니즘의 입장에서는 정상성을 결여한 존재에게 정상성을 회복시켜 주는 기술을 제공하는 것이 좋은 돌봄일 것이다. 하지만 포스트휴먼 돌봄에서는 장애를 다른 존재로 인정하고 그 입장에서 과학기술과 어떤 관계를 맺어야 하는지를 고민한다. 과학기술이 장애인을 위한 온정적 시술이 되는 것이 아니라, 장애의 경험이 과학기술에 주체적으로 되먹임 되고 활용되는 것이다. 과학기술은 장애를 없애고 완전함에 도달하기 위한 기술이 아니라 불완전한 삶을 긍정하고 그것과 함께 살아가기 위한 기술로 인식된다. 또한 휴머니즘의 돌봄에서는 과학기술에 의해 역경을 딛고 장애를 극복하는 영웅 서사가 여전히 통용된다. 이런 영웅 서사는 개인의 숭고한 노력과는 별개로 그 자체가 상업적인 목적으로 쉽게 활용될 수 있을 뿐 아니라 장애를 생산하는 사회구조적 억압이나 불평등을 은폐하는 역할을 한다. 포스트휴먼 돌봄 장애가 사회구조적 관계에서 생산된다는 장애의 사회적 모델을 따르면서도 장애를 둘러싼 다양한 맥락을 돌봄의 영역에 포함시킨다.

포스트휴먼 돌봄은 대인 돌봄의 범위를 넘어서는 보편적 돌봄으로 확장되기도 한다. 보편적 돌봄에서는 인간-비인간 행위자-환경의 상호의존성을 인정하고 포용함으로써 지구 위에 존재하는 모든 생명체들이 번성하고, 지구 역시 번성할 수 있는 정치적, 사회적, 물질적, 정서적 조건을 마련하는 것을 목표로 한다. 따라서 가족과 국가, 시장 영역에서 이루어지던 돌봄은 지구 전체를 포함한 모든 영역으로 확대되어 지구 행성이 지속할 수 있는 핵심 구성 원칙으로 제시된다.

이처럼 자율성을 중심으로 하는 기존 의료인문학에 취약성과 상호의존성을 도입하는 것은 인간적인 의사 양성이라는 전통적인 의료 휴머니즘의 목표를 갱신함은 물론이고, 의료를 돌봄 체계의 일환으로 재개념화하는 거대한 포스트휴먼 전환의 시작점이 될 수 있다.

- 황임경, "포스트휴먼 시대의 의료 휴머니즘: 과거, 현재, 미래에 대한 비판적 고찰", 『의사학』, 대한의사학회, 2023, 136-138쪽.

가. 인간 강화 기술 도입의 허용과 관련하여 자신의 입장을 결정하여 말해 보자.

나. 육체적인 능력뿐만 아니라 정신적 능력도 월등히 강화된 포스트휴먼이 사는 사회를 성찰해 보고 말해 보자.

다. 인간과 비인간, 인간과 기계의 대립 관계를 해체할 것을 주장하는 포스트휴머니즘의 관점에서 의료 환경에 어떤 변화를 가져올 수 있을지 성찰해 보자.

참고문헌
집필진 소개

강신주, 2013, 『강신주의 다상담 3』, 동녘.

공혜정, 2023, 「오래된 질병과 새로운 환자」, 『환자란 무엇인가』, 모시는사람들.

구영모 엮음, 2023, 『생명의료윤리』(제4판), 동녘.

국립중앙의료원, 2021, 『국립중앙의료원 63년사, 1958-2021』.

김가혜·박연환, 2020, 「한국사회의 웰다잉 개념분석」, 『근관절건강학회지』 27-3, 대한근관절건강학회.

김민규, 2020, 「비대면 시대와 의료 로봇의 활용 - 의료 로봇의 활용과 관련한 법적 쟁점 분석」, 『4차 산업혁명 법과 정책2』, 4차산업혁명융합법학회.

김민정, 2009, 「의사의 커뮤니케이션 스타일에 영향을 미치는 요인 연구: 개인적 특성과 환자 중심적 성향을 중심으로」, 『한국언론학보』 53-3, 한국언론학회.

김영인 외, 2020, 「돌봄로봇이 지역사회 노인의 불안/우울 및 약물순응도 개선에 미치는 영향」, 『생물치료정신의학』 제26권 제3호.

김용채, 1918, 「전염병에 대한 주의」, 『청춘』 14호.

김운하, 2017, 「호모 사피엔스는 장차 무엇이 되어야 할까?」, 『지구에는 포스트휴먼이 산다』, 필로소픽.

김유경·서문식, 2006, 「의료서비스 제공자의 비언어적 커뮤니케이션이 고객만족과 고객행동의도에 미치는 영향」, 『소비문화연구』 9-3, 한국소비문화학회.

김준혁, 2020, 「코로나19로 인한 응급상황에서 의료자원 분배 및 백신 접종의 우선순위 설정」, 『생명, 윤리와 정책』 제4권 1호.

김준혁, 2022, 「국내 생명의료윤리 연구의 양적 분석」, 『의철학과 의료윤리 연구의 현황과 과제』, 모시는사람들.

김준혁, 2022, 「데이터 보호보다 중요한 것」, 『우리 다시 건강해지려면』, 반비.

김학중 외, 2023, 『어떤 죽음2』, 모시는사람들.

김현수, 2022, 「상업적 대리출산의 상품화 문제에 대한 철학적 고찰」, 『출산의 인문학』, 모시는사람들.

김현아, 2020, 『죽음을 배우는 시간』, 창비.

노대원, 2021, 「포스트휴먼은 고통 없이 살게 될까? - SF로 본 취약성과 인간 강화의 문제」, 『의료문학의 현황과 전망』, 모시는사람들.

라이문도, 1395, 『가타리나 성녀의 생애(Legenda Major)』.

루소, 김영욱 역, 2002, 『사회계약론』, 후마니타스.

리타 샤론 외, 김준혁 역, 2021, 『서사의학이란 무엇인가: 현대의학이 나아가야 할 공감과연대의 이야기』, 동아시아.

목광수, 2019, 「보건의료 빅데이터의 윤리적 활용을 위한 방안 모색: 동의가 아닌 합의 모델로의 전환」, 『한국의료윤리학회지』, 22(1).

미치 앨봄, 공경희 옮김, 2017, 『모리와 함께한 화요일』, 살림.

박민규, 2010, 「낮잠」, 『더블』, 창비.

박성호, 2021, 「저 개는 나쁜 개다 - 공수병에 대한 방역과 정치」, 『감염병의 장면들』, 모시는사람들.

박성호, 2021.11, 「축견단속규칙(1909)의 시행과 정치 담론으로서의 전유 양상」, 『도시연구: 역사·사회·문화』 28.

박성호, 2023, 「치료에서 돌봄으로: '요양'이라는 의료의 등장」, 『환자란 무엇인가』, 모시는사람들.

박윤재, 2020, 「'유느님'을 울린 의료인과 파업에 나섰던 의료인은 다른 사람인가?」, 『코로나19 데카메론』, 모시는사람들.

박윤재, 2020, 『한국현대의료사』, 들녘.

박윤재, 2021, 「유느님을 울린 의료인과 파업에 나선 의료인은 다른 사람인가? 2」, 『코로나19 데카메론 2』, 모시는사람들.

박윤재, 2021, 『한국현대의료사』, 들녘.

박재영, 2013, 『개념의료』, 청년의사.

박지연, 2006, 「일본의 의료보험제도의 성립 및 전개 과정」, 『산업연구』 19, 경기대 한국산업경제연구소.

박진빈, 2006, 「뉴딜 정책과 국민의료보험 부재의 기원: 1910년대부터 1930년대까지 국민의료보험 논의를 중심으로」, 『미국사연구』 23.

셰이머스 오마호니, 권호장 역, 2022, 『병든 의료』, 사월의책.

송미옥·조용진, 2021, 「의료 로봇의 현재와 미래: 수술 로봇을 중심으로」, 『디지털융복합연구』 19-4, 한국디지털정책학회.

송병기, 2023, 『각자도사 사회』, 어크로스.

앨버트 존슨, 이재담 역, 2014, 『의료윤리의 역사』, 로도스.

엄미옥, 2018, 「고령화사회의 문학 - '치매'를 다룬 소설을 중심으로」, 『대중서사연구』, 대중서사학회.

염원희, 2011, 「전통 상례의 변화를 통해 본 일제의 조선 인식」, 『어문론집』, 제52집.

유연실, 2015, 「청대 産科 醫書와 여성의 출산: 『達生篇』을 중심으로」, 『의사학』 제24권 제1호.

윤은경, 2021, 「감염병의 원인으로서의 귀려지기와 벽역서의 대처법」, 『감염병의 장면들』, 모시는사람들.

이광수, 1938, 『사랑』, 박문서관.

이광수, 1947, 『나』, 생활사.

이두원, 2000, 「의사-환자간 커뮤니케이션 행위에 대한 대화분석 연구」, 『한국언론학보』 45-1, 한국언론학회.

이병훈, 2020, 「의료문학의 개념 정립을 위하여」, 『의료문학의 현황과 과제』, 모시는사람들.

이은영, 2021, 「타인의 삶에 대한 상상」, 『코로나19 데카메론 2』, 모시는사람들.

이은영, 2022, 「의철학과 의료윤리 연구의 현황과 과제」, 모시는사람들.

이은영, 2023, 「보호자 일기를 쓰다 - 환자 보호자의 이야기」, 『호모 팬데미쿠스』, 모시는사람들.

이은영, 2023, 「자리이타의 호혜적 의료인-환자 관계」, 『동아시아불교문화』 55.

이은영, 2023, 「첨단의료기술과 불교적 도덕 향상」, 『새로운 의료, 새로운 환자』, 모시는사람들.

이은영, 2023, 「환자는 나의 스승이다」, 『환자란 무엇인가』, 모시는사람들.

이해조, 1913, 『천중가절』, 유일서관.

정유석, 2015, 「환자와 의사의 권리와 의무」, 『의료윤리학』, 정담미디어.

조민하, 2023, 「환자중심형 의료커뮤니케이션을 위한 방안(1): 의사의 친절함을 중심으로」, 『우리말글』 1-25, 우리말글학회.

조반니 보카치오, 1353, 『데카메론』.

조태구, 2019, 「인간적 취약함의 의미 - 인간 강화 시대의 인간 -」, 『가톨릭철학』 32, 한국가톨릭철학학회.

조태구, 2022, 「죽음과 철학」, 『죽음의 인문학』, 모시는사람들.

조태구, 2023, 「고통 없이 죽을 권리를 위하여: 프랑스의 안락사 논의」, 『한국의료윤리학회지』, 26권 2호.

조태구, 2023, 「죽음은 어디까지 허용되는가」, 『죽음의 시공간』, 모시는사람들.

최성민, 2021, 「노인간병과 서사적 상상력」, 『비교한국학』, 국제비교한국학회.

최성민, 2022, 「노인 돌봄과 간호 문제의 역사와 전망」, 『오토피아』, 인류사회재건연구원.

최성민, 2022, 「신해철의 죽음과 의료사고」, 『어떤 죽음1: 연예인편』, 모시는사람들.

최성민, 2022, 「죽음으로 가는 시간: 질병과 간병, 그리고 노화와 요양」, 『죽음의 인문학』, 모시는사람들.

최지희, 유연실, 2022, 「중국 명청 - 민국시대 산파의 이미지 형성과 변화」, 『인문학연구』, 제53호.

한국의료윤리학회 편, 2015년(3판), 「제네바 선언」, 『의료윤리학』, 정담미디어.

한국의료윤리학회 편, 2015년(3판), 「히포크라테스 선서」, 『의료윤리학』, 정담미디어.

한동희, 2014, 「고령사회와 액티브에이징 고찰 연구」, 『노인복지연구』 64, 한국노인복지학회.

핫토리 켄지·이토 타카오, 김도경·정신희 역, 2016, 『의료윤리학의 이론과 실제』, 로도스.

허순임, 2013, 「한국 민간의료보험의 발달과 의료보장 정책에 대한 함의」, 『한국사회정책』 20-1.

황임경, 2023, 「포스트휴먼 시대의 의료 휴머니즘: 과거, 현재, 미래에 대한 비판적 고찰」, 『의사학』, 대한의사학회.

Giovanni Battista Morgagni, 1761, 『질병의 장소와 원인에 관한 해부학적 연구(The seats and causes of diseases investigated by anatomy)』.

Tom L. Beauchamp, James F. Childress, 『생명 의료윤리의 원칙들(Principles of Biomedical Ethics)』.

Van Rensselaer Potter, 1971, 『생명윤리: 미래로의 가교(Bioethics: Bridge to the Future)』.

Van Rensselaer Potter, 1988, 『지구적 생명 윤리(Global Bioethics)』.

訥音居士, 1993, 『三續金瓶梅』 卷2, 第10回, 中州古籍出版社.

「개들을 전부 죽이다」, 『황성신문』, 1908년 10월 17일.

「관보」, 『독립신문』 1898년 4월 23일자.

「청결을 위해 개를 죽이다」, 『대한매일신보』, 1908년 12월 10일.

『경향신문』, 1974년 5월 18일.

오상현 장통·병원장, 「매독에 대한 주의」, 《매일신보》, 1914년 1월 1일.

이광수, 1930, 「혁명가의 아내」, 『동아일보』.

이광수, 1934, 「그 여자의 일생」, 『조선일보』.

이광수, 1936-1937, 「그의 자서전」, 『조선일보』.

『의협신문』, 2023년 4월 27일.

『한의신문』, 2023년 4월 27일.

김동수, 「늙어도 늙지 않는 노년의 삶」, 『전북도민일보』, 2023년 1월 30일.

김동인, 1919, 「약한 자의 슬픔」, 『창조』 2호.

김동인, 1932, 「발가락이 닮았다」, 『동광』 29호.

김동인, 1932, 「의사원망기」, 『동광』 32호.

손사막, 「대의정성」, 『천금요방』.

정진홍, 「오피니언: 중앙 시평, "최고의 유산을 남기는 법」, 『중앙일보』, 2004년 5월 5일.

초의수, 「시간은 거꾸로 간다, 긍정적 노화」, 『부산일보』, 2023년 6월 21일.

호메로스, 『일리아스』, 23권.

Fritz Jahr, 1926, 「생명과 윤리의 과학(Wissenschaft vom Leben und Sittenlehre)」.

Fritz Jahr, 1926, 「생명윤리 : 동식물과 인간의 윤리적 관계에 대한 검토(Bio-Ethik : Eine Umschau über
        die ethischen Beziehungen des Menschen zu Tier und Pflanze)」.

Humanity+, 「트랜스 휴머니스트 선언(The Transhumanist Declaration)」, https://www.humanityplus.
        org/the-transhumanist-declaration.

Map of the spreading of the Ebola virus in 2014, source WHO.

Map of the spreading of the SARS in 2013, source WHO.

Richanrd Routley, 1973, 「새로운 환경윤리가 필요한가? (Is There a Need for a New, an Environmental,
        Ethic?)」.

UN, 2000, 「밀레니엄 개발목표(MDGs)」. 2000년 9월 뉴욕 유엔본부에서 열린 밀레니엄 정산회의 189
        개국 정상들이 합의한 국제개발의 가이드라인.

Unburied coffin, The North - China Daily News(1864-1951) 1890.9.5.

WHO, 2013, 『WHO Traditional Medicine Strategy』.

WHO, 인공지능 거대언어모델에 대한 WHO의 원칙(WHO calls for safe and ethical AI for health).

WTO, 1949, 「세계보건기구헌장(Constitution of the World Health Organization, WHO)」 [발효일 1949.

8. 17] [다자조약, 제6호, 2008. 5. 22].

WTO, 1978, 「알마아타 선언(Alma Ata Declaration) 서문」.

WTO, 2001, 「TRIPS 협정과 공중보건에 관한 도하 선언문」.

「세계의사회 헬싱키 선언 : 인간 대상 의학연구 윤리 원칙」, Journal of the Korean Medical Association 57(11), Korean Medical Association, 2014.

「축견단속규칙(개 기르는 규칙)」, 경시청령 제2호, 1909년 6월 28일.

『三國遺事』 卷1 「紀異」 「古朝鮮」 條.

『續修四庫全書·子部·醫家類』 1004册.

『續修四庫全書·子部·醫家類』 1008册.

『순조실록』 34권, 순조 34년 1월 24일 庚寅.

亟齋居士, 『達生篇』, 「臨産」.

周楊俊, 『溫熱暑疫全球書』, 卷4 「溫疫論」.

許任, 『鍼灸經驗方』 「鍼灸經驗方序」 (한의학고전DB mediclassics.kr).

許浚, 『東醫寶鑑』 「身形臟腑圖」 (한의학고전DB mediclassics.kr).

許浚, 『東醫寶鑑』 「集例」 (한의학고전DB mediclassics.kr).

都鎭羽, 『東西醫學要義』 「序」.

李濟馬, 『東醫壽世保元』 「四象人辨證論」 (한의학고전DB mediclassics.kr).

李濟馬, 『東醫壽世保元』 「肝受熱裏熱病論」 (한의학고전DB mediclassics.kr).

李濟馬, 『東醫壽世保元』 「醫源論」 (한의학고전DB mediclassics.kr).

공공을위한과학기술포럼(FOSEP), "코로나19 역학조사 지원시스템, 전국민 감시 장치 될까 우려된다," 2021년 11월 3일.

세계보건기구헌장(Constitution of the World Health Organization, WHO) [발효일 1949. 8. 17] [다자조약, 제6호, 2008. 5. 22].

알마아타 선언(Alma Ata Declaration) 서문. 1978년 카자흐스탄 알마아타에서 열린 일차보건의료에 대한 국제회의에서 채택.

「Donguibogam, precious book of Korean medicine」, https://en.unesco.org/courier/novembre-2009/donguibogam-precious-book-korean-medicine/.

「긍정적인 노화(노령 활동)와 창의적 노화(노령 활동)」, 『Positive Aging and Creative Aging』, 뮤지엄 커넥션, 2021년 11월 30일, https://museumnews.kr/298connection/(원문은 마조리 슈와저(Marjorie Schwarzer), Museums and Creative Aging: A Healthful Partnership, Aroha Philanthropies, American Alliance of Museums, 2021).

국가법령정보센터(http://www.law.go.kr), 「묘지·화장장·매장 및 화장 취체 규칙」.

법률 제18468호「의료법」(https://www.law.go.kr/법령/의료법/; 2023년 10월 8일 검색).

법률 제19556호「한의약 육성법」(https://www.law.go.kr/LSW/lsInfoP.do?lsiSeq=252721&viewCls=lsR
　　vsDocInfoR; 2023년 10월 8일 검색).

제16회 인문주간 북토크 콘서트: 서사의학, 공감과 연대의 이야기 2편, 김준혁(연세대학교 치과대학 교
　　수), 경희대 HK+통합의료인문학 https://www.youtube.com/watch?v=Hr3TbemQjK0.

집필진
박윤재_ 경희대학교 인문학연구원 HK+통합의료인문학연구단 연구책임자
김현구_ 세명대학교 한의과대학 한의예과 조교수
김현수_ 경희대학교 인문학연구원 HK+통합의료인문학연구단 HK연구교수
박성호_ 경희대학교 인문학연구원 HK+통합의료인문학연구단 HK연구교수
이동규_ 경희대학교 인문학연구원 HK+통합의료인문학연구단 HK연구교수
이상덕_ 경희대학교 인문학연구원 HK+통합의료인문학연구단 HK교수
이은영_ 경희대학교 인문학연구원 HK+통합의료인문학연구단 전 HK연구교수
정세권_ 경희대학교 인문학연구원 HK+통합의료인문학연구단 HK연구교수
조민하_ 경희대학교 인문학연구원 HK+통합의료인문학연구단 HK연구교수
조태구_ 경희대학교 인문학연구원 HK+통합의료인문학연구단 HK교수
최성민_ 경희대학교 인문학연구원 HK+통합의료인문학연구단 HK교수
최우석_ 경희대학교 인문학연구원 HK+통합의료인문학연구단 HK연구교수
최지희_ 경희대학교 인문학연구원 HK+통합의료인문학연구단 HK연구교수

자료 정리 및 검토
김승래_ 경희대학교 인문학연구원 HK+통합의료인문학연구단 HK연구교수
김태은_ 경희대학교 인문학연구원 HK+통합의료인문학연구단 HK연구교수
최성운_ 경희대학교 인문학연구원 HK+통합의료인문학연구단 HK연구교수

감수
박승준_ 경희대학교 인문학연구원 HK+통합의료인문학연구단 일반연구원(의과대학)
임성빈_ 경희대학교 인문학연구원 HK+통합의료인문학연구단 일반연구원(의과대학)